JN079501

一流バーテンダーが教える

カクテル大全

監修　一般社団法人
日本バーテンダー協会

制作　井口法之

西東社

本書の使い方

3 **1** **2**

オレンジ・ブロッサム
Orange Blossom

「純潔」の花言葉か
結婚披露宴にも

行事

4→ | **30**度数台 | シェーク | ジューン・ブライド |
5→ | 中口 | | →P092 |
| 食前 | | |

花言葉が「純潔」であることから、ウエディングドレス
を飾る花としてオレンジの花が使われる。同様に結婚披
露宴のアペリティフとして人気のカクテル。

Recipe

ジン	40ml	材料すべてと氷をシェー
オレンジ・ジュース	20ml	カーに入れ、シェー
		クしてカクテル・グラ
		スに注ぐ。

3 度数アイコン

アルコール度数を示します。ベー
スの酒の種類や副材料との配
合比率などによって異なります
ので一例として示します。計算
式は、「アルコール度数＝アル
コールの量÷飲み物全体の量」
です。

4 味わいアイコン

甘口、中口、辛口、中辛口、中
甘辛口の味わいを示します。

1 技法アイコン

シェーク、ビルド、ブレンド、ス
テアの4種の技法を示します。

2 スペシャルアイコン

特別なエピソードのあるカクテ
ルには、スペシャルアイコンを
示し、その詳細が参照先のペー
ジで読めます。

5 TPOアイコン

食前酒、食後酒、（いつでも飲め
る）オールディ。カクテルが発
達した当時の食習慣に合わせた
ものですが、目安の一つとして
表記します。

[単位の決まり]

◆ **tsp**（複数形は**tsps**）
ティー・スプーンの略。1tspは約3ml
◆ **dash**（複数形は**dashes**）
ダッシュの略。1dashはビターズ・ボトル1振
りで出る分。1dashは約1ml

[**分量計算の例**]

ジン	2/3
ドライ・ベルモット	1/3
グレープフルーツ・ジュース	1tsp
マラスキーノ・リキュール	3dashes

↓

ジン	40ml
ドライ・ベルモット	20ml
グレープフルーツ・ジュース	1tsp
マラスキーノ・リキュール	3dashes

（カクテル・グラスで60ml作るとして計算）

[その他の注意事項や決まりなど]

◆「シェークして作った液体をグラスに注ぎ、
プレーン・ソーダなどの炭酸を加えて（ビル
ド）、かき混ぜる（ステア）」など複数技法を使
うものもあります。複数の工程のある場合、
主となる技法のみ表記したものがあります。
◆ カクテルの成立やレシピには諸説ありますが、
制作者の意向や一般説を尊重しました。
◆ 分量はできるだけ具体的に表記しましたが、
メジャー・カップで測りにくい分量は、完成
量に対する割合で示しています。
◆ 味の感じ方は人により異なるため、一般的な
評価を記載しました。「含まれる糖分の多
さ・少なさ」「アルコールにより辛口に感じる
かどうか」などを指標としました。
◆ 炭酸飲料は、少量以外は適量と表記しました。

Contents 目次

本書は特に明記しない限り、2024年3月31日現在の情報にもとづいています。

世界大会
優勝レシピ

カクテルは、バーテンダーの
技術と創造力が光る飲み物で、
洋酒文化の最高峰の一つ。
ここでは、世界中のバーテンダーが
創作カクテルで競う、カクテルコンペティションで
最高位を得た作品のレシピを紹介する。

Milky Way（ミルキー・ウェイ）

第21回　インターナショナル・
カクテル・コンペティション
ロングドリンク部門優勝

岸 久 スタア・バー

Recipe

ジン（ビーフィーター）.................**30**ml
アマレット・リキュール
　（ディサローノ・アマレット）....**30**ml
ストロベリー・リキュール
　（グライツァー・ストロベリー）....**10**ml
ストロベリー・シロップ
　（モナン・ストロベリー）...........**15**ml
パイナップル・ジュース................**90**ml

How to make

パイナップル・ジュース以外の材料をシ
ェークして、タンブラーに注ぎ、パイナ
ップル・ジュースで満たす。リンゴ、レ
モン・ピール、リンゴの皮、パイナップ
ルの葉を飾る。

┤ *Note* ├

インターナショナル・カクテル・
コンペティションにて、岸氏はこ
のカクテルで日本人として初優勝。
ミルキー・ウェイとは天の川、帯
状に光る星々だが、星の白色では
なく赤色で表現。月型のリンゴ、
星型のレモン・ピールなど飛び散
るようにあしらわれ、目にも楽し
い。特別な日の一杯に。

サクラサクラ

第1回　インターナショナル・
バーテンダーズ・コンペティション・
ジャパンカップ　グランプリ

保志雄一 Bar保志

2001
グランプリ
·····
Cocktail

Recipe ─────────────
ジャパニーズクラフトジン ROKU
....**30**ml
ジャパニーズクラフトリキュール
　奏 白桃..............................**10**ml
ジャパニーズクラフトリキュール
　奏 桜.................................**15**ml
フレッシュ・レモン・ジュース....**5**ml

How to make ─────────────
材料をシェーカーに注ぎシェーク、カク
テルグラスに注ぎ、デコレーションをあ
しらう。

───┤ *Note* ├───
日本を代表する桜の花をイメージ
し、美しいピンク色に仕上げたカ
クテル。合わせるリキュール同士
の相性を見極め、味やデコレーシ
ョンで「和」の表現を追求し、こ
の作品が生まれた。お祝いや門出
のようなハレの日に楽しみたい。

Great Sunrise 偉大な朝日

2011
優勝
Cocktail

IBAワールド・カクテル・チャンピオンシップ
総合優勝

山田高史 Bar Noble

Recipe ─────────

アブソリュート ベリ アサイ
　（代用品：プレーンウオッカ）....**30**ml
オリジナル・ピーチツリー **10**ml
グレープフルーツ・シロップ.........**10**ml
マンゴーネクター **10**ml
パッションフルーツ・ピューレ....**15**ml
ペリエ **15**ml

How to make ─────────

ペリエ以外の材料をシェーカーに入れシ
ェークしグラスに注ぎ、ペリエを加えて
バースプーンで軽く混ぜる。マラスキー
ノ・チェリーなどを飾る。

┌─── *Note* ───┐

東日本大震災からの復興を願い、
夜明けをイメージして創作された
1杯。「苦難を強いられている方々
が明るく元気になるように」と、
トロピカルなテイストに仕上げた。
笑顔になりたいとき、元気を取り
戻したいときに味わいたいカクテ
ルだ。

シャイニング ブルーム

IBAワールド・カクテル・チャンピオンシップ
アフターディナーカクテル部門優勝

耳塚史泰 **Bar** 耳塚

2012
優勝
Cocktail

Recipe

グレイグース ラ・ポワール............**20**ml
グラン マルニエ........................**20**ml
デカイパー ブルースベリー............**10**ml
ファブリ ココナッツ・シロップ
　（代用品：1883 メゾン ルータン
　ココナッツ・シロップ）...............**15**ml
モナン クレームブリュレ・シロップ
　...**10**ml
フレッシュ・クリーム.....................**10**ml

How to make

材料をシェーカーに入れ、十分にシェー
クしてカクテルグラスに注ぐ。

──── *Note* ────

「きらめく開花」という意味。異な
るフレーバーを重ね合わせること
により、オリジナリティーのある
テイストを創作した。味わいにボ
リュームとインパクトがあるた
め、シンプルでありながら華やか
さを感じる外観・色彩を意識。食
後のデザートとして、バーでの最
後の一杯として愛される。

photo　OE HIROAKI

008

WISTERIA（ウィステリア）
～歓迎～

IBAワールド・カクテル・チャンピオンシップ
アフターディナーカクテル部門優勝

高橋直美 ガスライトEVE

Recipe
ハバナクラブ3年	**40**ml
マスカット・リキュール	**15**ml
ドライ・ベルモット	**10**ml
グランマルニエ	**5**ml

How to make

材料を合わせスワリングしたのち、ミキ
シンググラスでステアしてカクテルグラ
スに注ぐ。

─── *Note* ───

マスカットの香りが漂う、すっき
りとしたドライなショートカクテ
ル。シャンパンゴールドのカクテ
ルカラーに合わせ、藤の花が垂れ
下がるデコレーションが華やかで
心が躍る。ハレの日に、誰かをお
もてなしするときに飲みたい。

The Best Scene
（ザ・ベストシーン）

IBAワールド・カクテル・チャンピオンシップ
総合優勝＆ショートカクテル・サワー部門優勝

坪倉健児 Bar Rocking chair

Recipe

ドライ・ジン	35ml
エルダーフラワー・リキュール	15ml
メロン・リキュール	10ml
ユズ・フルーツミックス	5ml
フレッシュ・レモン・ジュース	10ml
カルダモン・ビターズ	1dash

※カルダモン・シード1片（すり潰す）＋アンゴスチュラ・ビターズ1dashで代用可能。

How to make

シェーカーにすべての材料と氷を入れシェークし、カクテルグラスに注ぐ（カルダモン・シードを使用する場合は、シェーク後、茶こしでこしながら注ぐ）。

Note

特徴的な香りの材料、「和」のイメージのユズを組み合わせ、甘みと酸味、苦味のバランスをとった、爽やかでボリュームのあるカクテル。紅芯大根やユズ・ピールなどを使用したデコレーションは、茶室に飾る茶花のイメージ。一期一会の茶道の精神で、素敵な思い出に残る1杯を。

Beautiful Journey

（ビューティフル・ジャーニー）

〜美しい旅〜

IBAワールド・カクテル・チャンピオンシップ
キューバ大会ロングドリンク部門優勝

森崎和哉 サヴォイ・オマージュ

2022
優勝
····
Cocktail

Recipe

ジャパニーズクラフトジン ROKU
....**40**ml

マラスキーノ・リキュール............**5**ml

グリーンアップル・ピューレ
　（代用品：モナン・ピューレ）....**15**ml

自家製コーディアル
　（代用品：赤紫蘇ジュース **20ml**
　+グラニュー糖 **15g**
　+アップル・ビネガー **1tsp**
　+シナモン・パウダー 適量）.....**30**ml

フレッシュ・ライム・ジュース....**10**ml

フレッシュ・グレープフルーツ・
　ジュース..**40**ml

How to make

すべての材料をシェークし、氷の入った
グラスに注ぐ。

⊹ *Note* ⊱

国産ジン、紫蘇ジュースという日
本らしい素材と、香り高いスパイ
スを合わせた和と洋の融合が見事。
デコレーションは、大会開催国の
キューバの国花や葉巻をイメージ
し、ラテンの太陽と心を情熱の赤
で表現。暑い季節に愛する仲間達
と楽しく語らいながら飲むのに似
合う1杯だ。

定番カクテル見比べ

一流バーテンダーの

【 ジン・トニック 】

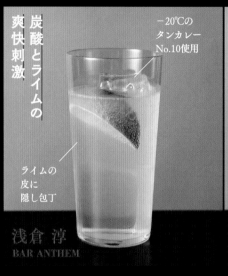

炭酸とライムの爽快刺激

−20℃のタンカレー No.10使用

ライムの皮に隠し包丁

浅倉 淳
BAR ANTHEM

山椒香る岩塩でスノー・スタイル

ライムはシャトー切り

井口法之
BAR GASLIGHT

カフェ・ジン使用

Recipe

ジン	30ml
トニック・ウォーター（Qトニック）	30ml
トニック・ウォーター（ウィルキンソン）	15ml
フレッシュ・ライム・ジュース	2.5ml
炭酸水	45ml
カット・ライム	1/8個※

※格子目状にカットを入れる

How to make

1 10ozタンブラーに氷2個を入れ、冷やしながら、
2 氷の角と霜をとり、溶けた水を捨てる。
　炭酸水以外の材料を注ぎ、よくステアする。
3 2のジン・トニックを伸ばすように炭酸を注ぎ、バー・スプーンを沈めて軽く氷をすくい上げ、静かにバー・スプーンを抜く。
4 カット・ライムは絞らず、緑の皮の面が上にくるよう、そのままタンブラーに入れる。

POINT

2種のトニック・ウォーターと、オリジナル高圧強炭酸を6度以下に冷やしたものを使用。

Recipe

ジン	40ml
トニック・ウォーター	60ml
プレーン・ソーダ	適量
シャトー・ライム	1個
山椒パウダー・岩塩	各適量

How to make

1 山椒と岩塩をスノー・スタイルにして、氷を2、3個グラスに入れる。
2 ジンを注ぎライム果汁を15ml加える。軽く混ぜる。
3 半量のトニック・ウォーターを注ぎしっかり混ぜる（濃い目のジン・トニックになる）。
4 残りのトニック・ウォーターを注ぎソーダを加えてゆっくり混ぜる。ライムを添える。

POINT

ライムは1/8のくし型にカットし上下の角をそぎ落とす「シャトー切り」山椒パウダーと岩塩を合わせたものをスノー・スタイルにすることで、山椒の香りを強調したジン・トニックとなる。

作り手によってカクテルの見た目や味は大きく変わる。
ここでは4名の実力派バーテンダーの定番カクテルをご紹介する。
比較しながら違いを楽しんでほしい。

絞りたてライムが香る

果汁は
絞りたて

田畑道崇
BAR AGROS

トニック・
ウォーターが
一体感を演出

キニーネの苦味が小粋

No.3 ロンドン
ドライジン使用

吉本武史
Bar Sherlock

キニーネを
添加

Recipe

ジン	45ml
トニック・ウォーター	適量
ライム・ジュース	5〜10ml

How to make

1 ライム果汁を絞る。
2 氷を入れたグラスにジンを注ぎ、ライム果汁を入れてステアする。
3 トニック・ウォーターを氷に当たらないように注ぎ、材料がよく混ざるようしっかりステア。

POINT

ライムはジュースではなく、絞りたての果汁を使用。ジンはビーフィーター ジン47度、トニック・ウォーターはシュウェップスを選択。仕上げのステアは、バー・スプーンを使い、液体が混ざるよう上下方向にしっかり行う。

Recipe

ジン	45ml
ライム・ジュース	10ml
トニック・ウォーター	10
キニーネ・エキス	2dashes

How to make

1 氷を入れたグラスに、トニック・ウォーター以外の材料を注ぎステア。
2 トニック・ウォーターを入れ、軽くステア。

POINT

ジンはNo.3 ロンドン ドライジン、トニック・ウォーターはシュウェップスを選択。キニーネはキナ樹皮由来の苦みのある成分で、トニック・ウォーターに添加される。このレシピでは、苦みを強調のためキニーネ・エキスを追加（少量のみお使いください）。

作者紹介

| BAR ANTHEM（バー アンセム） | 浅倉 淳 | BAR AGROS（バー アグロス） | 田畑道崇 |
| BAR GASLIGHT（バー ガスライト） | 井口法之 | Bar Sherlock（バー シャーロック） | 吉本武史 |

【 モヒート 】

ラム2種使いで奥行きを

高圧強炭酸水
使用

浅倉 淳
BAR ANTHEM

ミントは
先端と2番目の
葉のみ使用

夜を楽しむ大人のためのかき氷

ハバナクラブ
3年使用

井口法之
BAR GASLIGHT

ペパーと
スペアの
ミント2種使い

Recipe
ラム（バカルディ）.................................30ml
ラム（マイヤーズ ダーク）...................5ml
フレッシュ・ライム・ジュース.......10ml
シンプル・シロップ.............................5ml
炭酸水..5ml
スペア・ミント......................30〜40枚

How to make
1. 10ozタンブラーにクラッシュド・アイスを入れ、タンブラーを冷やす。
2. シェーカーに炭酸水以外の材料とミントを入れ、ペストルでミントを軽く潰す。
3. タンブラーを冷やしていたアイスをシェーカーに入れ、ミントの葉をあまり潰さないように軽くシェークし、シェーカーのボディからすべての中身をタンブラーに移す。
4. 炭酸水をシェーカーに入れ、タンブラーに注ぎ、軽くステアし、ストローを2本添える。

POINT
ラムは、バカルディスペリオール（−20度設定の冷凍庫で冷やす）と、マイヤーズラムオリジナルダーク（常温）の2種。炭酸水は高圧強炭酸水を6度以下に冷やしたもの。

Recipe
ラム...60ml
プレーン・ソーダ.................................20ml
プレーン・シロップ.............................15ml
ライム果汁...適量
ミントの葉.......................................80g※
※2つに分ける

How to make
1. グラスにミント半量を入れソーダを適量入れ軽く潰す。
2. ラムとライム果汁、プレーン・シロップをブレンダーに入れ、クラッシュド・アイスを加える。
3. ブレンダーで攪拌する。
4. ミント入りのグラスに入れる。

POINT
ラムはハバナクラブ3年。ミントは、グラスの下にペパーミント、ブレンダーにかける素材としてスペアミントと、2種類使用することで香りに立体感が出る。飲むときは、最初はフローズン・カクテルとして味わってから、全体を混ぜたりミントをかじりながら楽しめるモヒートとなる。

厳選ミントが爽快な香り

シュガー・シロップは雑味の少ないカリブを

丁寧な仕上げで至極の香りに

甘さは和三盆とシュガー・シロップの2種使い

田畑道崇
BAR AGROS

ハバナクラブ3年使用

吉本武史
Bar Sherlock

ハバナクラブ3年使用

Recipe

ラム	45ml
シュガー・シロップ	約10ml（適量）
フレッシュ・ライム・ジュース	約10ml（適量）
プレーン・ソーダ	適量
スペア・ミント	適量

How to make

1 ミントの葉をグラス1/3ほど入れる。
2 シロップを入れ、ペストルで軽く潰す。
3 ラムとフレッシュ・ライム・ジュースを入れる。味見をして、甘・酸味を調整する。
4 グラスの8分目ぐらいまでクラッシュド・アイスを入れる。

POINT

ラムはハバナクラブ3年でコクを出し、シュガー・シロップは雑味の少ないカリブを使用。ミントにはこだわり、上質なハーブ栽培で知られる農家のスペアミントを選択。

Recipe

ラム	45ml
ミントの葉	適量
和三盆（粉）	1tsp
シュガー・シロップ	5ml
ライム・ジュース	10ml
プレーン・ソーダ	適量

How to make

1 グラスにミントを入れ、ペストルで潰す。
2 和三盆とシロップを入れて、再度潰す。
3 ライム・ジュース、ラムを注ぎ、さらに潰す。
4 クラッシュド・アイス、ソーダ、アイス…の順にグラスに満たす。

POINT

ラムはハバナクラブ3年、ミントはペパーミントを選択。和三盆とシュガー・シロップの2種で甘さを出す。仕上げはクラッシュド・アイスとプレーン・ソーダを重ねるように、何度かに分けて注いでいく。

【 ブラッディ・メアリー 】

キュートなピンク色

トマトは
桃太郎が
おすすめ

ケテルワン
使用

浅倉 淳
BAR ANTHEM

芸術品のような一杯

バランスを
見ながら
3層に

マドラーで
潰しながら
飲む楽しみ

井口法之
BAR GASLIGHT

Recipe

ウオッカ	50ml
トマト	約1個分
フレッシュ・レモン・ジュース	2.5ml

How to make

1 10ozタンブラーに氷2個を入れ、タンブラーを冷やしながら、氷の角と霜をとる。
2 ウオッカとカットしたトマトをミル・ミキサーで攪拌し、シェーカーにこしながら入れる。
3 シェーカー内の材料にフレッシュ・レモン・ジュースを加える。
4 タンブラーの中の溶けた氷の水分を捨てる。
5 シェークし、タンブラーに注ぐ。

POINT

ウオッカはケテルワンを選択し、−20度設定の冷凍庫で冷やして使う。トマトは、入手できれば桃太郎がおすすめ。レモン・ジュースはカクテルに酸味を与えるためではなく、ウオッカと生のトマトの味わいを一つにする「つなぎ」の目的で使用する。

Recipe

ウオッカ	45ml
トマト・ジュース	80ml
ミニ・トマト	6個
レモン	1/2個
フルーツ・トマト	スライス1枚
ウスター・ソース	適量
フレッシュ・レモン・果汁	10ml
セロリ・ソルト、ブラック・ペッパー	2振り
岩塩、バジルの葉	適量

How to make

1 グラス半周に岩塩を付ける。
2 グラスにミニ・トマト、バジルを入れる。1/2カットのレモンでふたをする。
3 シェイカーで、ウオッカ、トマト・ジュース、ウスター・ソース、セロリ・ソルト、ブラック・ペッパー、レモン果汁をシェーク。
4 グラスに注ぐ。トマトのスライスを飾る。

POINT

バランスを見ながら材料を3層に重ねる。飲むときは、レモンやトマトをマドラーなどで潰しながら混ぜて、味わいの変化を楽しんでほしい。

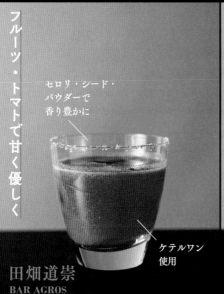

フルーツ・トマトで甘く優しく

セロリ・シード・
パウダーで
香り豊かに

ケテルワン
使用

ふわっとやわらかい口当たり

産直トマト・ジュース、
ハワイの岩塩で贅沢に

淡いピンク
が美しい

田畑道崇
BAR AGROS

吉本武史
Bar Sherlock

Recipe

ウオッカ	45ml
トマト・ジュース	適量
フレッシュ・レモン・ジュース	適量
フルーツ・トマト	2、3個
ウスター・ソース、タバスコ、	
セロリ・シード・パウダー、	
岩塩、ブラック・ペッパー	適量

How to make

1 ブレンダーに材料を入れ攪拌後、味見をして味を調える。
2 ふちに岩塩を半周つけたグラスに氷を入れる。
3 ボストン・シェーカーに氷を入れシェークし、茶こしでこして注ぐ。

POINT

ウオッカはケテル ワンを選択。トマトはフルーツ・トマトが使いやすい。アメーラなど、自分の好みに合い、入手しやすいものを。セロリはスティックでなくパウダーで。

Recipe

ウオッカ	40ml
トマト・ジュース	90ml
ドライ・トマト	1個
塩	適量

How to make

1 グラスに氷を入れる。
2 ウオッカとジュースをブレンダーで攪拌し、グラスに注ぐ。
3 グラスのふちの半周だけに塩を付け、ドライ・トマトを飾る。

POINT

トマト・ジュースは産地直送品、塩はハワイの岩塩を使用。ウオッカとジュースをグラスに注ぐ前にブレンダーで攪拌することで空気を含ませ、口当たりをやわらかく、色を淡いピンクにするのがコツ。グラスの半分だけに塩を付ける「ハーフ・ムーン」で仕上げる。

【 ハイボール 】

炭酸の強力刺激！

炭酸水を2回に分けて注ぐ

アランバレルリザーヴ使用

浅倉 淳
BAR ANTHEM

優しい口当たりの泡

炭酸水2度注ぎ

デュワーズ15年使用

井口法之
BAR GASLIGHT

Recipe

ウイスキー	30ml
炭酸水	90ml

How to make

1　10ozタンブラーに氷2個を入れ、タンブラーを冷やしながら、氷の角と霜をとり、溶けた氷の水分を捨てる。

2　タンブラーに、ウイスキーと高圧強炭酸30mlを注ぎ4、5回ステアしよく混ぜる。

3　2で作ったタンブラーの中の1：1のハイボールを伸ばすように、残りの炭酸水60mlを注ぎ、バー・スプーンを沈め軽く氷をすくい上げ、静かにバー・スプーンを抜く。

POINT

ウイスキーはアランバレルリザーヴを冷蔵または冷凍にて使用。炭酸水は、オリジナル高圧強炭酸水を6度以下に冷やしして使う。炭酸水を2回に分けて注ぐことで、ウイスキーが炭酸水としっかり一体化し、かつ炭酸の効いたハイボールを作ることができる。

Recipe

ウイスキー	45ml
プレーン・ソーダ	適量

How to make

1　氷を2、3個入れたタンブラーにウイスキーを注ぐ。

2　ウイスキーと同量のプレーン・ソーダを加え、しっかり攪拌する。

3　残りのソーダを静かに注ぎ、軽くなじませる。

POINT

ウイスキーはデュワーズ15年、ソーダはほど良いガス圧のウィルキンソンを選択。最初にウイスキーと同量のソーダを加えしっかり混ぜて濃いハイボールを作成する。2回目のソーダをゆっくり注ぎ入れ優しく起こす程度にするのがポイント。

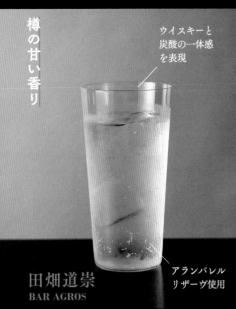

樽の甘い香り

ウイスキーと炭酸の一体感を表現

アランバレルリザーヴ使用

田畑道崇
BAR AGROS

Recipe
ウイスキー...**30ml**
プレーン・ソーダ...適量

How to make

1 氷を入れたグラスにウイスキーを注ぎステアする。
2 氷に当たらないようにソーダを注ぎ、十分にステアする。

POINT

フルーティさとウッディなスパイスが心地良いアラン バレルリザーヴを選択。ソーダを注いだあと、ソーダとウイスキーをしっかりなじませるように上下に攪拌しながらステアする。ハイボールカクテルの一体感を高めるのが狙いだ。

ブレンデッド・ウイスキーでも美味

ソーダ追加後のステアは3回転半

グレングラント使用

吉本武史
Bar Sherlock

Recipe
ウイスキー...**40ml**
プレーン・ソーダ...適量

How to make

1 氷を入れたグラスにウイスキーを注ぎステアし、のちに加えるソーダと同等の温度になるようになじませる。
2 適量のソーダを入れ、軽くステア。

POINT

ウイスキーの銘柄はその時々で推薦しているものを使うが、一例として、グレングラントが使いやすい。あるいは客から好みを聞き、ブレンデッドかシングルモルトかなどを選択。ウイスキーの分量は1ショット強が目安（30〜40ml）。ソーダを加えてからのステアは3回転半ほど。

※酒や炭酸飲料は、特別な銘柄指定がある場合のみ表記しています。　　※カクテルの並びは、作者名の五十音順です。

カクテルの定番・新定番がわかる
4つのキーワード

カクテルは色や香り、味わいなどを五感で楽しむ飲み物である。
本書では全430品のレシピを、種類や材料、作り方などによって分類。
長く愛される定番レシピから流行を押さえた新定番、
ノンアルコールや糖質オフなどの健康志向のカクテルも多数掲載。

1 「日本人バーテンダー」の 世界での活躍

日本のバーを訪問する外国人観光客が増え、日本の伝統的な酒である日本酒や焼酎への興味も高まっている。世界を舞台に活躍する日本人バーテンダーの存在も見逃せない。そこで、本書では、世界的に注目される日本人バーテンダーのレシピを収録。また、日本らしさを表現する紫蘇や柚子などの"和"の素材を使ったカクテルも紹介している。デザインや器にも注目してほしい。

2 あえて飲まない 「ソバーキュリアス」

「ソバー（ソーバー）キュリアス」とは、Sober（ソバー、しらふ）とCurious（キュリアス、好奇心が強い）を組み合わせた造語である。「飲めるけど飲まない」ことを選択する、最近注目の価値観で、こうした動きを受け、ノンアルコールや低アルコールのカクテルへの需要が高まっている。P240〜は、ノンアルコールカクテルだけを紹介。

取材協力者一覧

P004〜 世界大会優勝レシピ

岸 久（きし ひさし）
「スタア・バー」オーナー・バーテンダー。
https://www.starbar.jp/

保志 雄一（ほし ゆういち）
「BAR 保志（バー ほし）」オーナー・バーテンダー。
https://8star.family/drink/

山田 高史（やまだ たかふみ）
「Bar Noble（バー ノーブル）」オーナー・バーテンダー。
https://www.noble-aqua.com/

耳塚 史泰（みみつか ふみやす）
「Bar 耳塚」オーナー・バーテンダー。
https://www.bar-mimi.com/

高橋 直美（たかはし なおみ）
「バーガスライトEVE（イブ）」店長。
https://www.bar-gaslight.com/

坪倉 健児（つぼくら けんじ）
「Bar Rocking chair（バー・ロッキングチェア）」
オーナー・バーテンダー。http://bar-rockingchair.jp/

森崎 和哉（もりさき かずや）
「SAVOY hommage（サヴォイ・オマージュ）」
オーナー・バーテンダー。
https://www.instagram.com/cocktail.smith/

P012〜 定番カクテル見比べ

浅倉 淳（あさくら あつし）
「BAR ANTHEM（バー アンセム）」オーナー・バーテンダー。
https://bar-anthem.jp/

3 健康志向に応える「糖質オフ」

糖質を抑え、健康的にカクテルを楽しみたいという声も増えており、糖質オフを謳ったカクテルへの需要も高まっている。甘く、口当たりの良いドリンクにするため、カクテルには甘いジュースやシロップなどが使われるが、これらを無糖のハーブ・ティーやフレーバー・ウ

ォーターなどに置き換えることで、糖質を抑えることができる。こうした糖質オフカクテルをP254〜に設けている。

4 「ミクソロジー」という新潮流

ミクソロジーという言葉自体は古く、1948年に出版された辞典で「混合飲料をつくるための技術または技巧」といった説明がなされている。近年は、科学的な分析や技術といった意味合いが強まり、温度や圧力などの物理的な要素を変えたりしながら、カクテルの香りや味を追求する動きがある。P248〜に、技巧的なミクソロジーのカクテルを掲載した。

レシピ以外にも、カクテルの歴史やエピソードがわかる読み物、
構成や名前などから検索できる索引などのコーナーも設けた。
本書を手に、奥深いカクテルの世界へ。

井口 法之（いぐち のりゆき）
「BAR GASLIGHT」オーナー・バーテンダー。
https://www.bar-gaslight.com/

田畑 道崇（たばた みちたか）
「BAR AGROS（バー アグロス）」オーナー・バーテンダー。
https://bar-agros.com/

吉本 武史（よしもと たけし）
「Bar Sherlock（バー シャーロック）」
オーナー・バーテンダー。https://bar-sherlock.jp/

P094〜 ベース別カクテル制作

BAR GASLIGHT本店（バー ガスライト）
本店、銀座店、EVE、霞ヶ関店、四ツ谷店と5店舗を構える。
https://www.bar-gaslight.com/

P248〜 ミクソロジー・カクテル

清崎 雄二郎（きよさき ゆうじろう）
「Bar LIBRE GINZA（バー リブレ ギンザ）」
オーナー・バーテンダー。
https://www.bar-libre-ginza.com/

P254〜 糖質オフ・カクテル

鹿山 博康（かやま ひろやす）
「Bar BenFiddich（バー ベンフィディック）」
オーナー・バーテンダー。https://note.com/benfiddich/

撮影協力（P048〜の酒の味や香りなどの評価も）

株式会社 武蔵屋
https://store.musashiya-net.co.jp

写真で選ぶ
カクテルインデックス

本書で紹介するカクテルは、次の通り。
定番から創作までさまざまだが、まずは気になる名前や
色から検索してみてはいかがだろうか。

【 アイコンについて 】

定番		N.B.A.カクテル・ランキング2023を参考に選定
季節	他	P088〜093のコラムに登場
20	他	アルコール度数

世界大会
優勝レシピ

Milkey Way
（ミルキー・ウェイ）

サクラサクラ

Great Sunrise
（偉大な朝日）

シャイニング
ブルーム

WISTERIA
〜歓迎〜

The Best Scene
（ザ・ベストシーン）

Beautiful Journey
〜美しい旅〜

定番カクテル
見比べ

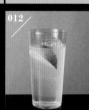
浅倉 淳
ジン・トニック

井口法之
ジン・トニック

田畑道崇
ジン・トニック

013	014	014	015	015
吉本武史 ジン・トニック	浅倉 淳 モヒート	井口法之 モヒート	田畑道崇 モヒート	吉本武史 モヒート

016	016	017	017	018
浅倉 淳 ブラッディ・メアリー	井口法之 ブラッディ・メアリー	田畑道崇 ブラッディ・メアリー	吉本武史 ブラッディ・メアリー	浅倉 淳 ハイボール

018	019	019
井口法之 ハイボール	田畑道崇 ハイボール	吉本武史 ハイボール

Gin
ジンベース

097	097	097	098	098
40	30	40	40	30
アースクェイク	アイデアル	青い珊瑚礁	アカシア	アビエイション

098	099	099	099	100
季節 20	30	40	10	30
アペタイザー	アラウンド・ザ・ ワールド	アラスカ	アラバマ・フィズ	アレキサンダーズ・ シスター

100	100	101	101	101
40	2-10	10	行事 30	40
エメラルド	エメラルド・クーラー	オレンジ・フィズ	オレンジ・ブロッサム	カジノ

102	102	102	103	103
30	40	20	40	定番 小説 30
カルーソー	キウイ・マティーニ	キッス・イン・ザ・ダーク	ギブソン	ギムレット

103	104	104	104	105
30	歴史 30	40	20	10
クイーン・エリザベス	クラリッジ	グリーン・アラスカ	クローバー・クラブ	ゴールデン・フィズ

105	105	106	106	106
30	30	2-10	歴史 30	30
サケティーニ	ザザ	シー・ブリーズ・クーラー	シルバー・ブレット	ジン・アンド・イット

107	107	107	108	108
30	20	40	10	20
ジン・クラスタ	ジン・スウィズル	ジン・スマッシュ	ジン・スリング	ジン・デイジー

108 定番 10 ジン・トニック	109 10 ジン・バック	109 40 ジン・ビターズ	109 定番 歴史 10 ジン・フィズ	110 30 ジン・ライム
110 定番 10 ジン・リッキー	110 10 シンガポール・スリング	111 30 スイート・マティーニ	111 季節 30 スプリング・フィーリング	111 40 セブンス・ヘブン
112 20 タンゴ	112 20 チャールストン	112 10 テキサス・フィズ	113 10 トム・コリンズ	113 40 ドライ・マティーニ
113 歴史 30 ネグローニ	114 歴史 40 ノックアウト	114 20 バーテンダー	114 20 パラダイス	115 20 パリジャン
115 20 ハワイアン	115 30 ビューティ・スポット	116 40 ピンク・ジン	116 30 ピンク・レディ	116 30 ファイン・アンド・ダンディ

117	117	117	118	118
歴史 20	歴史 30	30	歴史 10	20
ブラッディ・サム	プリンセス・メアリー	ブルー・ムーン	フレンチ75	ブロンクス

119	119	119	120	120
20	30	30	定番 30	20
ブロンクス・テラス	ベネット	ホノルル	ホワイト・レディ	ホワイト・ローズ

120	121	121	121	122
定番 30	40	30	20	20
マティーニ	マティーニ・オン・ザ・ロック	ミディアム・マティーニ	ミリオン・ダラー	ヨコハマ

122	123	123
10	10	20
ラッフルズ・スリング	ロイヤル・フィズ	ロング・アイランド・アイス・ティー

Vodka
ウオッカベース

125	125	126	126	127
2-10	40	季節 10	30	30
アクア	ウオッカ・アイスバーグ	ウオッカ・アップル・ジュース	ウオッカ・ギブソン	ウオッカ・ギムレット

127	128	128	128	129
30	10	10	10	映画 30
ウオッカ・スティンガー	ウオッカ・スリング	ウオッカ・トニック	ウオッカ・リッキー	ウオッカ・マティーニ
129	129	130	130	130
30	定番 映画 20	行事 30	10	40
コザック	コスモポリタン	ゴッドマザー	シー・ブリーズ	ジプシー・クイーン
131	131	131	132	132
10	30	映画 10	定番 10	30
スクリュードライバー	スレッジ・ハンマー	セックス・オン・ザ・ビーチ	ソルティ・ドッグ	タワーリシチ
132	133	133	133	134
2-10	20	20	10	定番 映画 20
チチ	ツァリーヌ	バーバラ	ハーベイ・ウォールバンガー	バラライカ
134	134	135	135	135
40	30	10	10	行事 10
ファステスト・ブラッディ・メアリー	ブラック・ルシアン	ブラッディ・シーザー	ブラッディ・ブル	ブラッディ・メアリー

136	136	136	137	137
歴史 10	20	10	20	20
ブル・ショット	ブルー・ラグーン	ブルドッグ	ボルガ	ボルガ・ボートマン

137	138	138	138	139
映画 30	20	定番 10	定番 季節 30	30
ホワイト・ルシアン	メトロポリタン	モスコー・ミュール	雪国	ルシアン

139	139			141
20	20			定番 20
ロード・ランナー	ロベルタ			エックス・ワイ・ジィ

Rum
ラムベース

141	141	142	142	142
20	定番 歴史 10	20	10	30
エル・プレジデンテ	キューバ・リバー	クォーター・デッキ	グロッグ	サンチャゴ

143	143	143	144	144
30	20	20	20	30
ジャック・ター	シャンハイ	スカイ・ダイビング	スコーピオン	ソノラ

144	145	145	145	146
2-10	定番 30	30	10	20
ソル・クバーノ	ダイキリ	チャイニーズ	トム・アンド・ジェリー	ニッカーボッカー・カクテル

146	146	147	147	147
定番 20	歴史 20	20	10	20
ネバダ	バカルディ・カクテル	ハバナ・ビーチ	ピニャ・カラーダ	プラチナ・ブロンド

148	148	148	149	149
10	10	20	作家 20	20
プランターズ・カクテル	ブルー・ハワイ	プレジデント	フローズン・ダイキリ	フローズン・バナナ・ダイキリ

149	150	150	150	151
20	30	定番 10	行事 10	10
ヘミングウェイ・スペシャル	ポーラー・ショート・カット	ボストン・クーラー	ホット・バタード・ラム	ホット・バタード・ラム・カウ

151	151	152	152	152
30	30	20	20	映画 20
マイアミ	マイアミ・ビーチ	マイタイ	ミリオネーア	メアリー・ピックフォード

153	153	153	154	154
定番 季節 30	10	30	30	10
モヒート	ラム・クーラー	ラム・クラスタ	ラム・コブラー	ラム・コリンズ

154	155	155	155	156
20	20	20	40	20
ラム・サワー	ラム・ジュレップ	ラム・スウィズル	ラム・スマッシュ	ラム・デイジー

156	156	157	157	157
10	10	10	40	20
ラム・トニック	ラム・バック	ラム・フィズ	ラム・フリップ	リトル・プリンセス

Tequila
テキーラベース

159	159	160
定番 20	10	10
アイスブレーカー	アンバサダー	エバー・グリーン

160	161	161	161	162
2-10	20	20	20	10
エル・ディアブロ	コンチータ	サンライズ	シルク・ストッキングス	ストロー・ハット

162	162	163	163	163
20	20	10	定番 音楽 10	10
スロー・テキーラ	テキーラ・サワー	テキーラ・サンセット	テキーラ・サンライズ	テキーラ・トニック

164	164	164	165	165
30	30	30	20	30
テキーラ・マティーニ	テキーラ・マンハッタン	ピカドール	ブルー・マルガリータ	ブレイブ・ブル

165	166	166	166	167
20	30	定番 20	定番 10	定番 歴史 20
フローズン・ストロベリー ・マルガリータ	フローズン・ マルガリータ	ブロードウェイ・ サースト	マタドール	マルガリータ

167	167		**Whiskey** ウイスキーベース	169
20	定番 20			歴史 2-10
メキシカン	モッキンバード			アイリッシュ・コーヒー

169	170	170	170	171
20	20	20	10	40
アップ・トゥ・デイト	アフィニティ	インク・ストリート	インペリアル・フィズ	ウイスキー・カクテル

171	171	172	172	172
30	40	10	20	20
ウイスキー・クラスタ	ウイスキー・コブラー	ウイスキー・コリンズ	ウイスキー・サワー	ウイスキー・スウィズル

173	173	173	174	174
40	20	10	定番 10	40
ウイスキー・スマッシュ	ウイスキー・デイジー	ウイスキー・トディー	ウイスキー・ハイボール	ウイスキー・ブレイザー

174	175	175	175	176
10	40	10	20	定番 40
ウイスキー・フロート	ウイスキー・ミスト	ウイスキー・リッキー	オールド・パル	オールド・ファッションド

176	176	177	177	177
20	20	10	10	定番 映画 30
オリエンタル	カウボーイ	カリフォルニア・レモネード	クロンダイク・クーラー	ゴッドファーザー

178	178	178	179	179
40	30	30	定番 30	20
スコッチ・キルト	チャーチル	ドライ・マンハッタン	ニューヨーク	ハイ・ハット

179	180	180	180	181
10	歴史 **20**	**20**	**30**	**30**
ハイランド・クーラー	バノックバーン	ハリケーン	ハンター	ブルックリン

181	181	182	182	182
30	**10**	**30**	**10**	定番 映画 **30**
ホール・イン・ワン	ホット・ウイスキー・トディー	ボビー・バーンズ	マミー・テイラー	マンハッタン

183	183	183
行事 **30**	**40**	定番 歴史 **30**
ミント・ジュレップ	ラスティ・ネイル	ロブ・ロイ

Brandy
ブランデーベース

185	185	185	186	186
10	定番 歴史 **20**	行事 **10**	**20**	**20**
アメリカン・ビューティー	アレキサンダー	エッグ・ノッグ	オリンピック	カルバドス・カクテル

186	187	187	187	188
30	**20**	**20**	行事 **30**	定番 歴史 **20**
キャロル	キューバン・カクテル	クラシック	コープス・リバイバー	サイド・カー

188 シカゴ 20	188 ジャック・ローズ 定番 20	189 シャンゼリーゼ 30	189 シャンパン・ピック・ミィ・アップ 10	190 ジョージア・ミント・ジュレップ 10
190 スティンガー 30	191 スリー・ミラーズ 30	191 ドリーム 30	191 ニコラシカ 40	192 ノルマンディ・コネクション 30
192 ハーバード 行事 20	192 ハーバード・クーラー 定番 10	193 ハネムーン 20	193 ビー・アンド・シー 40	193 ビー・アンド・ビー 40
194 ビトウィーン・ザ・シーツ 30	194 ブランデー・クラスタ 30	194 ブランデー・コブラー 30	195 ブランデー・サワー 20	195 ブランデー・スウィズル 20
195 ブランデー・スマッシュ 40	196 ブランデー・スリング 10	196 ブランデー・デイジー 20	196 ブランデー・フィックス 20	197 フレンチ・コネクション 定番 映画 30

Liqueur
リキュールベース

197 ホーセズ・ネック 定番 10

197 ボンベイ 20

199 アフター・ディナー 10

199 アプリコット・カクテル 10

200 アプリコット・クーラー 2-10

200 イエロー・パロット 40

200 エンジェル・キッス 行事 10

201 エンジェルズ・ウィング 20

201 カカオ・フィズ 2-10

201 カンパリ・オレンジ 2-10

202 カンパリ・ソーダ 定番 歴史 2-10

202 グラスホッパー 定番 10

202 ゴールデン・キャデラック 20

203 サンジェルマン 20

203 スィッセス 50

203 スカーレット・オハラ 映画 10

204 スターズ・アンド・ストライプス 行事 30

204 スノーボール 2-10

204 スプモーニ 定番 2-10

205 スロー・ジン・カクテル 20

205 スロー・ジン・フィズ 2-10

205 チェリー・ブロッサム 行事 20

206 チャイナ・ブルー 定番 2-10

035

206 ディスカバリー	206 ナップ・フラッペ	207 バイオレット・フィズ	207 バレンシア	207 ピコン・カクテル
2-10	40	2-10	定番 10	10

208 ピンポン	208 ファジー・ネーブル	208 フィフス・アベニュー	209 ブルー・レディ	209 ブルース・ブルー
20	行事 2-10	10	20	2-10

209 ベルベット・ハンマー	210 ホワイト・サテン	210 ミント・フラッペ	210 メリー・ウィドウ	211 モンクス・コーヒー
20	20	20	名作 20	2-10

211 ユニオン・ジャック	211 ルビー・フィズ			213 アディントン
20	2-10			10

Wine
ワインベース

213 アドニス	213 アメリカーノ	214 アメリカン・レモネード	214 イースト・インディアン	214 キール
歴史 10	2-10	定番 2-10	10	定番 10

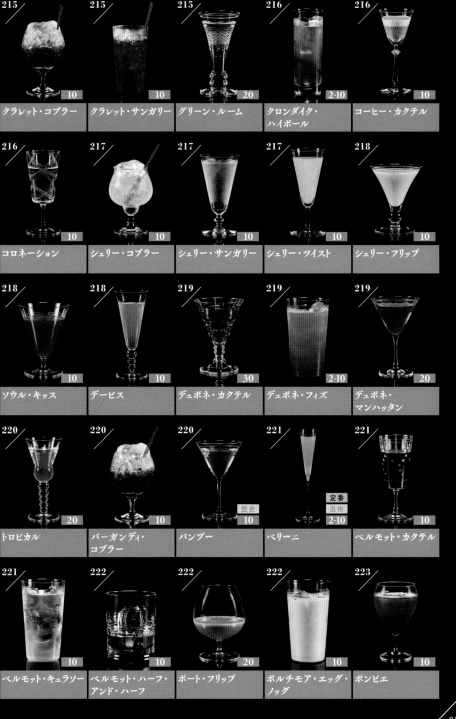

215	215	215	216	216
10	10	20	2-10	10
クラレット・コブラー	クラレット・サンガリー	グリーン・ルーム	クロンダイク・ハイボール	コーヒー・カクテル

216	217	217	217	218
10	10	10	10	10
コロネーション	シェリー・コブラー	シェリー・サンガリー	シェリー・ツイスト	シェリー・フリップ

218	218	219	219	219
10	10	30	2-10	20
ソウル・キッス	デービス	デュボネ・カクテル	デュボネ・フィズ	デュボネ・マンハッタン

220	220	220	221	221
20	10	歴史 10	定番 芸術 2-10	10
トロピカル	バーガンディ・コブラー	バンブー	ベリーニ	ベルモット・カクテル

221	222	222	222	223
10	10	20	10	10
ベルモット・キュラソー	ベルモット・ハーフ・アンド・ハーフ	ポート・フリップ	ボルチモア・エッグ・ノッグ	ポンピエ

223 10 マデイラ・サンガリー

223 10 ワイン・クーラー

Champagne
シャンパンベース

225 10 キール・アンペリアル

225 定番 行事 10 キール・ロワイヤル

226 映画 10 シャンパン・カクテル

226 10 シャンパン・ジュレップ

227 2-10 シャンパン・フィズ

227 定番 行事 2-10 ミモザ

Beer
ビールベース

229 定番 行事 2-10 シャンディー・ガフ

229 10 ドッグズ・ノーズ

230 2-10 ビア・スプリッツァー

230 2-10 ブラック・ベルベット

231 2-10 ミント・ビア

231 定番 作家 2-10 レッド・アイ

231 10 レッド・バード

Shochu
焼酎ベース

233 20 酎ティーニ

233 10 冬桜

234 20 村雨

234 ラスト・サムライ 10

235 忘れな草 10

Sake
日本酒ベース

237 サケ・ハイボール 2-10

237 サムライ 10

237 サムライ・ロック 10

238 写楽 10

238 スウォッカ 20

238 清流 10

239 撫子 2-10

239 涼 行事 10

239 レッド・サン 2-10

Non-alc
ノンアルコールカクテル

241 アンファジー・ネーブル 0

241 オレンジエード 0

242 サマーディライト 定番 季節 0

242 サラトガ・クーラー 0

243 シャーリー・テンプル 定番 映画 0

243 シンデレラ 定番 0

244 バージン・ブリーズ 0

244 バージン・メアリー 0

244 バージン・モスコーミュール 0

245 バージン・モヒート 0

245 / 0 パイナップル・クーラー

245 / 0 プッシーキャット

246 / 0 プッシーフット

246 / 0 プレーリー・オイスター

246 / 0 フロリダ

247 / 0 ミルク・セーキ

247 / 0 ラバーズ・ドリーム

247 / 0 レモネード

Mixology
ミクソロジーカクテル

249 / 10 アースアンドネイチャー

250 / 20 イースターNo.10

251 / 10 液体菓子

251 / 10 そばにいて Stay with me

252 / 10 フォレストダイニング

252 / 行事 10 柚子緑茶のジン・トニック

253 / 10 ラーメン

253 / 30 ラボラトリーマルガリータ

Low-carb
糖質オフカクテル

255 / 10 アイラローストティー

255 / 2-10 ウオッカ大根ソーダ

256 / 30 紫蘇スマッシュ

256 / 2-10 ティータイム

257 / 10 マティーニ＆ハーブウォーター

257
10
モヒートリッキー

Others
その他

259
10
梅ごこち

259
20
梅酒ジンジャー

260
2-10
梅酒パナシェ

260 | 歴史
20
カイピリーニャ

260
20
コペンハーゲン

【 巻末索引もあわせてご利用ください 】

この「カクテルインデックス」のコーナーでは、写真を見ながら、色やグラスの形などからカクテルを探せます。ここで、どんなカクテルがあるかを大まかに把握したら、以後は、本書の巻末にある2種の索引から、その時々の目的に合ったカクテルを探してください。

ベースの酒、度数、味わい、技法
から探したい
「カクテル早わかり表」（P261〜）

知っているカクテルの名前
から探したい
「50音順カクテルIndex」（P283〜）

知っておきたい
カクテルの基本

カクテルはさまざまな酒や材料を組み合わせて作る飲み物で、
古代から現代まで、世界中で楽しまれてきた。
カクテルの種類や文化は多様化しつつある。

カクテル＝オンドリの尾？

「CockTail（カクテル）」の語は、1948年にロンドンで出版された小冊子『The Squire Recipes』が初出であるとされる。しかし、その語源についての定説はない。「メキシコで作られたオンドリの尾に似た木の枝で作る飲み物」という説、「独立戦争時にオンドリの尾を飾った飲み物があった」という説、「フランスで売られていた卵酒がルーツである」という説などがある。

カクテルの歴史

カクテルの歴史は古く、古代ローマや古代ギリシャの時代までさかのぼるという説がある。当初は、ワインやビールなどのアルコールの味を改善するため、ほかの材料を混ぜて飲んだのがカクテルの始まりとされる。18世紀には、イギリスやアメリカでカクテルが盛んに作られるようになった。

禁酒法がカクテルを発展させた

1920年アメリカで、アルコール飲料の製造・販売・運搬・輸出入を禁止する禁酒法が施行。結果、密造・密売が続出し1933年に廃止となるが、この間にカクテルは発展した。密造酒の味をごまかすためにジュースなどを混ぜる、ほかの素材と混ぜて酒であることを隠すといった工夫が多彩なレシピを生み出した。こうして生まれたレシピは世界中に波及し、カクテル文化を発展させてきた。

1. カクテルとは?

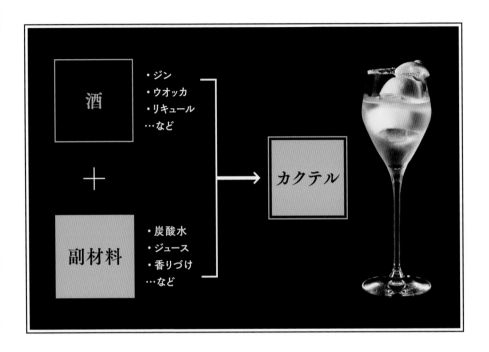

カクテルとは、ベースとなる酒に副材料を混ぜて作る飲み物である。ベースはジン、ウオッカなど多様で、同じジンでも銘柄や分量次第で、味わいが一変する。副材料もジュース、シロップなど多彩である。ベースの酒に爽快感を与えたいなら炭酸水、フルーティーさが欲しいならジュースを加えるなどして、味を組み立てる。副材料として別の酒を加え、アルコール度数のコントロールもできる。

カクテルの組み合わせは無限ともいえるが、長年にわたって愛され、定番となっているスタンダード・カクテルをまず知り、親しむことをおすすめする。

カクテルとは奥深いものだが、起源は明らかではない。ただ、アルコールに他の材料を混ぜて飲む習慣は、紀元前のエジプトや中国、中世ヨーロッパなど、世界各地にあったとされる。その後、製氷機の発明・普及によりカクテルは発展。近年は世界中の食材が融合し、カクテル文化が盛り上がっている。独創的なミクソロジー・カクテル、低アルコールのカクテルなどにも注目が集まる。

2. ロング・カクテルの主なスタイル

カクテルにはカクテル・グラスで飲むショート・ドリンクと
多彩なロング・ドリンクに大別される。
炭酸の有無や技法の違いなどによりそのスタイルは多様だ。

【 炭酸なし 】

サワー

ウイスキーやブランデーなどの
蒸留酒をベースに、レモン・ジ
ュースと砂糖などで甘酸味を加
える。

エッグ・ノッグ 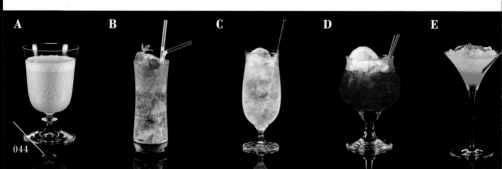（A）

卵、酒、牛乳、砂糖を用いて作
るが、ノンアルコールのものも
ある。飲み方はホットとコール
ドの2種類。

コブラー

氷を詰めたゴブレットに酒、リ
キュールや甘みを注ぎ十分にス
テアする。フルーツを飾り、ス
トローを添える。

サンガリー

赤ワインに甘みを加えシェーク
しタンブラーに注ぐ。水、又は
熱湯を満たし、最後にナツメグ
を振りかける。

ジュレップ（B）

グラスにミントの葉と砂糖を入
れ、水またはプレーン・ソーダ
を注ぎミントの葉を潰す。氷を
加えて酒を注ぐ。

スウィズル（C）

グラスに材料を注ぎ氷を加え、
グラスに霜がつくまでスウィズ
ル・スティックで急速にかき混
ぜる。

スマッシュ

ジュレップの小型版。スマッシ
ュにレモン（ライム）・ジュース
を加えたミックス・ドリンクは
モヒート。

デイジー

蒸留酒に柑橘系ジュース、フル
ーツ・シロップかリキュールを
加えシェーク。氷を詰めたグラ
スに注ぐ。

トディー

タンブラーかオールド・ファッ
ションド・グラスに砂糖を入れ、
蒸留酒を注ぎ、水または熱湯で
満たす。

ハーフ・アンド・ハーフ

濃色ビールと淡色ビール、ベル
モットのスイートとドライなど、
2種類の材料を半量ずつミック
スする。

フィックス（D）

蒸留酒に柑橘系ジュース、フル
ーツ・シロップまたはリキュー
ルを加えたサワー系のミック
ス・ドリンク。

プース・カフェ

数種の蒸留酒やリキュール、生
クリームなどを、比重の大きい
ものから順に混ざらぬようにフ
ロートする。

A　　　B　　　C　　　D　　　E

フリップ

ワインや蒸留酒に卵と砂糖を加えシェークし、サワー・グラスに注いでナツメグを振りかける。

フローズン・スタイル

材料をクラッシュド・アイスとともにミキサー（バー・ブレンダー）に入れ、シャーベット状にしたカクテル。

クラスタ

パンの皮を意味する語が語源といわれるが真相は不明。らせん状にむいた柑橘の皮や、1/2カットの中身をくり抜いたものを飾る。

オン・ザ・ロックス
◎甘みなし

氷を岩に見立て、「岩の上に」の意。大きめの氷を入れたオールド・ファッションド・グラスに材料を注ぐ。

フラッペ　E
◎甘みなし

材料を氷とともにシェークし一緒にグラスに注ぐか、グラスに氷を盛りその上から直接リキュールを注ぐ。

ミスト
◎甘みなし

クラッシュド・アイスを詰めたオールド・ファッションド・グラスに材料を直接注ぎ、強くステアする。

【 炭酸入り 】

バック　F

ワインや蒸留酒にレモン（ライム）・ジュースとジンジャー・エールを加えて作るのが一般的なレシピ。

クーラー　G

蒸留酒に柑橘類のジュースと甘みを加え、プレーン・ソーダやジンジャー・エールなどを満たす。

コリンズ

蒸留酒にレモン・ジュースと砂糖（シュガー・シロップ）を加え、プレーン・ソーダを満たす。

フィズ　H

蒸留酒にレモン・ジュース、砂糖を加えてシェークし、タンブラーに注ぎプレーン・ソーダを満たす。

スリング　I

蒸留酒にレモン・ジュースと甘みを加え、水またはプレーン・ソーダ、ジンジャー・エールなどを満たす。

ハイボール　J
◎甘みなし

ウイスキーのソーダ割りのみならず、本来はベースとなるお酒にさまざまなソフト・ドリンクをミックスしたもの。

フロート
◎甘みなし

酒の比重の違いを利用して、一つの酒の上に他の酒や生クリームを浮かべたり、水に酒を浮かべたりする。

リッキー
◎甘みなし

蒸留酒に新鮮なライムの実を絞り、プレーン・ソーダを満たす。砂糖やシュガー・シロップは使わない。

F　　G　　H　　I　　J

3. 酒の種類を知る
「醸造酒」「蒸留酒」「混成酒」

酒の分類は大まかに 醸造酒、蒸留酒、混成酒

酒は多様性に満ちた飲み物だが、すべての酒は製法や特徴により、大きく醸造酒、蒸留酒、混成酒の3つに分けられる。

醸造酒とは、糖類や澱粉を含む原料を発酵させて作る酒のこと。糖類を原料とするものには、果実から作るワインなどがある。澱粉を原料とするものには、穀類から作るビールや清酒などがある。

蒸留酒とは、醸造酒を加熱して蒸留し、アルコール分を濃縮させて作る酒だ。糖類を原料とするものには、果実から作るブランデー、糖蜜から作るラムなどがある。澱粉を原料とするものには、穀類やイモ類から作るウイスキーやウオッカ、ジンなどがある。その他、リュウゼツランから作るテキーラなどがある。

混成酒とは、蒸留酒に他の成分を加えて風味や色を付けたり、アルコール度数を調整したりした酒のこと。リキュールとも呼ばれる。リキュールには、香草や薬草を加えたアニゼットなど、果実を加えたスロー・ジンなど、種子や核を使うカカオ・リキュールなどがある。カクテルのベースにするほか、他の酒ベースとするカクテルの香り付けにも使われる。

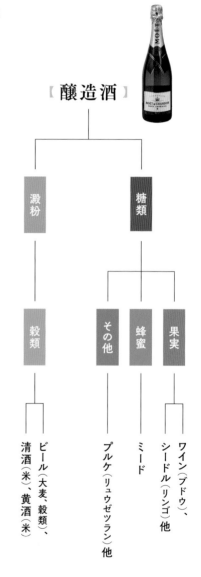

【醸造酒】

澱粉
- 穀類
  - ビール（大麦、穀類）、清酒（米）、黄酒（米）

糖類
- その他
  - プルケ（リュウゼツラン）他
- 蜂蜜
  - ミード
- 果実
  - ワイン（ブドウ）、シードル（リンゴ）他

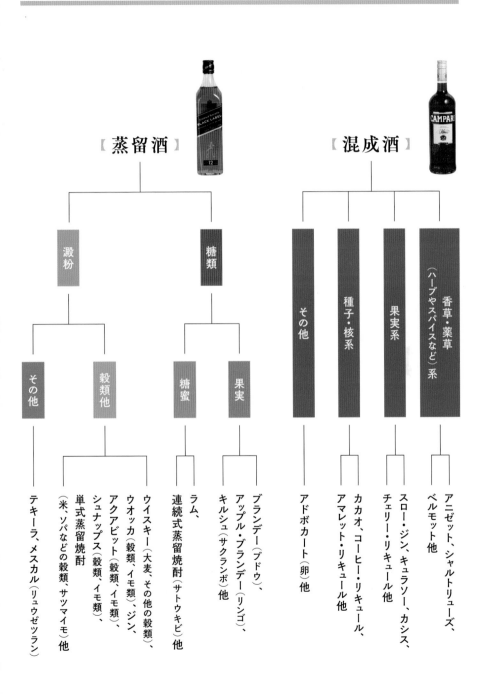

【蒸留酒】

【混成酒】

澱粉

糖類

その他

穀類他

糖蜜

果実

その他

種子・核系

果実系

香草・薬草
（ハーブやスパイスなど）系

テキーラ、メスカル（リュウゼツラン）

単式蒸留焼酎
（米、ソバなどの穀類、サツマイモ）他

シュナップス（穀類、イモ類）、

アクアビット（穀類、イモ類）、

ウオッカ（穀類、イモ類）、ジン、

ウイスキー（大麦、その他の穀類）、

連続式蒸留焼酎（サトウキビ）他

ラム、

キルシュ（サクランボ）他

アップル・ブランデー（リンゴ）、

ブランデー（ブドウ）、

アドボカート（卵）他

アマレット・リキュール他

カカオ、コーヒー・リキュール、

チェリー・リキュール他

スロー・ジン、キュラソー、カシス、

ベルモット他

アニゼット、シャルトリューズ、

ジン

ジュニパーベリー

穀類の発酵液を蒸留後、ジュニパー・ベリー(セイヨウネズという針葉樹の実)の
香りを付けた蒸留酒。香り付けに使うボタニカルの種類により
様々な味わいがある。17世紀中頃にオランダで発祥し、
その後イギリスで大いに発展した。風味豊かなオランダ・タイプと
クリアな風味のロンドン・タイプに大別できる。

ジンを使うメリット	代表的なカクテル	
☑特有の風味をカクテルに活かす楽しみがある	◆ ギムレット	P103
☑度数が高いので少量でカクテルになる	◆ ジン・トニック	P108
☑素材との相性も良くバリエーション豊かに	◆ ジン・リッキー	P110
☑ヘルシーな素材を用いれば低カロリー	◆ マティーニ	P120

カクテル作りに役立つ | 酒の基礎知識　　Gin

主なジンの産地と特徴

現在のジンの原型はオランダで誕生したという説があり、
その後、各地で作られるようになり、製法や原料は多岐にわたる。
主なジンの産地とその特徴を知っておこう。

イギリス

ロンドン・ドライ・ジン
発祥の地。すっきり系の
味わいのものが多い。

ドイツ

生のジュニパー・ベリー
を発酵させて作るタイプ
がよく見られる。

オランダ

ジンの起源とされる国。
現在も芳醇な香りのジン
を産出している。

Europe

イギリス
ドイツ
オランダ

Asia

日本

日本

個性的なクラフトジンが
誕生している。和素材の
香りを持つものも。

押さえておきたい オススメ**7本**

ジャパニーズクラフトジン ROKU

47度（日本）／ 43度（日本以外）700ml 日本

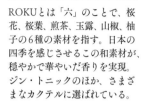

ROKUとは「六」のことで、桜花、桜葉、煎茶、玉露、山椒、柚子の6種の素材を指す。日本の四季を感じさせるこの和素材が、穏やかで華やいだ香りを実現。ジン・トニックのほか、さまざまなカクテルに選ばれている。

低	〈 ボディ 〉	高
弱	〈 香りの個性 〉	強

No.3 ロンドン ドライジン

46度 700ml オランダ

「ロンドン ドライジン」はジンの製法による名前。ボタニカルは3種のフルーツと3種のスパイス。ボトルにはロンドン最古のワイン商、BB&R社の応接室の鍵がデザインされている。風味のバランスが絶妙で、トニック・ウォーターとの相性も良好。

低	〈 ボディ 〉	高
弱	〈 香りの個性 〉	強

ビーフィーター ジン40度

40度 700ml イギリス

ビーフィーターとはロンドン塔を守る近衛兵のことで、デザインのシンボル。良質なボタニカルとこだわりの製法で、ロンドン市内で蒸留している。ジュニパー・ベリーや柑橘系の爽やかさ、スパイスの刺激などが調和した、クリアでドライな味わい。

低	〈 ボディ 〉	高
弱	〈 香りの個性 〉	強

ゴードン ロンドン ドライ ジン 37.5%

37.5度 700ml イギリス

ゴードンは1769年に創業した歴史あるブランドで、ジン・トニックの発祥という説がある。高品質なジュニパー・ベリーを用いた正統派のロンドン・ドライ・ジンだ。

低	〈 ボディ 〉	高
弱	〈 香りの個性 〉	強

シンケンヘーガー

38度 700ml ドイツ

生のジュニパー・ベリーを用いることにより、風味豊かに仕上げられる。「シンケン」とはドイツ語でハムの意味であり、ハムとの相性が抜群である。

低	〈 ボディ 〉	高
弱	〈 香りの個性 〉	強

プリマス ジン

41.2度 700ml イギリス

ドライ・マティーニのオリジナルレシピに銘柄指定されていた（1896年）という歴史を持ち、その品質と伝統は世界的に認められている。

低	〈 ボディ 〉	高
弱	〈 香りの個性 〉	強

ボルス ジュネヴァ

42度 700ml オランダ

ジンの起源とされるオランダ生まれのスピリッツ。1820年にルーカス・ボルスが考案したオリジナルレシピを再現し、ウオッカとウイスキーの性質をもつ。

低	〈 ボディ 〉	高
弱	〈 香りの個性 〉	強

ウオッカ

原型 ロシア

原料となる大麦・小麦・トウモロコシ

穀物を主な原料とした蒸留酒で、起源は14世紀のロシアとされる。
発酵によりアルコールを発生させた醸造酒を蒸留し、
白樺の活性炭でろ過して脱臭する。無色、透明、クリアでニュートラルな
ピュアウオッカのみならず、様々な香味をもつ多彩な銘柄が存在する。

ウオッカを使うメリット

☑ 多様な素材と相性が良く、味の邪魔をしない
☑ 低糖質で低カロリー
☑ 素材の持つ色を活かせる
☑ フルーツやハーブのフレーバーも豊富

代表的なカクテル

◆ スクリュードライバー ——— **P131**
◆ ソルティ・ドッグ ——— **P132**
◆ ブラッディ・メアリー ——— **P135**
◆ モスコー・ミュール ——— **P138**

カクテル作りに役立つ | 酒の基礎知識 | **Vodka**

ウオッカの個性

世界中で飲まれるウオッカにはさまざまなタイプがある。
風味付けされたものもあるが、多くは無色透明だ。
原料の穀物を知ると、また違う魅力を発見できる。

【原料となる主な穀物や特徴】

原料		特徴	よく使う生産国
	小麦	すっきり軽快な味わいだが、ほのかな甘みとまろやかな味わい	ロシア・スウェーデンなど
	大麦	味はクリアだが、わずかに香ばしい	フィンランドなど
	ライ麦	味はクリアだが、わずかに風味がある	ポーランドなど
	トウモロコシ	甘みがあるが、クリアで飲みやすい	アメリカなど
	ジャガイモ	穀類使用のウオッカより重厚でコクのある味わい	ポーランドなど

【主なウオッカのタイプ】

◆ **レギュラー・タイプ**

一般的に流通しているもの。無味無臭で色もないため、カクテルへの応用度は高い。

◆ **プレミアム・タイプ**

厳選された一つの材料、もしくは複数の原料を用いて作られたもの。非常に純度の高いウオッカに仕上げられる。

◆ **フレーバード・タイプ**

フルーツやハーブなどでウオッカに風味を付けたもの。ズブロッカ バイソングラス、アブソルート シトロンなど。

押さえておきたい オススメ**6本**

スミノフ No.21

40度 750ml イギリス

世界中で愛飲される、販売量世界一のウオッカ。蒸留を3回施し、10回のろ過工程を経ることで、雑味や濁りが徹底的に除去されるため、無色透明のクリアなテイストが得られる。ミックスする素材を選ばず、どのようなカクテルにも使える。

低　〈クリアさ〉　高
弱　〈個性〉　強

ソビエスキー ウオッカ

40度 700ml ポーランド

ポーランド産の高品質ライ麦を使用し、ライ麦の甘さとスパイスを感じさせる。角のとれたアルコールのまろやかさと、スパイスを伴った甘さにより、クリームのような甘みが口の中に広がる。フレッシュ・フルーツとの組み合わせも好まれる。

低　〈クリアさ〉　高
弱　〈個性〉　強

ベルヴェデール ウオッカ

40度 700ml ポーランド

厳選されたダンゴウスキー・ゴールド・ライ麦と、掘抜き井戸から汲み上げた超軟水で作られるラグジュアリー・ウオッカ。かすかなバニラ香とスムーズな口当たり。冷やしてストレートで飲むほか、カクテルのベースとしても様々に使える。

低　〈クリアさ〉　高
弱　〈個性〉　強

HAKU（白）

40度 700ml 日本

日本酒を作る酒蔵による、珍しい日本産のウオッカで、原料には100%国産米を使用している。丁寧に作り分けられた原酒をブレンドし、ろ過工程では竹炭を用いることで、クリアな味わいを実現。国産米由来の甘味とスムーズな口当たりも感じられる。

低　〈クリアさ〉　高
弱　〈個性〉　強

アブソルート シトロン

40度 750ml スウェーデン

スウェーデン製のプレミアム・ウオッカ「アブソルート」の数あるラインナップ中のレモン・フレーバー。フルーティーな香味の中に、ほのかにレモンピールの香りがあり、なめらかで芳醇な味わいだ。「コスモポリタン」のベースとして人気がある。

低　〈クリアさ〉　高
弱　〈個性〉　強

ズブロッカ バイソングラス

37.5度 700ml ポーランド

特徴は、ヨーロッパバイソンという動物の好物であるバイソングラスを使用していることだ。その独特の香りを特徴とする、ポーランドを代表するフレーバードウオッカ。日本人にとっては「桜餅やよもぎ餅を連想させる香り」と表現されることも。

低　〈クリアさ〉　高
弱　〈個性〉　強

ラム

原型		
	バルバドス	プエルトリコ

ラム蒸留所のサトウキビ搾汁機

サトウキビを原料とする蒸留酒で、西インド諸島・カリブ海周辺が
原産とされる。砂糖の結晶を精製する際の廃糖蜜や、
しぼり汁を発酵させて蒸留・熟成させる。
風味や色によって、複数の分類がある。

ラムを使うメリット

- ☑ 豊かな香りと甘みが加わる
- ☑ ラムの種類による味わいの変化
- ☑ ラム特有の甘味を活かせる
- ☑ トロピカルなテイストと相性が良い

代表的なカクテル

- ◆ キューバ・リバー ——————— P141
- ◆ ダイキリ ——————————— P145
- ◆ ボストン・クーラー ————— P150
- ◆ モヒート ——————————— P153

カクテル作りに役立つ | 酒の基礎知識 　　　Rum

ラムの分類

ラムは、主に風味と色によって分類される。
風味と色は以下のように対応するが一致しないこともある。

風味

◆ ライト・ラム
内側を焦がしていないオーク樽で熟成。無色透明や淡い琥珀色をしている。

◆ ミディアム・ラム
製造過程で糖分を加える、ライト・ラムとヘビー・ラムの中間的なタイプ。

◆ ヘビー・ラム
樽熟成による甘い香りが特徴。深みとコク、なめらかさを感じさせる。

弱　　　　　　　　　　　　　　　　　　　強

淡　　　　　　　　　　　　　　　　　　　濃

色

◆ ホワイト・ラム
淡色や無色のもの。シルバー・ラムとも呼ばれ、カクテルに多用される。

◆ ゴールド・ラム
ホワイトラムとダークラムの中間的な色のラム。

◆ ダーク・ラム
濃い褐色をしており、気品を感じさせる。ジャマイカ産のものが有名。

押さえておきたい オススメ6本

バカルディ スペリオール

40度 750ml プエルトリコ

多種多様なラムを作るバカルディ社において、最もカクテルのベースとしての汎用性が高いと評価されることもあるホワイト・ラム。甘みと酸味のバランスが求められるカクテルにおいて、絶妙な役割を果たす。

低　　〈香りの個性〉　　高
弱　　　〈甘み〉　　　強

ハバナクラブ3年

40度 700ml キューバ

キューバを代表するプレミアム・ホワイト・ラム。オーク樽で3年間熟成させることで、ほのかなオークの香りとスモーキーな味わいに仕上がる。バニラやカラメル、バナナの甘い香りも心地良い。

低　　〈香りの個性〉　　高
弱　　　〈甘み〉　　　強

マイヤーズ ラム オリジナルダーク

40度 700ml ジャマイカ

200種以上の原酒から20種類を厳選し、ホワイト・オークの大樽で4年熟成。伝統技術から生まれるプレミアム・ダーク・ラムだ。華やかな香りと豊かな風味、深いコクがあり、洋菓子の香り付けでもおなじみ。

低　　〈香りの個性〉　　高
弱　　　〈甘み〉　　　強

ロン サカパ23

40度 750ml グアテマラ

海抜2,300メートルという雲より高いところで熟成されるラム。バーボンやシェリーなどの樽を使用した独自熟成法により、6〜23年熟成のラムをブレンドし、複雑な香りを実現。蜂蜜、バター・スコッチの風味がある。

低　　〈香りの個性〉　　高
弱　　　〈甘み〉　　　強

ロンリコ151

75度 700ml プエルトリコ

ロンはrum、リコはrich。つまり、豊かな味わいのラムという意味。151とは、アメリカ流のアルコール度数の単位であるプルーフによる数値で、アルコール度数が75.5%を指す。驚異的な高アルコールでインパクトは大。

低　　〈香りの個性〉　　高
弱　　　〈甘み〉　　　強

キャプテン モルガン スパイスト ラム

35度 750ml アメリカ領 ヴァージン諸島

プエルトリコ産ゴールド・ラムに、アプリコット、いちじくなどの天然フレーバーをプラスしフルーティーに仕上げる。バニラ・スパイスがアクセントとなり、甘い味と香りを実現する。

低　　〈香りの個性〉　　高
弱　　　〈甘み〉　　　強

テキーラ

テキーラ村のアガベ畑

メキシコ生まれの蒸留酒。原料はメキシコ原産のブルー・アガベという
リュウゼツラン属の多肉植物。その茎をしぼった液を発酵させてできる
酒を蒸留した無色透明の酒。原産地呼称制度で保護され、
熟成度によりブランコ、レポサド、アネホのランクに分かれる。

テキーラを使うメリット	代表的なカクテル
☑ テキーラの種類（熟成の有無）でカクテルの味に変化	◆ テキーラ・サンライズ —— P163
☑ レモンやライムなど柑橘類との相性が良い	◆ マタドール —————— P166
☑ 低糖質で低カロリー	◆ フローズン・マルガリータ P166
☑ 素材の持ち味を活かせる	◆ メキシカン ————————— P167

カクテル作りに役立つ｜酒の基礎知識　　　Tequila

テキーラの分類

テキーラにはさまざまな分類があるが、以下を知っておくとカクテル作りに役立つ。

［色］

◆ **ブランコ**
熟成させないか、60日以内
の短期熟成のもの。透明で、
アガベの香りや味が強く、
シルバー（Silver）とも呼ぶ。

◆ **レポサド**
熟成期間が2ヶ月以上、1
年未満のもの。薄い黄色〜
金色で、樽由来の甘い香り
や味が程良い。

◆ **アネホ**
樽での熟成が1年以上、3
年未満のもの。金色〜琥珀
色で、樽の香りが強く、ウ
イスキーのような風味。

淡 ←

→ 濃

アネホよりさらに熟成を進め、
3年以上熟成させた「エクス
トラ・アネホ」もあり、色や
香り、味は濃厚になる。また、

アガベを51％以上使用し、砂
糖などの糖類やフレーバーが
付けられた「ミクスト」とい
うタイプもある。

押さえておきたい オススメ**5本**

サウザ ブルー

40度 750ml メキシコ

副原料を一切使用せず、自家農園で栽培するブルー・アガベを100%原料として製造。ストレートでも十分美味であるが、カクテルのベースにしても、フレッシュで上質なアガベ由来のフローラルさが活きてくる。

| 低 | 〈 ボディ 〉 | 高 |
| 弱 | 〈 甘み 〉 | 強 |

クエルボ 1800 シルバー

40度 750ml メキシコ

ブルー・アガベを100%使用し、短期樽熟成した原酒と蒸留したばかりの新鮮な原酒をブレンド。なめらかな口当たりとフレッシュな甘さが持ち味。ストレートも好まれるが、カクテルのベースとしても幅広く使われる。

| 低 | 〈 ボディ 〉 | 高 |
| 弱 | 〈 甘み 〉 | 強 |

パトロン シルバー

40度 750ml メキシコ

厳選された最高級のブルー・アガベのみを使用して、手作業で少量製造されるプレミアム・テキーラ。上品に香るシトラスとフレッシュ・アガベの風味が特徴的で、なめらかな味わい。ほのかにペッパーも感じられる。

| 低 | 〈 ボディ 〉 | 高 |
| 弱 | 〈 甘み 〉 | 強 |

クエルボ エスペシャル

40度 750ml メキシコ

オークの樽で2ヶ月以上の熟成を経たレポサド。樽で熟成させることでほのかに甘い香りをまとい、まろやかでコクある味わいに仕上がる。熟成によるコクと円熟が感じられる魅力ある一本だ。

| 低 | 〈 ボディ 〉 | 高 |
| 弱 | 〈 甘み 〉 | 強 |

クラセアスール・テキーラ・レポサド

40度 750ml メキシコ

職人の手作業で白地に青のペイントが施された陶器ボトルが特徴的。伝統的な製法で加熱されたブルー・アガベを原料とした原酒をアメリカン・ウイスキーの樽で8ヶ月間熟成。

| 低 | 〈 ボディ 〉 | 高 |
| 弱 | 〈 甘み 〉 | 強 |

Note

テキーラには、親戚的存在の「メスカル」という酒があり、近年人気が高まっている。メスカルの原料はアガベで、テキーラと同じ。違いは、テキーラはブルー・アガベだけを使い大量生産し、メスカルは多数のアガベを使い伝統的な製法で手作りすること。ストレートで飲むほか、カクテルのベースとしても好まれる。

メスカル

ウイスキー

原型
アイルランド　スコットランド

アイラ島のラガヴーリン蒸留所

ウイスキーは、穀物から作られた蒸留酒を樽で熟成させたもの。
原料と製法により、「モルトウイスキー」と「グレーンウイスキー」に大別される。
産地によってスコッチ、アイリッシュ、アメリカン、カナディアン、
ジャパニーズが「五大ウイスキー」として知られている。

ウイスキーを使うメリット
☑ クセのあるウイスキーが飲みやすくなる
☑ ウイスキーを変えるとカクテルも一変
☑ クラシックなカクテルが豊富
☑ 寒い季節はホット・カクテルで

代表的なカクテル

- ◆ ウイスキー・ハイボール ── P174
- ◆ オールド・ファッションド ── P176
- ◆ ゴッドファーザー ───── P177
- ◆ マンハッタン ─────── P182

カクテル作りに役立つ | 酒の基礎知識　　　　Whiskey

五大ウイスキーMAP

世界の五大ウイスキーとして以下の生産地が知られている。

America

カナダ

五大ウイスキーの中では最も軽い風味を持つ。特に、ブレンデッド・ウイスキーは、ライト&スムーズでカクテルにも使いやすい。

アメリカ

ストレート・ウイスキーは内側を焦がした新樽に貯蔵するため、オーク由来の香味がある。ライトな風味のもの、重厚な香りとコクを特徴とするものまでがあり、多彩。

Europe

Asia

スコットランド

製造所が多いので、タイプは多様。スモーキーなフレーバーが強めで、華やかな香りや重厚な味わいのものが多い。

アイルランド

以前はストレート主体で重厚なものが多かったが、最近はブレンドによる軽快な風味を持つものが増えている。

日本

製法はスコッチの流れをくんでいるが、スモーキーなフレーバーが少なく、マイルドな風味のものが多い。

押さえておきたい オススメ**9本**

ジョニーウォーカー ブラックラベル 12年

40度 700ml イギリス

「ジョニ黒」の愛称で知られる。29種のシングル・モルトを独自の割合でブレンドし、12年間オーク樽で熟成。

低 〈ボディ〉 高
弱 〈香り〉 強

スコッチ・ウイスキー

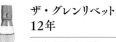

ザ・グレンリベット 12年

40度 700ml イギリス

アメリカン・オークの空き樽で熟成され、バニラの口当たりと蜂蜜の甘さを伴う芳醇な風味のシングル・モルト。

低 〈ボディ〉 高
弱 〈香り〉 強

スコッチ・ウイスキー

ジェムソン スタンダード

40度 700ml アイルランド

ポットスチル・ウイスキーと上質のグレーン・ウイスキーを3回蒸留し、4年以上オーク樽で熟成している。

低 〈ボディ〉 高
弱 〈香り〉 強

アイリッシュ・ウイスキー

角瓶

40度 700ml 日本

薩摩切子にヒントを得た亀甲模様の瓶が特徴。山崎と白州蒸溜所のバーボン樽原酒をバランスよくブレンド。

低 〈ボディ〉 高
弱 〈香り〉 強

ジャパニーズ・ウイスキー

ブラックニッカ クリア

37度 700ml 日本

やわらかな香りの「ノンピートモルト」を使用した、クリアな飲みごこちのブレンデッド・ウイスキー。

低 〈ボディ〉 高
弱 〈香り〉 強

ジャパニーズ・ウイスキー

キリンウイスキー 陸

50度 500ml 日本

富士御殿場蒸溜所の多彩な原酒を主体に、英国産グレーンウイスキーを絶妙にブレンドした風味豊かな仕上がり。

低 〈ボディ〉 高
弱 〈香り〉 強

ジャパニーズ・ウイスキー

ジムビーム

40度 700ml アメリカ

良質なデントコーンを主原料とする原酒を、内側を焦がしたオーク材の新樽で2年以上熟成したベストセラー。

低 〈ボディ〉 高
弱 〈香り〉 強

アメリカン・ウイスキー

ジャックダニエル ブラック（オールドNo.7）

40度 700ml アメリカ

蒸留後の原酒をサトウカエデの木炭でろ過した。アメリカのテネシー州で生産されるプレミアム・ウイスキー。

低 〈ボディ〉 高
弱 〈香り〉 強

アメリカン・ウイスキー

カナディアンクラブ

40度 700ml カナダ

1858年から製造されるカナディアン・ウイスキーの代表格。頭文字から「C.C.」とも呼ばれる。

低 〈ボディ〉 高
弱 〈香り〉 強

カナディアン・ウイスキー

ブランデー

原型	フランス	スペイン

ブレンドに用いる原酒

ブランデーは、果実から作られる蒸留酒の総称。
種類は多彩だが、コニャック、アルマニャック、カルバドスの
三大ブランデーは特に有名だ。原料や産地、樽での熟成年数などにより
さまざまなランク、分類がある。

ブランデーを使うメリット

- ☑ フルーツや樽由来の華やかな香りと味わい
- ☑ ブランデーの種類による味わいの変化
- ☑ 低糖質で低カロリー
- ☑ クラシックなカクテルが豊富

代表的なカクテル

- ◆ アレキサンダー ——————— P185
- ◆ サイド・カー ——————————— P188
- ◆ ビトウィーン・ザ・シーツ P194
- ◆ ホーセズ・ネック ——————— P197

カクテル作りに役立つ | ## 酒の基礎知識　　　　**Brandy**

多彩なブランデー　ブランデーの主な産地と原料、著名なコニャックの熟成年数によるランクを知っておきたい。

【 ブランデーの産地と原料 】

名称	産地	原料
アルマニャック	フランス・アルマニャック地方	白ブドウ
アップル・ブランデー（アップル・ジャック）	アメリカ	リンゴ
カルバドス	フランス・ノルマンディー地方	リンゴ
キルシュワッサー	ドイツなど	サクランボ
グラッパ	イタリア	ブドウの搾りかす
コニャック	フランス・コニャック地方	白ブドウ
マール	フランス	ブドウの搾りかす

【 コニャックの熟成度 】

低 ←———————————————————————→ 高

◆VS	◆VSOP	◆Napoléon	◆XO
樽での熟成期間が2年以上のもの。フレッシュな味わい。	樽での熟成期間が4年以上のもの。バランスのある味わい。	樽での熟成期間が6年以上のもの。深みのある味わい。	樽での熟成期間が10年以上のもの。更に深みのある味わい。

押さえておきたい オススメ**5本**

カミュVSOP

40度 700ml フランス

フランスのコニャックの名門カ
ミュ家が5世代にわたって作り
続ける高級ブランデー。希少で
香り高いコニャックを生み出す
といわれるボルドリー地区のブ
ドウだけを使用する。伝統のレ
シピからなるVSOP。

| 低 | 〈熟成感〉 | 高 |
| 弱 | 〈香り〉 | 強 |

マーテル VS
シングル ディスティラリー

40度 700ml フランス

5大コニャックの1つであるマー
テル社は1715年創業の老舗。
シングルディステラリーとは単
一蒸留所のことで、同じ性質の
原酒のみをブレンドしている。
フルーティーな香りとスパイシ
ーなオーク香が絶妙なバランス。

| 低 | 〈熟成感〉 | 高 |
| 弱 | 〈香り〉 | 強 |

サントリーブランデー
V.S.O.P

40度 700ml 日本

フルーティな原酒とキレのよい
原酒をブレンドした日本を代表
する高品質ブランデー。まろや
かな風味とほどよい余韻をあわ
せ持った「V.S.O.P」ならではの
華やかさが魅力。豊かな香りと
複雑な味わいが特徴。

| 低 | 〈熟成感〉 | 高 |
| 弱 | 〈香り〉 | 強 |

ニッカブランデー
V.S.O.P 白

40度 720ml 日本

熟成したリンゴブランデー原酒
から生まれる優しい味わいと、
リンゴが放つ華やかな香りが完
璧にマッチ。そのエレガントな
香りとともに、リンゴ特有の爽
快な口当たりが際立ち、一口ご
とにその深みを感じられる。

| 低 | 〈熟成感〉 | 高 |
| 弱 | 〈香り〉 | 強 |

ブラー グランソラージュ

40度 700ml フランス

ノルマンディー地方の伝統的な
カルバドスで、中でも高品質な
産地とされるペイドージュ地域
で作られる。2年から5年熟成
されたフレッシュな原酒由来の
リンゴを連想させるフルーティ
ーな香りを堪能できる。

| 低 | 〈熟成感〉 | 高 |
| 弱 | 〈香り〉 | 強 |

> *Note*
>
> ## ブランデーのクラス分け表示
>
> **V**…Veryの略で、「非常に」
> **S**…Superiorの略で、「優良な」
> **O**…Oldの略で、「古い」
> **P**…Paleの略で、「澄んだ琥白色」
> **X**…Extraの略で、「特別な」

リキュール

多彩な液色も魅力

スピリッツ（蒸留酒）に果実、花、ハーブ、スパイスなどを
加え香味を移し、甘味料や着色料を加えた混成酒。
ワインなど醸造酒をベースにした混成酒は含まれない。

リキュールを使うメリット
☑ フルーツや樽由来の華やかな香りと味わい
☑ ハーブやフルーツなど原料の幅が広い
☑ ベースとしてだけでなく風味付けに不可欠

代表的なカクテル	
◆ カンパリ・ソーダ	P202
◆ グラスホッパー	P202
◆ ファジー・ネーブル	P208

カクテル作りに役立つ｜酒の基礎知識　　Liqueur

主なリキュールの原料まとめ

リキュールの種類は実に多彩である。
香草や果物など、原料から探すのも楽しみの一つ。
以下の表を手掛かりに好みのものを探してみよう。

1 香草・薬草系リキュール

よく使われる香草・薬草	主なリキュール
アニス	マリーブリザール アニゼット、ペルノ アブサン、リカールなど
バニラ	ガリアーノ オーセンティコ、ベネディクティンDOMなど
ニガヨモギ	ペルノ アブサン、スーズ、フェルネット ブランカなど
リコリス（甘草）	リカール、フェルネット ブランカなど
ミント	ペパーミント ジェット27など

2 果実系リキュール

よく使われる果実	主なリキュール
オレンジ	グラン マルニエ コルドンルージュ、コアントローなど
カシス	ルジェ クレームド カシスなど
サクランボ	ヒーリング チェリー リキュールなど
スローベリー（西洋スモモ）	ゴードン スロージンなど
パッションフルーツ	アリーゼ ゴールド・パッションなど

3 種子・核系リキュール

よく使われる種子・核	主なリキュール
コーヒー豆	カルーア、ミスターブラック コールドブルー
クルミ	トスキ ノチェロなど
杏子の核	ディサローノ アマレット
ヘーゼルナッツ	フランジェリコ

1 香草・薬草系

ハーブやスパイスなどを原料やフレーバーとして使用したリキュール。香りやほろ苦い味わいが特徴で、食前酒や食後酒としても愛される。

押さえておきたい オススメ13本

イエーガーマイスター

35度 700ml ドイツ

56種類のハーブやスパイスを使用した黒いリキュール。80年以上変わらぬレシピで製造。

ガリアーノ オーセンティコ

42.3度 700ml イタリア

アニスやハーブの風味を持つ、細長いボトルが特徴のイタリア生まれの黄金色リキュール。

カンパリ

25度 750ml イタリア

薬草とビター・オレンジの皮など30種以上のハーブを配合。鮮やかな赤とビターな味わい。

サンジェルマン

20度 700ml フランス

手摘みされた天然のエルダーフラワーを使用したフローラルな風味が特徴。

シャルトリューズ ヴェール

55度 700ml フランス

130種以上のハーブを用いて秘伝のレシピで作られる。

スーズ

20度 700ml フランス

りんどう科のゲンチアナ由来の苦味と適度な甘さが特徴。

マリーブリザール アニゼット

25度 700ml スペイン

アニスなどの11種の植物とスパイスの無色透明リキュール。

フェルネット ブランカ

39度 700ml イタリア

27種のハーブやスパイスを用いたビター系リキュール。

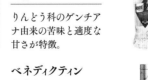

ベネディクティン DOM

40度 700ml フランス

ベネディクト修道院が起源の27種ハーブのリキュール。

ペルノ アブサン

68度 700ml フランス

アニスとニガヨモギなどを使用した緑色のリキュール。

リカール

45度 700ml フランス

アニスやリコリスからくるスパイシーな香りのリキュール。

ペパーミント ジェット27

21度 700ml フランス

7種のミントを使用した緑色のペパーミント・リキュール。

ドランブイ

40度 750ml イギリス（スコットランド）

熟成スコッチにハーブ、スパイス、ヘザーハニーをプラス。

果実系

フルーツが持つフレーバーをスピリッツに配合し甘味料や
着色料を加えたリキュール。色合いや種類も豊富にそろう。

押さえておきたい オススメ**12本**

アリーゼ
ゴールド・パッション

16度 750ml フランス

フレンチ・ウオッカと
コニャックに、パッシ
ョンフルーツ・ジュー
スをブレンド。

ヒーリング チェリー
リキュール

24度 700ml デンマーク

自家農園に13万本あ
るサクラの木から収穫
されたサクランボを使
用している。

グラン マルニエ
コルドンルージュ

40度 700ml フランス

ハイチ産のビター・オ
レンジと高級コニャッ
クの気品が融合したオ
レンジ・リキュール。

マスカット リキュール
ド フランス ミスティア

15度 700ml フランス

南フランス産のマスカ
ットを用いた、コニャ
ックの名門ルイ・ロワ
イエ社による一本。

コアントロー

40度 700ml フランス

厳選された2種のピー
ル（果皮）を使用した
ビターな味わいのオレ
ンジ・リキュール。

メラーナー
パルフェタムール

20度 700ml ドイツ

スミレの紫色が濃厚で
繊細な風味。「完全な
る愛」を冠するバイオ
レット・リキュール。

ミドリ
メロンリキュール

20度 700ml 日本

鮮やかな緑色とマスク
メロン由来のフレッシ
ュな香りで世界50ヵ国
以上で愛されている。

ゴードン スロージン

26度 700ml イギリス

スローベリー（西洋す
もも）をゴードン・ジ
ンに漬け込んで作るリ
キュール。

アメール・ピコン

18度 1,000ml イタリア

オレンジの皮、りんど
うの根、キナの樹皮を
主原料にしたビター系
リキュール。

ディタ ライチ

21度 700ml フランス

ライチの上品な味と香
りを世界で初めてリキ
ュールにしたフルーテ
ィーな一本。

ルクサルド
マラスキーノ

32度 750ml イタリア

イタリア産マラスカ種
チェリーが原料。スト
ロー・ラッピングされ
たボトルが特徴。

ルジェ クレームド
カシス

20度 700ml フランス

1841年から作られて
いる、保存料・添加物
不使用のカシス・リキ
ュールの元祖。

3 種子・核系
ナッツや種子などを原料やフレーバーとして使用した
リキュール。香ばしくて甘い味わいが特徴。

押さえておきたい オススメ6本

**カルーア
コーヒーリキュール**

20度 700ml メキシコ

コーヒー豆に、バニラ
やサトウキビのスピリ
ッツをブレンド。

ディサローノ アマレット

28度 700ml イタリア

1525年誕生のアマレ
ット・リキュール。原
料は杏子の核。

トスキ ノチェロ

24度 750ml イタリア

本物のクルミ付きのボ
トルキャップが特徴の
クルミのリキュール。

フランジェリコ

20度 700ml イタリア

ヘーゼルナッツを主原
料とし、数種類のベリ
ーなどのエキスを配合。

**ボルス クレームド
カカオ ホワイト**

24度 700ml オランダ

ミルクチョコレートの
風味に、バニラやアプ
リコットの味わい。

**ミスターブラック
コールドブルー**

25度 700ml オーストラリア

アラビカ種コーヒー豆
を原料とし、低温で抽
出したリキュール。

4 個性的なもの
先述のカテゴリーに当てはまらないリキュール。
チーズや卵を使うもの、デザート感覚のものも。

押さえておきたい オススメ6本

**デカイパー
バタースコッチ
キャラメル**

15度 700ml オランダ

キャラメルの甘い香り
とバターの豊かな香り
が広がる。

**フォション
ティーリキュール**

24度 500ml フランス

フォション社認定のセ
イロン茶葉を用いた、
深みのある風味。

**ベイリーズ
オリジナル・
アイリッシュ・クリーム**

17度 700ml アイルランド

クリームとアイリッシ
ュウィスキー、カカオ、
バニラの香りが融合。

ヨーグリート

16度 500ml 日本

プレーン・ヨーグルト
本来の爽やかさとリッ
チな味わい。

**ワニンクス
アドヴォカート**

17.2度 700ml オランダ

ブランデーをベースに
卵黄や砂糖をブレンド
した卵のリキュール。

**モーツァルト
チョコレートクリーム**

17度 500ml オーストリア

モーツァルトの音楽
(弦楽四重奏 ケッヘル
155)を聴かせて熟成。

ワイン・シャンパン

原型
ジョージア

ボルドーのワイナリー

ワインは果実（一般的にはブドウ）を発酵させて作る醸造酒。
原料となるブドウ自体に水分と糖分を含むため、
穀物由来の醸造酒と違いブドウの味わいがワインの品質を左右する。
果皮・種子・果肉・果汁を一緒に発酵させたものが赤ワイン、
果肉・果汁のみで発酵させたものが白ワインとなる。

ワイン・シャンパン を使うメリット

- ☑ 甘口、辛口、スパークリングなど種類が豊富
- ☑ ワインの一種であるベルモットは
  カクテルと密接な関係
- ☑ スパークリングの泡立ちが華やかさを演出

代表的なカクテル

- ◆ アドニス ——————— P213
- ◆ キール ——————— P214
- ◆ キール・ロワイヤル ——— P225
- ◆ ミモザ ——————— P227

カクテル作りに役立つ | 酒の基礎知識 　Wine Champagne

醸造方法によるワインの分類

ワインは、醸造方法により大まかに分類される。以下を押さえておくと良いだろう。

スティル・ワイン

ブドウ果汁を発酵させて作る一般的なワインで、非発泡タイプ。

酒精強化ワイン

ブドウ果汁の発酵中や発酵後に、ブランデーやアルコールを添加して度数を高めたワイン。シェリーやポート・ワインなどが該当する。

フレーバード・ワイン

混成ワインとも呼ばれる。ワインにスパイスやハーブなどの蒸留酒や果汁を加えて風味を付けたワイン。ベルモットなどが該当する。

スパークリング・ワイン

ブドウ果汁を発酵させた後、二次発酵を行って炭酸ガスを含ませたワイン。発泡タイプ。フランスのシャンパンやスペインのカヴァなどが該当する。

押さえておきたい オススメ7本

サウザ ブルルイ ラトゥール アルデッシュ シャルドネー

13度 750ml フランス

フランスのアルデッシュ県で作られる白ワイン。フレッシュでフルーティな味わいが世界中で高い評価を得ている。ルイ・ラトゥールは、ブルゴーニュで最大規模のグラン・クリュ（特級畑）を所有する。

甘 〈味〉 辛
弱 〈香りの重さ〉 強

ティオ ペペ

15度 750ml スペイン

シェリー地方で作られる辛口の白ワイン。シェリーに好適のパロミノというブドウ種を使い、独自の方法で8年熟成させる。食前酒の定番と評価されるが、食中でも良好なフード・ペアリングを実現してくれる。

甘 〈味〉 辛
弱 〈香りの重さ〉 強

ノイリープラット ドライ

18度 750ml フランス

ベルモットの一種で、マティーニには不可欠。もちろん、マティーニ以外に使っても豊かでエレガントな味わいが際立つ。ハーブ系の香りの中に、わずかなオークが感じられる。

甘 〈味〉 辛
弱 〈香りの重さ〉 強

マンチーノ ロッソ

16度 750ml イタリア

イタリアのベルモットの一種。38種類のボタニカルを使用し、15日間かけて加熱・加水しながら漬け込むという作業を繰り返し行うことで、厚みのある味わいを実現する。ネグローニやマンハッタンに使われる。

甘 〈味〉 辛
弱 〈香りの重さ〉 強

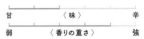

フレシネ コルドン ネグロ

11.5度 750ml スペイン

スペインのカヴァ（シャンパーニュと同じ製法で作る泡）の中でトップクラスの人気を誇る。クリーンでキリッとした酸味のドライな口当たりが魅力。

甘 〈味〉 辛
弱 〈香りの重さ〉 強

モエ・エ・シャンドン モエ アンペリアル

12度 750ml フランス

モエ・エ・シャンドン社を代表する辛口シャンパンがこの一本。みずみずしい果実味、魅惑的な味わい、エレガントな熟成が特徴。

甘 〈味〉 辛
弱 〈香りの重さ〉 強

サンデマン ルビーポート

19度 750ml ポルトガル

酒精強化ワインの一種。ベリー系の果実やチョコのような凝縮感と芳醇さを合わせ持ち、味わいは力強い。食後のひとときに楽しめるワインとして愛される。

甘 〈味〉 辛
弱 〈香りの重さ〉 強

ビール

原型　イラク　クウェート

産地や製法で個性も豊か

大麦の麦芽、水、ホップを原料として発酵させた、世界で最も消費される醸造酒。アルコール度数が低く、炭酸ガスを含み、ホップによる独特の香りと苦味が特徴。発酵の終わりに酵母が表面に浮かび上がる上面発酵ビール（エール系）と、酵母が沈む下面発酵ビール（ラガー系）に大別される。

ビールを使うメリット

- ☑ アルコール度数を抑えられる
- ☑ 炭酸の爽快感が楽しめる
- ☑ 産地や製法による風味の違い
- ☑ ビール特有の苦みを和らげる

代表的なカクテル

- ◆ シャンディー・ガフ ——— P229
- ◆ ドッグズ・ノーズ ——— P229
- ◆ ビア・スプリッツァー ——— P230
- ◆ レッド・アイ ——— P231

カクテル作りに役立つ｜酒の基礎知識　　Beer

ビールの原料

麦芽

＋

ホップ

＋

水

ビールの主な原料は、麦芽、ホップ、水。水が原料の大部分を占め、麦芽がアルコールを生成し、ホップは風味を与える。これらの組み合わせで味が決まる。

ビールの大分類「エール」と「ラガー」

エール系とラガー系のビールの特徴は以下の通り。
ほかにも多彩なスタイルがあるが、これだけ知ればまずはOK。

	エール系	ラガー系
概要	上面発酵で作られるビール	下面発酵で作られるビール
製法	麦汁の表面に浮き上がる酵母を使用	麦汁の底に沈む酵母を使用
味や香り	芳醇で濃厚。華やかな香り	すっきり系の味わい。キレが良い
代表的な種類	ホワイト、ゴールデン、IPA、ヴァイツェン、スタウト	ピルスナー、シュバルツ

押さえておきたい オススメ5本

アサヒ スーパードライ

5度 334ml 日本

非熱処理製法による辛口・ドライな味わいが特徴。飲み始めはビールらしい香りとホップの香りが訪れ、一口飲むごとに飲みごたえとキレの良さが連続して感じられる。飲んだ後の後味はすっきりと心地良い。

| 低 | 〈苦み〉 | 高 |
| 弱 | 〈コク〉 | 強 |

キリン クラシックラガー

4.5度 334ml 日本

130年以上愛されてきたキリンの本格ビールの中でも、昭和40年頃の味覚を追求した一本。当時と同じ熱処理製法を採用し、ホップの使用量を増やし、発酵度を低く抑えることで、芳醇で厚みのある味わいを実現した。

| 低 | 〈苦み〉 | 高 |
| 弱 | 〈コク〉 | 強 |

サッポロ 黒ラベル

5度 334ml 日本

完璧な旨さを目指して進化し続ける生ビール。風味を劣化させる成分を持たない大麦から生まれた、独自の「旨さ長持ち麦芽」を一部使用。この麦芽は味や香りを新鮮に保ち、泡持ちの良さまでもアップさせる。

| 低 | 〈苦み〉 | 高 |
| 弱 | 〈コク〉 | 強 |

サントリー
ザ・プレミアム・モルツ

5.5度 334ml 日本

原材料は、高品質なダイヤモンド麦芽、苦みが穏やかで華やかな香りが特長の欧州産ファインアロマホップ、良質な天然水の3つ。熟練の技術によりすっきりとした味わいと豊かな香りを持つビールとして醸造される。

| 低 | 〈苦み〉 | 高 |
| 弱 | 〈コク〉 | 強 |

ギネス オリジナル
エクストラ スタウト

5.0度 330ml アイルランド

アイルランドの伝統的なビール。1759年ダブリンで醸造所が創業し、1821年にギネスビールのレシピが確立。そのレシピを正統に受け継ぐ。熟成された甘味と苦味、香ばしさが絶妙に調和した深い味わいだ。

| 低 | 〈苦み〉 | 高 |
| 弱 | 〈コク〉 | 強 |

Note

ホップについてのおさらい

ビールに香りや苦みをつけるツル性の多年生植物で、300種以上存在するといわれる。ビール作りに用いるのは雌しべの「毬花（まりはな）」という部分。

焼酎

原型

エジプト

中国

日本

素材が活きる本格焼酎

焼酎は日本の蒸留酒で、糖蜜を原料とした発酵液をもとに連続蒸留機で作られる
「甲類焼酎」と、米、麦、芋、黒糖などを原料とし単式蒸留機で作られる
「本格焼酎」に分類される。沖縄の「泡盛」も本格焼酎として括られる。

押さえておきたい オススメ3本

いいちこ
25度 900ml 日本

厳選した大麦・大麦麹と良質な水で醸した「下町のナポレオン」を冠する本格麦焼酎。

小鶴くろ
25度 900ml 日本

鹿児島県産の黄金千貫と低圧芋蒸し法により、黒麹で作られた本格薩摩焼酎。

白岳KAORU
25度 900ml 日本

フルーティな吟醸香と甘味とコクが特長の、米と米麹だけで作られた本格米焼酎。

杜氏による伝統の酒造り

日本酒

原型

日本

日本酒とは、国内産の米、麹、水を原料とし、国内で醸造された酒で「清酒」ともいう。
「吟醸」や「純米」など原料や精米歩合で分類された「特定名称酒」と、それ以外の
「普通酒」に分類される。また「生酒」や「原酒」など製造上の特徴でも種別されている。

押さえておきたい オススメ3本

清酒 八海山
15.5度 720ml 日本

酒米の最高峰とされる山田錦を60%まで精米し、低温発酵で醸した普通酒の雄。

和香牡丹
純米吟醸 山田錦50
15度 720ml 日本

酒米に山田錦を用い、ゆっくりと低温で醸した三和酒類の原点とも呼べる純米吟醸酒。

一代弥山
スパークリング
11度 750ml 日本

「和食で乾杯したいお酒」をコンセプトに作られた、辛口のスパークリング日本酒。

味の足し引きで一つのカクテルが大変身

例えばジン・フィズ。このレシピを覚えれば
副材料を替えたりしながら多様に展開できる。

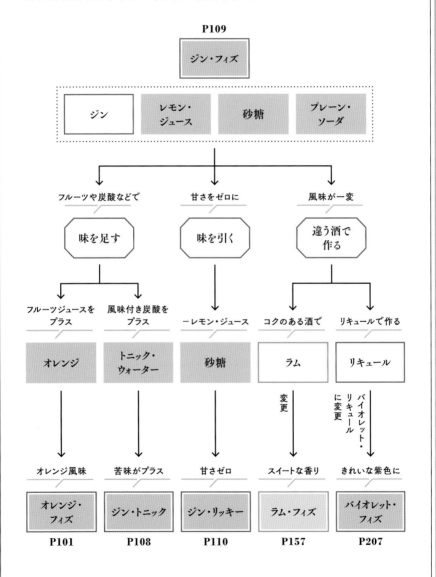

P109

ジン・フィズ

| ジン | レモン・ジュース | 砂糖 | プレーン・ソーダ |

フルーツや炭酸などで → **味を足す**

甘さをゼロに → **味を引く**

風味が一変 → **違う酒で作る**

フルーツジュースをプラス → オレンジ

風味付き炭酸をプラス → トニック・ウォーター

−レモン・ジュース → 砂糖

コクのある酒で → ラム（変更）

リキュールで作る → リキュール（バイオレット・リキュールに変更）

オレンジ風味 → **オレンジ・フィズ** **P101**

苦味がプラス → **ジン・トニック** **P108**

甘さゼロ → **ジン・リッキー** **P110**

スイートな香り → **ラム・フィズ** **P157**

きれいな紫色に → **バイオレット・フィズ** **P207**

カクテルの基本技法4種+応用2種

シェーク、ステア、ビルド、ブレンドは、
カクテルの作り方を表す技法である。
それぞれの技法の意味と効果、その応用編にあたる
スワリングとスローイングを紹介する。

カクテルを作るための
4種の技法とその応用法

　カクテルの作り方としては、「シェーク」(Shake、英語で「振る」の意味)、「ステア」(Stir、英語で「かき混ぜる」意味)、「ビルド」(Build、英語で「組み立てる」の意味)、「ブレンド」(Blend、英語で「混ぜ合わせる」の意味)の4種が知られている。

　また、シェークした材料をグラスに注ぎ、プレーン・ソーダなどを加えてさら

にビルドして仕上げるといったように、複数の技法を使うものもある。

　これら4種の技法を覚えれば、ほとんどのカクテルが作れるようになるが、それらの応用技法もある。ミキシング・グラスの中の液体を手首のスナップで回して混ぜ合わせる「スワリング」、高い場所から液体を注す「スローイング」である。

ビルド

グラスに材料を注ぎ入れる技法。酒と多量のジュースで割るロング・タイプに。

ステア

比重が近い酒同士や、果汁使用量が少なめの材料を混ぜ合わせるのに有効。

シェーク

混ざりにくい材料同士に使う技法。液体に空気が含まれ口当たりが軽くなる。

ブレンド

ブレンダー(ミキサー)で混ぜる技法。シャーベット状のカクテルが作れる。

弱　　　　　　　　　　混ざり度　　　　　　　　　　強

シェーク

シェーカーに材料と氷を入れ、シェーカーを強く振って混ぜる技法。
混ざりにくい材料を急速に混ぜ合わせたり、アルコール度数の高い
酒の刺激を抑えたりして、飲みやすくするのが目的。
振る強さや回数はレシピによって加減する。

[使うもの]

◆ シェーカー

ボディ（本体）・ストレーナー（氷や果肉をこす部分）・トップ（フタ）の3つのパーツに分かれたものが使いやすい。海外では大容量のボストン・シェーカー（P078）が一般的。

◆ 氷

ボディの8〜9分目まで入る程度の量。大きめの氷を使うと氷が溶けにくく、粒が細かい氷を使うと液体に水分が加わり味がまろやかになる。

How to Make

[シェーカー]

氷を入れる
↓
材料を入れる
↓
ストレーナーとトップを締める
↓
シェーク
↓
グラスに注ぐ
↓
完成

1　シェーカーを胸の前の位置に構える。

2　斜め上に突き出す。

3　手首のスナップを効かせながら、元の位置に戻す。

POINT

- 上下左右によく混ざるよう、8の字を描くように振るのも良い。
- 手首のスナップを効かせながら、リズミカルに。
- 手の温度が伝わらないよう、指先でシェーカーを持つ。

ステア ―――――――――――――――― カクテル技法 #2

ミキシング・グラスに材料と氷を入れ、バー・スプーンで
静かにかき回して混ぜる技法。比重が近い材料や
果汁の少ないカクテルに使用される。お酒の味や香りを損なわずに
冷やせたり、ドライに仕上げられるなどの効果が得られる。

[使うもの]

◆ ミキシング・グラス
◆ 氷
大きくて固い氷を使うと、ゆ
っくり溶けるので味をじっく
り引き出すことができる。

◆ アイス・トング
◆ バー・スプーン
◆ ストレーナー

How to Make

[ミキシンググラス]

氷を入れる

↓

材料を入れる

↓

ステア

グラスに注ぐ

[グラス]

氷を入れる

冷やす

↓

氷を捨てる

↓

完成

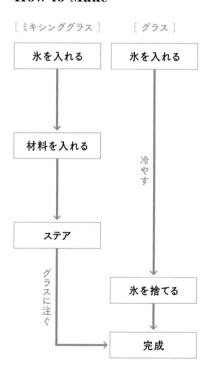

ミキシング・グラス
にアイス・トングを
使い氷を入れ、軽く
ステアしてグラスを
冷やし、氷を残し水
気を切る。

1

材料を注ぐ。バー・
スプーンを入れてス
テアする。

2

ミキシング・グラス
にストレーナーをは
める。

3

ミキシング・グラス
からグラスに液体を
注ぐ。

4

ビルド ——————————— カクテル技法 #3

ビルドは提供するグラスに直接材料を入れ、混ぜて
カクテルを仕上げる技法。比較的混ざりやすい材料を使う
カクテルに向く。使用道具が少なく済み、色や層を
表現することもできる。混ぜる際は炭酸が抜けないように注意する。

[使うもの]　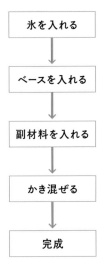

- ◆ 好みのグラス
- ◆ 氷
  大きくて固い氷を使うと、ゆっくり溶けるので味をじっくり引き出すことができる。
- ◆ アイス・トング
- ◆ メジャー・カップ
- ◆ バー・スプーン

How to Make

氷を入れる

↓

ベースを入れる

↓

副材料を入れる

↓

かき混ぜる

↓

完成

アイス・トングを使いグラスに氷を入れる。

メジャー・カップなどを使い、レシピ記載順に材料をグラスに入れる。

続いて材料を入れる（プレーン・ソーダなどの炭酸は最後のことが多い）。

レシピ通りに（バー・スプーンでステアするなどして）仕上げる。

ブレンド ──────── カクテル技法 #4

ブレンダーやミキサーを使って、材料とクラッシュド・アイスを
混ぜる技法。シャーベットのようなフローズンカクテルを
作ったりすることができる。ブレンダーで撹拌する時間や氷の量は
素材の水分などをみながら判断する。

[使うもの]

◆ ブレンダー

◆ 氷
大きめの氷だとブレンダーの負担が
大きく、粒が細かすぎると水っぽく
なるので、やや大きめのものを選ぶ。

◆ メジャー・カップ

◆ バー・スプーン

How to Make

[ブレンダー]

材料を入れる

↓

氷を入れる

↓

撹拌する

グラスに注ぐ

[グラス]

氷を入れる

冷やす

完成

ブレンダーのカップ
部分に、メジャー・
カップなどを使い分
量の材料を入れる。

分量の氷も入れる。

カップ部分を、ブレ
ンダー本体にセット
する。

バー・スプーンを使
い、中身をグラスに
注ぐ。

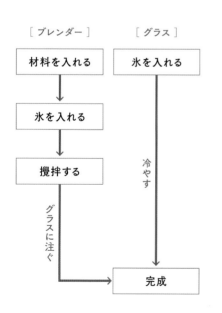

スワリング・スローイング ── カクテル技法 他

【 スワリング 】

ガローネという道具に
材料と氷を入れ、手の平の上で
クルクル回し、材料と空気と
触れ合わせる。ワインの味わいを
より楽しむためにも行われる。

[使うもの]

♦ ガローネ

♦ 氷（適量）

How to Make

1 ガローネに氷と材料
を入れ、手で持つ。

2 ゆっくり回転させる。

【 スローイング 】

2つの容器を用意し、
1つに液体を入れ、高い位置から、
低い位置に置いたもう1つの
容器へ注ぎながら混ぜる。
香りを引き出す方法だ。

[使うもの]

♦ 2つのグラスや
タンブラー

How to Make

グラス（やタンブラ
ー）に材料を入れ、
もう1つのグラスに
注ぐ。これを2、3
回繰り返す。

氷、スノー・スタイル、飾り切りの技法

カクテルを美しく演出するために知っておきたい技術として、
氷、スノー・スタイル、飾り切りの技法がある。

アイス・ピックを使う氷の割り方

アイス・ピックは刃が短くて持ちやすいものがおすすめ。利き手でピックを持ち、氷は逆の手に。力を入れず、ピックの重さで氷を割っていくイメージで打ち込んでいく。

スノー・スタイルの作り方

レモンなどの切り口にグラスのふちを当て果汁を付ける。皿に塩をのせ、グラスのふちを当て塩を付けていく。半周だけ付けるとハーフ・スタイル（ハーフ・ムーン）。

ピールの技法と飾り切り

くし形切り
オレンジ・レモン・ライム

1/8のくし形に切り、芯の部分を切り取って除く。中央あたりに斜めの切り込みを入れ、グラスにかける。

レモン・ピールの技法

果肉がつかないよう皮を切り取る。そのまま使うほか、短冊形（長方形）に成形する方法もある。捻って香りとオイルをドリンクにつける。捻ったあとでグラスに入れても。

らせんむき
オレンジ・レモン

端を残すようにナイフを入れ、レモンを回し、皮をらせんにむいていく。むき終わりの端をグラスに垂らし、最初に残した端をグラスにかける。

飾り切り
オレンジ・レモン

果肉がつかないよう、皮を切り出す。ハートなど、好みの形に成形しても良い。切り込みを入れてグラスにかける。

バーテンダーに学ぶ
カクテル作りのコツや美しい所作

カクテルに興味がある人は、バーテンダーの仕事にも
注目してほしい。道具や材料、グラスなどを大切に扱い、
情熱を持ってカクテルを作る姿勢がおいしさに表れる。

仕事への愛情と酒の知識

　バーテンダーの仕事の一つがボトル
磨きである。ボトルを磨くことで酒の種
類や特徴を覚えることができる。毎日磨
かなくとも衛生的には問題ないし、酒の
味が劣化するわけでもない。しかし、小
さなことの積み重ねこそ美学なのである。

グラスの持ち方や扱いを美しく

　グラスはカクテルの味や見た目に影響
するので、汚れや指紋はきれいにとる。
毎日の手入れは汚れを中性洗剤で落とし
た後、水またはぬるま湯で十分にすすぎ、
伏せてしずくを切る。次に、麻または麻
と綿混紡の専用グラス・タオルでてい
ねいに拭きあげること。新品のグラスは
使い始めに湯で煮て油膜や汚れをとるな
どするバーテンダーもいる。グラスをい
つもきれいに保つことで、持ち方や扱い
方が上手になり、感性や技術を磨くこと
ができる。

材料を正確に計量する

　カクテルの味は、材料の量によって大
きく変わる。計量は、メジャーカップや
計量スプーンなどの道具を使って、きち
んと行う必要がある。計量をすることで、

バーテンダーはカクテルのレシピやバラ
ンスを覚えることができる。

後片付けまで所作を美しく

　カクテルは芸術の一つである。一手、
二手先を読んでエレガントに振る舞い、
美しい所作を心がけたい。そのためには、
カクテルを作る前に材料をそろえ、道具
やグラス、調理場などは使ったらすぐに
掃除をし、清潔に保ちたい。

グラスタオルは2つ折りにして使用する。

グラスの内側は、タオルを詰めて拭く。

カクテルに使う道具

カクテル作りに欠かせない基本の道具から、
プロも使う道具までを幅広く紹介する。
上達度に合わせて、一つひとつ買い足していくのも楽しみだ。

【 アイス・ピック 】

氷を割るための錐（き
り）。刃先の長短や、先
端が3本刃・6本刃の
ものもある。

【 アイス・トング 】

氷を挟んでシェーカーや
グラスに運ぶもの。氷が
滑らないよう先がギザギ
ザになっている。

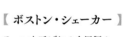

【 アイス・クラッシャー 】

クラッシュド・アイスを作る氷
粉砕機。手動式、電動式がある。

【 シェーカー 】

混ざりにくい材料を強
く混ぜ、同時に冷たく
するツール。トップ、
ストレーナー、ボディ
の3部分で構成。

【 ボストン・シェーカー 】

ティンと呼ばれる金属製カ
ップと、厚手のグラスや小
さいティンなどの2つのパー
ツを組み合わせたシンプ
ルな構造のシェーカー。シ
ェーク後はストレーナーが
別途必要。

【 メジャー・カップ 】

素早く正確に液体を計量する金
属製のカップ。30mlと45mlの
カップが背中合わせになったも
のが一般的。真ん中のくびれた
部分を中指と人差し指で挟むよ
うにして持つのが基本。

【 スクイザー 】

柑橘類から果汁（ジュー
ス）を絞るツール。半分
に切った柑橘類の断面を、
中央の突起に押し当て、
左右にひねりながら絞る。

【 マドラー＆カクテルピン 】

マドラーはカクテルを混ぜたり、グラス内のフルーツや砂糖を潰したりするもの。カクテル・ピンはデコレーションに使うオリーブやチェリーを刺したり、レモンやオレンジなどフルーツをまとめたりする際に使用する。

【 ストレーナ 】

へら型のステンレス板にらせん状のワイヤーを取り付けたもの。ミキシング・グラスからグラスに注ぐときカクテルをこして氷を除く働きがある。

【 バー・スプーン 】

ステアやビルドの技法に欠かせない、柄の部分がらせん状になった長いスプーン。バー・スプーン1杯分（単位＝1tsp）は約5ml。

【 バーズ・ネスト 】

フルーツやハーブをシェーカー内で直接潰し、カクテルをグラスに注ぐ際にフルーツの繊維や種を除くこし器。

【 ガローネ 】

バースプーンを使わずにステアできる大型のミキシング・グラス。イタリア語で「ガロン」の意。ボウル状の底面を持ち、ブランデー・グラスを回すように混ぜる「スワリング」に使用。

【 ミキシング・グラス 】

混ざりやすい材料をステアするための大型グラス。注ぎ口がついており、内側の底が丸くなっているのはバー・スプーンでステアしやすいため。バー・グラスともいう。

【 ブレンダー 】

ブレンドの際に使用する器具で、ミキサーのこと。氷ごと材料を攪拌するフローズン・カクテルや、フレッシュ・フルーツを使うカクテルを作るのに使う。

カクテルに使うグラスカタログ

カクテルには、それぞれ適した形や容量のグラスがある。
酒は嗜好品なので選択は自由だが、
知識があると奥深い味わいの世界へ到達できる。

【 ウイスキー・グラス 】

容量：
シングル・グラス　30mℓ
ダブル・グラス　　60mℓ

ウイスキーなどをストレートで
飲むもの。ストレート・グラス
やショット・グラスともいう。

【 オールド・
ファッションド・グラス 】

容量：180〜300mℓ

現在のタンブラーの原形とされ
る。ウイスキーやカクテルをオ
ン・ザ・ロックスで飲むときに
使う。ロック・グラスともいう。

【 タンブラー 】

容量：300mℓ（10オンス）が標準

ハイボール・グラスとも呼ばれ、
ロング・ドリンクやソフト・ド
リンクのグラスとして広く使わ
れている。

【 コリンズ・グラス 】

容量：300〜360mℓ

円筒形の背の高いグラスでトー
ル（背高）・グラスともいう。タ
ンブラーより背が高く、口径が
小さく炭酸ガスの持ちもよい。

【 カクテル・グラス
ソーサー型 】

容量：90mℓが標準

曲線を活かしたソーサー型のショ
ート・カクテル用グラス。

【 カクテル・グラス
三角形 】

容量：90mℓが標準

シェーカーで作る氷を入れない
ショート・カクテル用。ふちに
塩やフルーツを飾ったりできる。

【 スニフター 】

容量：180〜300mℓ

ブランデーなどの蒸留酒を飲む
ためのグラス。カップ部分が膨
らみ飲み口はすぼまり、ステム
は短め。香りをため込んで楽し
むことができる。

【 サワー・グラス 】

容量：120mℓが標準

サワー・スタイルのカクテルを
飲むためのグラス。日本では脚
付きのものがほとんどだが、海
外では平底のグラスもある。

【 シェリー・グラス 】
容量：60〜75㎖

シェリーをストレートで飲むためのグラス。スピリッツをストレートで飲む際にも使われる。

【 シャンパン・グラス 】
ソーサー型
容量：120㎖が標準

乾杯用に使われることが多いが、炭酸ガスが抜けやすい。フラッペやフローズン・スタイルのカクテルに使われる。

【 シャンパン・グラス 】
フルート型
容量：120㎖が標準

底の中央から立ち上る泡を視覚的に楽しめる。炭酸ガスが逃げにくく、シャンパンの泡立ちを活かしたカクテルに最適。

【 ブランデー・グラス 】
容量：180〜300㎖

スニフターとも呼ばれ、ワインの香りを調べるときにも使われる。チューリップ型の大型グラスで、口のすぼまった部分に香りが集まる。

【 リキュール・グラス 】
容量：30〜45㎖が標準

リキュールをストレートで飲むためのグラス。スピリッツをストレートで飲む場合や、プース・カフェなどにも使われる。

白　　　赤

【 ワイン・グラス 】
容量：
白ワイン　200㎖以上
赤ワイン　300㎖以上

口径が6.5cm以上（飲むときに鼻がグラスにおさまる）のものが一般的。

【 ティーカップ 】
容量：150〜200㎖

紅茶や緑茶などの茶類を飲むための取っ手付きのグラス。ホット・バタード・ラムなどのホットカクテルを入れるときにも使える。

【 マグカップ 】
容量：250〜400㎖

コーヒーなどを飲むためのグラスだが、ジン・トニックは銅のマグカップで提供されることも。銅は熱伝導率が高く冷たさが持続するからだ。

氷、ジュース、フルーツ、スパイスなど
よく使う副材料

氷や副材料の選択により、カクテルは濃度や香りや色が一変する。
ここではさまざまな形の氷、ジュースやスパイスなどの
副材料について知っておきたいことをまとめる。

【 氷 】 大 ←――――――――――――――――――→ 小

	ランプ・オブ・アイス	クラックド・アイス	キューブ・アイス	クラッシュド・アイス
大きさ	握りこぶし大	直径3〜4cm	3cm角の立方体	小さな粒状
作り方	氷の塊からアイスピックで割りながら形成	氷の塊をアイスピックで割る	製氷機で作る	アイス・クラッシャーで作る
使い方	オン・ザ・ロックのカクテルなど	ドリンクに入れるほかシェーク、ビルドの工程に使う	タンブラーやコリンズ・グラスのカクテルなど	ミスト・スタイルのカクテルなど

【 フルーツ 】

1 ミントには、甘い香りのスペアミントと、香りが穏やかなペパーミント、清涼感のあるクールミントなどがあるので、好みで選択する。奥のフルーツは、手前から時計回りに 2 レモン、3 ライム、4 グレープフルーツ、5 オレンジ。果汁や果肉のほか、皮を香りづけや飾りに使う。

【 ジュース・炭酸 】

1 トマト・ジュース　2 ピーチ・ネクター、3 クラマト・ジュース　A ジンジャー・エール（辛口タイプ）　B ジンジャー・エール（通常タイプ）　C プレーン・ソーダ（無味無色の炭酸水）　D コーラ　E ジンジャー・ビアー　F トニック・ウォーター（キニーネなどで苦味をつけた炭酸水）。すべて銘柄により炭酸の強さや糖度が異なる。

【 卵・乳製品 】

手前は 1 バターと 2 卵。奥は 3 牛乳と 4 生ク
リーム。カクテルに使う場合、バターは無塩
タイプ、卵は殻を除いた全卵で50mlほどの小
さめサイズが使いやすい。牛乳と生クリーム
はさまざまな乳脂肪分のものが市販されてい
る。乳脂肪分高めだとコクが出て、低めだと
さっぱりめに仕上がる。

【 スパイス 】

1 シナモン・スティック　2 ナツメグ（丸い
もの）　3 丁子（ちょうじ、クローブ）　4 ブ
ラック・ペッパー＆ホワイトペッパー　5 茶
色のものはセロリ・ソルト　白い粉状のもの
は左から 6 粉糖　7 グラニュー糖　8 上白
糖。奥は 9 角砂糖と 10 ざらめ糖。

【 缶詰・瓶詰類 】

1 マラスキーノ・チェリー（砂糖漬けのチェ
リー）　2 グリオッティーヌ（コアントロー
漬けのチェリー）　3 グリーン・ミント・チ
ェリー（ミント・リキュール漬けのチェリー）
4 パール・オニオン（小さな玉ねぎ）　5 グ
リーン・オリーブ　6 ブラック・オリーブ

【 調味料 】

よく使うのは 1 ソースや 2 タバスコなど。ソ
ースはトマト・ジュースにコクや旨味を加え
る。中濃では濃度が高すぎるので、さらっと
したウスターが使いやすい。タバスコもトマ
トに合う。カクテルに混ぜ入れるほか、タバ
スコの瓶ごと提供し飲み手に調味してもらう
方法もある。

バーでカクテルを楽しもう

バーには大きく分けて3ジャンルがある。
正統派のオーセンティック・バー、
非日常を味わえるホテル・バー、カジュアルなカフェ・バーである。

カクテルを知るなら
伝統を受け継ぐシックな　オーセンティック・バーへ

　オーセンティック・バーは、「正統派のバー」のこと。控えめな照明、シックな内装の店が多く、修業を積んだバーテンダーがいる。そのため、オーセンティック・バーに行くときには、いくつかのマナーを守る必要がある。

　まず、カジュアルすぎない服装。次に、入店時は席を自分で選ぶのではなく、店員の指示に従うこと。店内での大声での会話や写真撮影は控えたい。

　注文については、メニューがない店が多いことは知っておこう。注文や飲み方に決まりはないが、ポイントを押さえておくと安心だ。最初の一杯はシンプルで軽めのものを注文し、徐々に凝ったカクテルに移行すると良い。バーテンダーに「アルコール低めのもの」「青い色のもの」など、イメージを伝えて作ってもらうのも楽しい。

　会計については店独自の制度に注意。

カウンターだけの店が多く、雰囲気も客層も落ち着いた印象。

Go to an 'Authentic Bar'

服装	入店	注文	会計
正装である必要はないがカジュアルすぎないように。スーツやワンピースなどが無難。	予約がないなら入店可能か聞く。カウンターかテーブルか選べるなら希望を伝える。	最初はジン・フィズやハイボールなどのシンプルで軽いものからスタートすると良い。	店の決まりに従い、現金またはカードで支払う。サービス料などのシステムに注意。

ホテル・バーへ

非日常を味わうなら

　ホテルとは、国内外からのゲストが来る特別な場所である。著名人由来のカクテル、そのホテルの歴史を伝えるカクテルがあることも。これらはホテル・バーならではの魅力である。

　ホテル・バーは、ホテル利用客だけでなく、一般客が飲食できるように開放されていることも多い。ただ、セキュリティーなどの観点から制限されることもあるので、事前に確認しておきたい。

　規模の大きなホテルには、バーが複数あることが少なくない。景色（夜は夜景）が楽しめる高層フロアのバー、庭園に面したバー、エントランス近くにあり開放的な空間で飲めるバー、シガー・バーなど多様である。こうしたバーの多くではドレスコードやマナーへの配慮が求められるが、リゾートホテルなどではカジュアルな服装が許容されることもある。

Go to the 'Hotel Bar'

服装	≫	入店	≫	注文	≫	会計
事前にドレスコードを確認すると安心。カジュアルOKでも清潔感を忘れないように。		ホテルで会議や学会などがあると混雑することも。ほかのお客に敬意を払い快適な利用を。		ドリンクやフードの名前や価格が明記されているのでメニュー表を見ながら注文する。		宿泊者は宿泊料金と一緒に精算できる「部屋付け」というシステムが利用できることも。

手軽に楽しみたいなら カフェ・バーやレストランへ

カクテルは、専門店以外で、さまざまなシーンで楽しめるのが魅力である。例えば、カジュアルなカフェ・バーやレストランで手軽に飲むこともできる。

居酒屋やファミリーレストランでもメニューがあることが多い。ノンアルコールのメニューもあるため、酒が飲めない同伴者が気後れしないのも良い。バーなどでは大人数での訪問は敬遠されがちだが、こうしたカジュアルな店なら制限が少なくなる。

また、スポーツファンが集う「スポーツ・バー」の酒やカクテルも楽しみだ。店内に大きなモニターを備える店が多く、迫力ある映像や音響でスポーツ観戦できるだけでなく、同じ趣味の仲間と一体感を味わいながら楽しめる。応援するチームに声援を送ったり、選手にちなんだカクテルを飲んだりといった、自分なりの楽しみ方を探したい。

Go to the 'Cafe Bar' or 'Restaurant'

服装	≫	入店	≫	注文	≫	会計
清潔であれば基本的に自由。店の雰囲気やコンセプトに合った服装が無難だろう。		試合の日は混み合うことが多い。スクリーンやテレビの見える席は人気が高い。		ソフトドリンクからカクテルなどのアルコール、料理と豊富。好みに合わせて注文する。		カウンターで注文・支払い後、品物を受け取るキャッシュ・オン・デリバリー方式も。

バーで役立つ知識やNG集

tips #1　カクテルの飲み方

グラスの塩はカクテルと一緒に飲む

グラスのふちに付ける塩の飾りをスノー・スタイルと呼ぶ。これは、カクテルの液体と塩を一緒に口に含み、味の変化を楽しむものだ。スノー・スタイルのうち、グラスの半分だけに塩を付ける「ハーフ・アップ」（ハーフ・ムーン）というスタイルもある。

オリーブや果物は食べてもOK

マティーニなどのカクテルに添えられたオリーブなどのデコレーション、美しくカットされたフルーツなどは基本的にすべて食べられる。手を使って食べても良い。オリーブの種やフルーツの皮などは灰皿や皿などに出しておくと良い。

tips #2　店内でのふるまい

席はどう選ぶ？

カウンター席だけの店もあるが、テーブル席を備えるところも。席のタイプが選べる場合は、バーテンダーとの会話を楽しみたいならカウンター席、同伴者との会話や食事を楽しむならテーブル席へ。

写真撮影は要確認

オーセンティック・バーやホテル・バーなど、格式のある店では、美しいカクテルや店内を写真撮影したくなっても控える。どうしても写真を撮りたい場合は、バーテンダーにたずねよう。他人は写り込まないよう。

ほかのお客に話しかけるのはNG

スポーツ・バーなどの交流を楽しむ目的のバー以外は、自分の時間を楽しむ場所である。特に、オーセンティック・バーでは静かに、一人の時間を過ごしたい人への配慮が必要。

tips #3　バーのスタイルや会計制度

キャッシュ・オン

一杯、一皿の注文ごとに会計を行うスタイル。立ち飲みなどのカジュアルな業態の店でみられる。

スタンディング・バー

座席がなく、立って飲食するバーのこと。酒だけでなく、新しい人との出会いや会話を求める人も。

チャージ

店を利用する席料として請求される料金。店により、チャージ料、席料、テーブルチャージと呼ぶことも。

フリーフロー

飲み放題のサービスの一種。一定の料金を支払うと指定時間内、自由に飲み物が飲める仕組み。

ボトル・キープ

バーなどで酒のボトルを自分専用として取り置きしてもらうこと。

ワン・オーダー

一人一品以上のドリンクや料理を注文しなければならない制度のこと。バーなどで採用されることがある。

誰かに話したくなる 歴史あるカクテル

歴史上の出来事や人物にちなむものや、
禁酒法時代に生まれたものなど、由緒あるカクテルを紹介する。

アイリッシュ・コーヒー
P169

アイルランドのフォインズ空港（かつての水上飛行場）のシェフが、寒さに凍えそうな乗客のために、コーヒーにアイリッシュ・ウイスキーと生クリームを加えたホット・カクテルを考案したといわれる。

アドニス
P213

ギリシャ神話で、愛と美と豊穣の女神アフロディテ（ヴィーナス）に愛された美少年の名を冠する一杯。アドニスが死んだとき、その血からアネモネが生まれ、女神の涙から赤いバラが生じたという。

アレキサンダー
P185

イギリス国王エドワード7世と王妃アレクサンドラに由来する、イギリス王室と関わりの深い一杯。

カンパリ・ソーダ
P202

1860年の創業以来、イタリアの代表的リキュールであるカンパリ。1932年、カンパリをソーダ水であらかじめ割ったカクテルを、アール・デコ調の小瓶に入れて発売したものが世界に広まったというわけだ。

カイピリーニャ
P260

1900年代初め、スペイン風邪の予防薬として飲まれたとされる。当初はカシャーサにレモン、ニンニク、蜂蜜を混ぜるレシピであったが、のちにニンニクと蜂蜜が省かれ、砂糖と氷が加わって今の形になった。

キューバ・リバー
P141

キューバはアメリカ介入により1902年にスペインからの独立を果たした。キューバのラム、アメリカのコーラを混ぜ、ライムを添えたドリンクで、「Cuba Libre（キューバ・リブレ、自由なるキューバ）」と祝ったことに由来する。キューバ・リバーはキューバリブレの英語読み。

クラリッジ
P104

パリにあるクラリッジ・ホテルに由来。1920年代、このホテルには多くの芸術家や作家が集まり、カクテルが誕生したのもこのころではないかと考えられる。

サイド・カー
P188

「第二次世界大戦中のパリで、いつもサイドカーに乗っていた大尉が創作した」と言われるが、「1933年、パリのハリーズ・ニューヨーク・バーの発祥」という説が有力となっている。

シルバー・ブレット
P106

かの狼男の弱点は、銀の弾丸（シルバー・ブレット）であるとされる。「魔よけの酒」「厄払いの酒」のような意味合いを持つ。

ジン・フィズ
P109

19世紀後半、アメリカ・ニューオーリンズで
ヘンリー・ラモスというバーテンダーが考案
したといわれる。レモン・スカッシュにジン
を加えたもので、泡が「フィズ」(fizzは弾ける
音を指す英語) という音を出すことからこの
ように呼ばれるようになった。

バカルディ・カクテル
P146

アメリカ禁酒法廃止を機に、バカルディ社が
自社ラムの販売促進用に考案したカクテル。
1936年にニューヨーク高裁が、「バカルデ
ィ・カクテルはバカルディ社のラムで作らな
ければならない」と採決した。他のラムを用
いる際はピンク・ダイキリと呼ぶ。

バノックバーン
P180

ベースはスコッチ・ウイスキー。1314年にス
コットランド王ロバート1世が、エドワード
2世の率いるイングランド軍を破ったバノッ
クバーンの戦いが由来。後にスコットランド
は独立を宣言した。

バンブー
P220

1890年に横浜グランドホテルの支配人兼バ
ーテンダーであったルイス・エッピンガー氏
による創作。海路を経て世界に広まった日本
生まれのカクテル。

ブラッディ・サム
P117

アメリカの禁酒法時代に取締官の目をごまか
すため大流行した一杯。やがてウオッカ・ベ
ースに人気が移行すると、女性の名前が付き
「ブラッディ・メアリー」が誕生する。

プリンセス・メアリー
P117

1922年にイギリスのメアリー王女の結婚式
を記念して考案されたという説がある。

ブル・ショット
P136

1953年にアメリカで考案されたといわれ、食
前酒とスープという意外な取り合わせが画期
的であった。バーテンダーの登竜門とも呼ば
れる東京會舘では、フレンチのベースにも使
う、チキンベースのダブルコンソメスープを
使うのが特徴。

フレンチ75
P118

第一次世界大戦 (1914～1918年) 中にパリの
バーで誕生した歴史あるカクテル。75という
数字は、フランス軍が使用していた口径
75mmの大砲に由来するとされる。

マルガリータ
P167

1949年、ロサンゼルスのバーテンダーが、亡
くなった恋人の名前を付けたといわれる。グ
ラスのふちの塩のしょっぱさが、涙の味のよ
うに思えてくる。

ネグローニ
P113

イタリアのカミーロ・ネグローニ伯爵が
1919年に考案したといわれる。伯爵はアメリ
カーノというカクテルを好んでいた。あると
き、ジンを加えたレシピでオーダーしたもの
が、現在のネグローニの原型とされる。

ノックアウト
P114

1927年、ボクシングのヘビー級タイトル・マ
ッチの祝勝会で生まれたという説がある。飲
みすぎるとノック・アウトされそうなヘビー
な一杯だ。

ロブ・ロイ
P183

18世紀スコットランドの義賊であるロバー
ト・マクレガーのあだ名、「赤毛のロバート
(ロブ・ロイ)」が名前の由来。スコットラン
ドのロビンフッドとも呼ばれる英雄だ。

映画・小説・絵画にちなむカクテル

ここでは、映画の名シーンに登場するカクテルや、
俳優や芸術家にちなんで名付けられたカクテルを紹介する。

ウオッカ・マティーニ
P129

映画『007』シリーズの主人公、ジェームズ・ボンドが愛飲したのがこのカクテル。「ウオッカ・マティーニ。ステアせずにシェイクで」は劇中にも登場する有名なセリフである。

シャンパン・カクテル
P226

映画『カサブランカ』で主演のハンフリー・ボガートがイングリッド・バーグマンに向けて発したセリフ「君の瞳に乾杯」で一躍有名になったカクテル。

コスモポリタン
P129

世界的な人気を博したアメリカの連続テレビドラマ「セックス・アンド・ザ・シティ」で主人公たちが愛飲していたのがコスモポリタン。これがきっかけとなり、女性たちの間で人気に火が付いた。

ギムレット
P103

レイモンド・チャンドラーのハードボイルド小説『長いお別れ』の作中で、「ギムレットには早すぎる」というセリフとともに登場。ギムレットは、主役の私立探偵フィリップ・マーロウと友人レノックスの絆を象徴する飲み物であった。

スカーレット・オハラ
P203

映画「風と共に去りぬ」の主人公の名前を冠した一杯で映画の世界を楽しみたい。クランベリーの赤い色が目を引くので、パーティーなどの華やかな席にぴったり。

セックス・オン・ザ・ビーチ
P131

名前の由来について諸説があり、明らかになっていないが、映画『カクテル』にてバーテンダー役のトム・クルーズがこのカクテルを作ったことから有名になった。

ゴッドファーザー
P177

イタリア・マフィアの興亡と家族愛をテーマにしたコッポラ監督の名画『ゴッドファーザー』由来の一杯。使われるアマレットはイタリアの代表的なリキュールだ。

シャーリー・テンプル
P243

子どもも楽しめる、ノンアルコール・カクテルの代表格。1930年代に子役として大活躍したアメリカの女優がその名の由来。晩年は外交官としてその手腕をいかんなく発揮した。

テキーラ・サンライズ
P163

ローリング・ストーンズのミック・ジャガーが1972年のメキシコ公演の際にこのカクテルを愛飲。その様子が世界中に伝わり大流行した。その

後、イーグルスが『テキーラ・サンライズ』という曲、メル・ギブソンが『テキーラ・サンライズ』という映画を作るなど、音楽や映画とゆかりの深いカクテルである。

バラライカ
P134

映画『ドクトル・ジバゴ』に登場したことで日本でも有名になったカクテル。ロシア革命に翻弄されながら、激動の時代を生きる人たちを描いた群像劇だ。

ピニャ・カラーダ
P147

映画『パイレーツ・オブ・カリビアン』の中で、ジョニー・デップ演じる海賊の船長がラムを飲むシーンが印象的に描かれる。同作のファンにはラムを使ったカクテルの代表格の一つとして、ラムやパイナップル・ジュースなどで作るこのカクテルをおすすめしたい。

フレンチ・コネクション
P197

1971年に公開された、アメリカン・ニューシネマの代表作の一つ『フレンチ・コネクション』。ジーン・ハックマン主演の刑事アクションだ。この映画のタイトルにちなんで名付けられたのがこのカクテル。ベースとなるブランデーの名産地はもちろんフランスだ。

フローズン・ダイキリ
P149

キューバ・ハバナの「ラ・フロリディータ」は世界的なレストラン・バー。作家ヘミングウェイも店を訪れ、フローズン・ダイキリに魅了された。彼が雑誌で紹介したことにより、フローズン・ダイキリはアメリカでも人気になった。ヘミングウェイはモヒートなども好んだという。

ベリーニ
P221

イタリア・ベニスの「ハリーズ・バー」経営者、ジュゼッペ・チプリアーニが1948年に考案。当時開催中のベリーニ展を記念した一杯。ベリーニは父ヤコポと二人の息子、兄ジェンティーレと弟ジョバンニからなるベネチア派の画家一家。

ホワイト・ルシアン
P137

コーエン兄弟が監督した1998年のコメディ映画『ビッグ・リボウスキー』で、主演のジェフ・ブリッジスが演じるデュードが愛飲するカクテルとして人気に火が付いた。

マンハッタン
P182

誕生の由来は諸説あるが、このカクテルを一躍有名にしたのがマリリン・モンロー主演の映画『お熱いのがお好き』だ。舞台は禁酒法時代のシカゴで、彼女がマンハッタンを作るシーンがある。

メアリー・ピックフォード
P152

メアリー・ピックフォードは「アメリカの恋人」と呼ばれたサイレント映画時代の大スター。禁酒法時代を舞台とした『コケット』(1929年) で、第2回米国アカデミー賞主演女優賞を受賞した。

メリー・ウィドウ
P210

名前の由来はオーストリアの作曲家フランツ・レハールのドイツ語による全3幕のオペレッタから。ドイツ語で「陽気な未亡人」を意味する。20世紀初頭に大人気となった、裕福な未亡人ハンナをめぐる喜劇。

レッド・アイ
P231

作家、吉行淳之介が愛飲したカクテル。ビールのトマト・ジュース割りであることから、彼は「トマビー」という名前でオーダーしていたと伝わっている。

季節・イベント・行事で楽しむカクテル

春 Spring

スプリング・フィーリング P111

直訳すると「春の気分」。シャルトリューズ・ヴェールの独特の香りが、春の青々とした若草や花々の香りを連想させる。

3月 ファジー・ネーブル P208

桃の節句にぴったりのカクテル。桃の香りが爽やかで、春の訪れを感じさせてくれる。

3月 ミモザ P227

3月8日の国際女性デーのイメージに合うカクテル。オレンジジュースの甘酸っぱさが女性に人気。

4月 チェリー・ブロッサム P205

桜の花見にぴったりのカクテルだ。桜の花びらを浮かべて、春の風情を楽しもう。

5月 ミント・ジュレップ P183

毎年5月の第1土曜日、アメリカのチャーチルダウンズ競馬場で開催されるケンタッキーダービーのオフィシャルドリンク。

5月 ゴッドマザー P130

毎年5月の第2日曜日は母の日。母が子を想う、子が母を思う気持ちを表現するのにぴったりのカクテルである。

夏 Summer

モヒート P153

氷を詰めたグラスの中で、ミントの緑色が目にも涼やか。ライムの香りで汗も吹き飛ぶ。

サマーディライト P242

夏本番の季節感を満喫するなら「夏の喜び」を意味するこの一杯。シーンを選ばない爽快な喉越しのノンアルコール・カクテル。

6月 オレンジ・ブロッサム P101

ジューン・ブライド（6月の結婚式）をすると、幸せな結婚生活を送れるという言い伝えがある。結婚披露宴のアペリティフとして人気のこのカクテルはいかが？

7月 スターズ・アンド・ストライプス P204

7月4日はアメリカ独立記念日。アメリカ国旗をイメージしたカクテルはいかが。

7月 ミルキーウェイ P005

「天の川」という意の七夕にぴったりの一杯だ。考案者の岸久氏は1996年、このカクテルで「IBA世界カクテルコンクール」のロングドリンク部門で日本人初の世界チャンピオンになった。

8月 涼 P239

日本酒ベースにピーチとミントの風味で清涼感たっぷり。夏の暑い日にはピッタリ

季節やイベントに合わせてカクテルを選べるようになると、
楽しみが倍増する。選び方の一例を紹介する。

秋 Autumn

アペタイザー P098
食欲の秋には、「食前酒」を意味するこのカクテルとともに、旬の美食を堪能したい。

ウオッカ・アップル・ジュース P126
9〜12月が旬のリンゴはカクテルの定番材料。新鮮なリンゴから果汁を取り出した自家製ジュースで作るとよりおいしくなる。

9月 ハーバード P192
ブランデー香る深紅の色だが別名は「ムーン・ライト」。中秋の名月のお月見に最適。

9月 シャンディー・ガフ P229
オクトーバーフェストは、ドイツのミュンヘンで開催される世界最大規模のビールの祭典。9月下旬から10月の第1日曜日に開催される。これにちなみ、ビール・ベースのカクテルの代表格であるシャンディー・ガフなどのビールのカクテルはいかがだろう。

10月 ブラッディ・メアリー P135

トマト・ジュースの赤色が血を思わせ、ハロウィン向き。オレンジの皮をカボチャやおばけの形にカットして添えるなど、自分のアイデアでアレンジして雰囲気を盛り上げたい。

11月 コープス・リバイバー P187
11月1日、2日は、日本のお盆のようなメキシコの祭り「死者の日」。死者を生き返らせる者を意味するこちらの一杯はいかが？

冬 Winter

スノーボール P204
雪の季節には、ずばり雪玉を表すこの一杯を。卵酒のリキュールであるアドボカートをベースに、クリーミーながらもさっぱり。

雪国 P138
日本で生まれた美しい一杯。冬の寒さを感じさせつつも、日本の雪景色に似合う温かさだ。

12月 エッグ・ノッグ P185
アメリカ南部のクリスマス・ドリンク。優しい卵の風味に癒やされ、心も体も温まる。

12月 柚子緑茶のジン・トニック P252
冬至（毎年変動するが、12月21日か22日に）に柚子湯に入るという風習がある。これにならい、柚子のカクテルはいかがだろうか。

1月 キール・ロワイヤル P225
新年の集まりでは、華やかで高級感のあるシャンパン・ベースのカクテルが好まれる。クレーム・ド・カシスの甘酸っぱさと、美しいピンク色がお祝いの席にぴったり。

1月 ホット・バタード・ラム P150
1月17日はアメリカで「NATIONAL HOT BUTTERED RUM DAY（ナショナル・ホット・バタード・ラム・デー）」の日。確かに寒い日はこのホットカクテルが最高だ。

2月 エンジェル・キッス P200
「天使の口づけ」と名付けられた一杯はバレンタインにピッタリ。

ベース別
カクテルレシピ集

ここでは、カクテルをベース別に分類し、紹介する。
定番のジンやウオッカのみならず、
ミクソロジー・カクテルや糖質オフ・カクテルなど、
新しいジャンルも取り入れた。

Gin

ジンベース

ジンと相性の良い副材料と作れるカクテルの例

ジンを使ったカクテルは無数にあるが、
ベルモット、プレーン・ソーダ、オレンジ・ジュースなどが
副材料として合わせやすい。

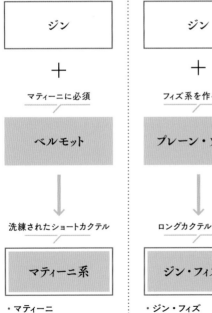

ジン	ジン	ジン
+	+	+
マティーニに必須	フィズ系を作るなら	フルーティーに
ベルモット	プレーン・ソーダ	オレンジ・ジュース
↓	↓	↓
洗練されたショートカクテル	ロングカクテルの定番	ジュース感覚で
マティーニ系	ジン・フィズ系	オレンジ・ブロッサム系
・マティーニ ・スイート・マティーニ　etc	・ジン・フィズ ・トム・コリンズ　　　etc	・オレンジ・ブロッサム ・オレンジ・フィズ　　etc

アースクェイク
Earthquake

40度台 辛口 オールデイ シェーク

ジン&ウイスキー&アブサンの鮮烈な三重奏

名前の由来は「地震」のように、身体が揺れるほど強く刺激のある一杯ということか。3つの材料の名前から、その別名をアブ・ジン・スキーとも呼ばれている。

Recipe

ジン	20ml
ウイスキー	20ml
アブサン	20ml

材料すべてと氷をシェーカーに入れ、シェークしてカクテル・グラスに注ぐ。

アイデアル
Ideal

30度台 中口 食前 シェーク

辛口&フルーティーなマティーニの変化形

マティーニ（P120）のアレンジとして考案されたといわれる。グレープフルーツのフルーティーさ、マラスキーノのサクランボ風味が良いアクセントである。

Recipe

ジン	40ml
ドライ・ベルモット	20ml
グレープフルーツ・ジュース	1tsp
マラスキーノ・リキュール	3dashes

材料すべてと氷をシェーカーに入れ、シェークしてカクテル・グラスに注ぐ。

青い珊瑚礁
Blue Lagoon

40度台 中口 オールデイ シェーク

ミントとジンの軽やかな甘さが魅力

ビビッドな緑色にチェリーの赤色が映える、圧倒的なビジュアル。鹿野彦司氏作の1950年 JBA第2回オール・ジャパン・ドリンクス・コンクールの優勝作品。

Recipe

ジン	40ml
グリーン・ミント・リキュール	20ml
マラスキーノ・チェリー	1個

材料すべてと氷をシェーカーに入れ、シェークしてカクテル・グラスに注ぐ。チェリーを飾る。

アカシア
Acacia

40度台
中口
オールデイ
シェーク

ハーブとチェリーが香るドライで芳醇な味わい

アカシアの黄色い花をイメージしたカクテル。ベネディクティンとキルシュワッサーの芳醇な風味が特徴。飲み口は良いがアルコール度数は高め。

Recipe

ジン	40ml
ベネディクティンDOM	20ml
キルシュワッサー	2dashes

材料すべてと氷をシェーカーに入れ、シェークしてカクテル・グラスに注ぐ。

アビエイション
Aviation

30度台
中辛口
食前
シェーク

バイオレット・リキュールを入れても

アビエイションは「航空術、航空産業」を意味する。レモンの酸味がドライなジンに良く似合う。海外ではバイオレット・リキュールを入れるのが主流。

Recipe

ジン	45ml
レモン・ジュース	15ml
マラスキーノ・リキュール	1dash

材料すべてと氷をシェーカーに入れ、シェークしてカクテル・グラスに注ぐ。

アペタイザー
Appetizer

20度台
中口
食前
シェーク

季節
秋向き
→P093

香りで食欲を刺激するアペタイザー（食前酒）

「食欲をそそるもの」「食前酒」の意。独特な苦みと甘い赤ワインのようなデュボネ、オレンジ・ジュースのフルーティーさが、辛口のジンを飲みやすくする。

Recipe

ジン	30ml
デュボネ	15ml
オレンジ・ジュース	15ml

材料すべてと氷をシェーカーに入れ、シェークしてカクテル・グラスに注ぐ。

アラウンド・ザ・ワールド
Around the World

パイナップルとミントが
ジンを引き立てる

30度台
中口
オールデイ
シェーク

「世界一周」「世界中」という意。ミントの清涼感にパイナップル・ジュースの甘酸っぱさをミックス。

Recipe
ジン	40ml
グリーン・ミント・リキュール	10ml
パイナップル・ジュース	10ml
ミント・チェリー	1個

材料すべてと氷をシェーカーに入れ、シェークしてカクテル・グラスに注ぐ。チェリーを飾る。

アラスカ
Alaska

シャルトリューズがジンと溶け合う

40度台
中口
食前
シェーク

1920年代にロンドンのホテル「ザ・サヴォイ」のハリー・クラドック氏が考案したとされる。シャルトリューズ・ジョーヌ（黄）の優しい甘みが香る大人の一杯。

Recipe
ジン	45ml
シャルトリューズ・ジョーヌ（黄）	15ml

材料すべてと氷をシェーカーに入れ、シェークしてカクテル・グラスに注ぐ。

アラバマ・フィズ
Alabama Fizz

10度台
中口
オールデイ
シェーク

ジン・フィズにミントの葉を飾り目にも楽しい

ジン・フィズ（P109）にミントの葉をプラスしたもの。レモンとミントの風味が良い。フレッシュ・ミントの葉は叩いて良く香りを立たせるのがポイント。

Recipe
ジン	45ml
レモン・ジュース	20ml
砂糖	2tsps
ミントの葉	適量
プレーン・ソーダ	適量

ソーダ以外の材料をシェークしてタンブラーに注ぐ。氷を加え、冷やしたソーダを満たし軽くステア。ミントを飾る。

アレキサンダーズ・シスター
Alexander's Sister

アレキサンダーを
さらに華麗にアレンジ

30度台	シェーク
甘口	
食後	

アレキサンダー（P185）のベースをジンに替えて、グリーン・ミント・リキュールを用いた。生クリームが優しく包み込む。春を思わせる淡いグリーンも美しい。

Recipe

ジン..30ml
グリーン・ミント・リキュール
....15ml
生クリーム....................................15ml

材料すべてと氷を十分にシェークしてカクテル・グラスに注ぐ。

エメラルド
Emerald

40度台	ステア
中口	
オールデイ	

魅惑的な色合いは、まさに「飲む宝石」

エメラルドは5月の誕生石である鮮緑色の宝石。シャルトリューズ・ヴェールの緑がその名の由来か。フランス語で宝石を意味する「ビジュー」も同じレシピ。

Recipe

ジン..20ml
スイート・ベルモット.................20ml
シャルトリューズ・ヴェール（緑）
....20ml
オレンジ・ビターズ...................1dash
マラスキーノ・チェリー............1個

材料すべてと氷でステアしてカクテル・グラスに注ぐ。

エメラルド・クーラー
Emerald Cooler

ミントが清涼を呼ぶ
宝石のような一杯

2-10度未満	シェーク
中口	
オールデイ	

透き通るエメラルドグリーンで、爽快な甘酸味。

Recipe

ジン..30ml
グリーン・ミント・リキュール....15ml
レモン・ジュース.........................15ml
シュガー・シロップ....................10ml
プレーン・ソーダ..........................適量

プレーン・ソーダ以外の材料をシェークしてコリンズ・グラスに注ぐ。氷を加え、冷やしたソーダを満たし軽くステア。

オレンジ・フィズ
Orange Fizz

10度台
中口
オールデイ
シェーク

ジンの刺激を柑橘で和らげる優しい一杯

ジン・フィズ (P109) にオレンジ・ジュースを加えたフィズ・スタイルの一杯。ソフト・ドリンクのような飲み口なので、飲みすぎには要注意。

Recipe

ジン	45ml
オレンジ・ジュース	30ml
レモン・ジュース	15ml
砂糖	1tsp
プレーン・ソーダ	適量

プレーン・ソーダ以外の材料をシェークしてタンブラーに注ぐ。氷を加え、冷やしたソーダを満たし軽くステア。

オレンジ・ブロッサム
Orange Blossom

「純潔」の花言葉から
結婚披露宴にも

30度台
中口
食前
シェーク
ジューン・ブライド
→P092
行事

花言葉が「純潔」であることから、ウエディングドレスを飾る花としてオレンジの花が使われる。同様に結婚披露宴のアペリティフとして人気のカクテル。

Recipe

ジン	40ml
オレンジ・ジュース	20ml

材料すべてと氷をシェーカーに入れ、シェークしてカクテル・グラスに注ぐ。

カジノ
Casino

40度台
辛口
食前
ステア

ジンの辛口を愛する大人のための一杯

様々な遊戯施設を備えた、賭博を主とした西洋流の娯楽場の意。ジンを1グラス用いてそのドライな風味を引き立てる、アルコール度数高めの一杯。

Recipe

ジン	60ml
マラスキーノ・リキュール	2dashes
オレンジ・ビターズ	2dashes
レモン・ジュース	2dashes

材料すべてと氷でステアしてカクテル・グラスに注ぐ。

カルーソー
Caruso

30度台／ステア
中口
食前

ミントの清涼感ですっきりのど越し

イタリアのオペラ歌手「エンリコ・カルーソー」が由来。
テノールの幅広い声量、表情豊かな演技で名声を得た。
済んだ緑色とミントの風味で気分リフレッシュ。

Recipe

ジン	30ml
ドライ・ベルモット	15ml
グリーン・ミント・リキュール	15ml

材料すべてと氷でステアしてカクテル・グラスに注ぐ。

キウイ・マティーニ
Kiwi Martini

40度台／シェーク
中口
食前

飾りのキウイが愛らしいフレッシュな味わい

キウイフルーツを用いたマティーニ（P120）のバリエーション。ジンの風味にキウイフルーツの甘酸っぱさが加わりさっぱりとした味わいが特徴。

Recipe

ジン	50ml
キウイフルーツ	1/2個
砂糖	1tsp
スライス・キウイ	1枚

キウイをペストルで潰し、飾り以外の材料とシェークしてカクテル・グラスに注ぐ。スライス・キウイを飾る。

キッス・イン・ザ・ダーク
Kiss in the Dark
チェリー・ブランデーの
風味良好

20度台／シェーク
中甘辛口
オールデイ

ジンとベルモットのドライ・テイストに加わるのはチェリー・ブランデーの芳醇な風味。「暗闇でキス」とはなんともロマンチックな一杯。

Recipe

ドライ・ジン	20ml
ドライ・ベルモット	20ml
チェリー・ブランデー	20ml

材料すべてと氷をシェーカーに入れ、シェークしてカクテル・グラスに注ぐ。

ギブソン
Gibson

40度台	ステア
辛口	
食前	

パール・オニオンが光る大人の辛口

19世紀末のニューヨークでギブソンというイラストレーターが好んだことからこの名前が付いた。マティーニ（P120）と同じ材料だが、より辛口に仕上げることが多い。

Recipe

ジン	50ml
ドライ・ベルモット	10ml
パール・オニオン	1個

材料すべてと氷でステアしてカクテル・グラスに注ぐ。パール・オニオンを飾る。

ギムレット
Gimlet

30度台	シェーク	長い お別れ →P090
中甘辛口		
食前		

小説

ジン・ライムを甘口で飲みたいときに

R・チャンドラーの小説「ロング・グッドバイ」のセリフ「ギムレットには早すぎる」が有名。当初のレシピではコーディアル・ライム・ジュースを使用。

Recipe

ジン	45ml
ライム・ジュース	15ml
砂糖	1tsp

材料すべてと氷をシェーカーに入れ、シェークしてカクテル・グラスに注ぐ。

クイーン・エリザベス
Queen Elizabeth

まるで豪華客船に
乗っているような気分

30度台	シェーク
中甘辛口	
オールデイ	

イギリスの豪華客船であるクイーン・エリザベスに由来している。ホワイト・レディ（P120）に準ずるレシピで、格調の高さが感じられる一杯。

Recipe

ジン	30ml
ホワイト・キュラソー	15ml
レモン・ジュース	15ml
アニゼット・リキュール	1dash

材料すべてと氷をシェーカーに入れ、シェークしてカクテル・グラスに注ぐ。

クラリッジ
Claridge

30度台 中口 オールデイ

シェーク

1920年代 パリの ホテルで →P088

「ホテル・クラリッジ・パリ」の創作レシピ

フランスの「ホテル・クラリッジ・パリ」による伝統的なスペシャル・カクテル。ドライなベースにアプリコットとオレンジの甘さが加わった上品な味わい。

Recipe

ジン	20ml
ドライ・ベルモット	20ml
アプリコット・リキュール	10ml
ホワイト・キュラソー	10ml

材料すべてと氷をシェーカーに入れ、シェークしてカクテル・グラスに注ぐ。

グリーン・アラスカ
Green Alaska

40度台 辛口 食前

シェーク

ジンとシャルトリューズの絶妙マリアージュ

ジン・ベースのカクテル、アラスカ（P099）のシャルトリューズ・ジョーヌ（黄）をシャルトリューズ・ヴェール（緑）に替えた。またの名を「エメラルド・アイル」とも。

Recipe

ジン	45ml
シャルトリューズ・ヴェール（緑）	15ml

材料すべてと氷をシェーカーに入れ、シェークしてカクテル・グラス（オールド・ファッションド）に注ぐ。

クローバー・クラブ
Clover Club

20度台 甘口 オールデイ

シェーク

ジンとスイートなザクロがキュート

グレナデン・シロップ由来の鮮やかな赤が映える、ディナーで供されるクラブカクテルの代表格。ジンにほのかな甘酸っぱさが加わり飲みやすい。

Recipe

ジン	3/5
グレナデン・シロップ	1/5
レモン・ジュース	1/5
卵白	1個分

材料すべてと氷を十分にシェークしてカクテル・グラスに注ぐ。

ゴールデン・フィズ
Golden Fizz

10度台	シェーク
中口	
オールデイ	

「ジン・フィズ」に卵黄が加わった濃厚な一杯

フィズ・スタイルの代表格であるジン・フィズ（P109）のバリエーションで、卵黄を加えた一杯。ジンの風味とレモンの甘酸味を濃厚な卵黄で深みのある味わいに。

Recipe

ジン	45ml
レモン・ジュース	20ml
砂糖	2tsps
卵黄	1個分
プレーン・ソーダ	適量

プレーン・ソーダ以外の材料をシェークしてタンブラーに注ぐ。氷を加え、冷やしたソーダを満たし軽くステア。

サケティーニ
Sake-tini

30度台	ステア
辛口	
食前	

マティーニのベルモットの代わりに日本酒を

マティーニ（P120）のドライ・ベルモットを日本酒に替えた和テイストの一杯。日本酒の風味を生かしたシンプルで洗練された味わいで、和食によく合う。

Recipe

ドライ・ジン	45ml
日本酒	15ml
オリーブ	1個

材料すべてと氷でステアして、グラスに注ぐ。オリーブを飾る。

ザザ
Zaza

30度台	ステア
中口	
食前	

キナの樹皮香るデュボネでジンに香りづけ

20世紀初頭にパリで人気の戯曲がその名の由来とされる。アンゴスチュラ・ビターズの代わりにレモン・ピールを絞るとデュボネ・カクテル（P219）に。

Recipe

ジン	30ml
デュボネ	30ml
アンゴスチュラ・ビターズ	1dash

材料すべてと氷でステアしてカクテル・グラスに注ぐ。

シー・ブリーズ・クーラー

Sea Breeze Cooler

フルーツ好きの
あなたのための一杯

2・10度未満 ｜ 中口 ｜ オールデイ ｜ シェーク

シー・ブリーズ（P130）のクーラー・スタイル。ベースを
ジンに替え、フルーティーな素材でジューシーな一杯。

Recipe

ジン	30ml	プレーン・ソーダ以外
アプリコット・リキュール	15ml	の材料をシェークする。
レモン・ジュース	20ml	氷入りタンブラーに注
グレナデン・シロップ	10ml	ぎ、ソーダで満たし軽
プレーン・ソーダ	適量	くステア。

シルバー・ブレット

Silver Bullet

魔除けになる「銀の弾丸」
という意味

30度台 ｜ 中口 ｜ 食前 ｜ シェーク ｜ 狼男の伝説より →P088

狼男を銀の弾丸で倒せるという言い伝えから、問題解決
の確実な方法や特効薬という意味もある。キュンメルの
風味をレモンでさっぱりと。

Recipe

ジン	30ml	材料すべてと氷をシェー
キュンメル	15ml	カーに入れ、シェー
レモン・ジュース	15ml	クしてカクテル・グラ
		スに注ぐ。

ジン・アンド・イット

Gin & It

マティーニの
原型とされるカクテル

30度台 ｜ 中甘辛口 ｜ 食前 ｜ ビルド

ジン・イタリアンとも呼ばれる。イット（It）はイタリア
ン・ベルモットの略。製氷機がない時代の古典的なカク
テルで、冷やさないのが本来のスタイル。

Recipe

ジン	30ml	カクテル・グラスに、
スイート・ベルモット	30ml	ジン、スイート・ベル
		モットの順に注ぐ。

ジン・クラスタ
Gin Crusta

30度台 中口 オールデイ シェーク

ジンにレモンやビターズを効かせて

ジンにマラスキーノ・リキュールを合わせたものをベースにし、レモンとアンゴスチュラ・ビターズをアクセントとする。甘・酸・苦の味のバランスが良い。

Recipe

ジン	60ml
マラスキーノ・リキュール	1tsp
レモン・ジュース	1tsp
アンゴスチュラ・ビターズ	1dash
スパイラル・レモン・ピール	1個分
砂糖	適量

砂糖でスノー・スタイルにしたワイン・グラスに、らせんむきのレモン・ピールを入れる。材料をシェークしグラスに注ぎ氷を加える。

ジン・スウィズル
Gin Swizzle

20度台 中口 オールデイ ビルド

ジンの爽快な味わいとライムの酸味

ライムの酸味とジンの香りでゴクゴク飲めて、アンゴスチュラ・ビターズの奥深い苦みが後から追いかけてくる。涼やかな見た目は夏の夜に似合う。

Recipe

ジン	45ml
ライム・ジュース	20ml
砂糖	1tsp
アンゴスチュラ・ビターズ	1dash
ライム・スライス	1枚

クラッシュド・アイスを詰めたタンブラーに材料を注ぎ、マドラーなどでグラスに霜が付くまでかき混ぜる。ライムを飾る。

ジン・スマッシュ
Gin Smash

40度台 辛口 オールデイ ビルド

ミントが際立つジンのスマッシュ・スタイル

ミントの香りが引き立つジンのスマッシュ・スタイルの一杯。ジンにオレンジ、砂糖、ミントを加えてステア。飲みやすい軽快な味わいだが度数は高め。

Recipe

ジン	60ml
砂糖	1tsp
オレンジ・スライス	1枚
ミントの葉	適量

オールドファッションド・グラスでミントを潰し、ジンと砂糖を注ぎステアし、氷を入れさらにステア。オレンジとミントを飾る。

ジン・スリング
Gin Sling

10度台
中口
オールデイ

柑橘系不使用のオールド・スタイル

スリング・スタイルのカクテルにはレモン・ジュースを加えるが、こちらは古いスタイルなので不使用。ジンに甘みを付けたシンプルな一杯。

Recipe

ジン	45ml
砂糖	1tsp
水かプレーン・ソーダ	適量

水かプレーン・ソーダ以外の材料をタンブラーに入れステア。氷を加え、冷やした水かプレーン・ソーダで満たしステアする。

ジン・デイジー
Gin Daisy

20度台
中口
オールデイ

グレナデンで甘く染めたレモネード

デイジー・スタイル・カクテルの基本形。レモン・ジュースの酸味とグレナデン・シロップの甘みが、ジンと絶妙なハーモニーを奏でる。ミントを飾るのも良い。

Recipe

ジン	45ml
レモン・ジュース	20ml
グレナデン・シロップ	10ml
レモン・スライス	1枚

材料すべてと氷をシェーカーに入れ、シェークしてクラッシュド・アイスを詰めたゴブレットに注ぐ。レモン・スライスを飾る。

ジン・トニック
Gin & Tonic

10度台
中口
オールデイ

シンプルだからこそ何度も作りたい定番

ジンにトニック・ウォーターを加えただけの究極的なレシピ。ドライなジンに、ライムとトニック・ウォーターの織りなす風味が絶妙で、世界中で愛される。

Recipe

ジン	45ml
カット・ライム	1個
トニック・ウォーター	適量

氷を入れたタンブラーにジンを注ぎ、冷やしたトニック・ウォーターを満たして軽くステアする。

ジン・バック
Gin Buck

10度台 / 中口 / オールデイ / ビルド

ジンとジンジャーの力強い共演

もともとウイスキー・ベースで始まったとされるバック・スタイルのジン版。ジン特有の香りが好きな人はこのレシピがおすすめ。ロンドン・バックという別名も。

Recipe

ドライ・ジン	45ml
ライム・ジュース	20ml
ジンジャー・エール	適量

氷を入れたタンブラーにジンとライム・ジュースを注ぎ、冷やしたジンジャー・エールを満たし、軽くステアする。

ジン・ビターズ
Gin & Bitters

40度台 / 辛口 / 食前 / ビルド

冷やしたジンで作ると別格のおいしさに

ピンク・ジン（P116）をグラスに直接注いで作ったもの。ベースのジンは冷凍庫でキンキンに冷えたものが理想。オン・ザ・ロックの処方も多く見られる。

Recipe

ジン	60ml
アンゴスチュラ・ビターズ	2dashes

ビターズをシェリー・グラスに落とし、グラス内側全面に行き渡らせる。余分なビターズを振り切り、冷やしたジンを注ぐ。

ジン・フィズ
Gin Fizz

10度台 / 中口 / オールデイ / シェーク / 歴史 19世紀後半から存在 →P089

「フィズ」はソーダの弾ける音のこと

フィズの基本はスピリッツにレモン・ジュースと甘みを加えシェークし、タンブラーに注ぎプレーン・ソーダを満たす。ジン・フィズはこのスタイルの代表格。

Recipe

ジン	45ml
レモン・ジュース	20ml
砂糖	2tsps
プレーン・ソーダ	適量

プレーン・ソーダ以外の材料をシェークしてタンブラーに注ぐ。氷を加え、冷やしたソーダを満たし軽くステア。

ジン・ライム
Gin & Lime

30度台
中口
オールデイ

ジンとライムで爽快で甘さ控えめ

ジンとライム・ジュースでシェークするとギムレットだが、オン・ザ・ロックだとジン・ライムとなる。ライム・ジュースの糖度を変え味の変化を楽しめる。

Recipe
ジン	45ml
ライム・ジュース	15ml
カット・ライム	1個

氷を入れたオールド・ファッションド・グラスに材料すべてを注ぎステアする。ライムを飾る。

ジン・リッキー
Gin Rickey

10度台
辛口
オールデイ

マドラーでライムを潰しながら味わう

スピリッツに新鮮なライムを加え、プレーン・ソーダで満たす。「リッキー」の名は、初めて飲んだ客の名前から。マドラーでライムを潰し、好みの味で飲む。

Recipe
ジン	45ml
ライム	1/2個
プレーン・ソーダ	適量

タンブラーにライムを絞り入れ、皮も入れる。氷を加えてジンを注ぎ、冷やしたプレーン・ソーダを満たす。

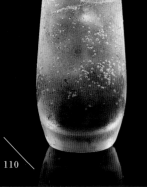

シンガポール・スリング
Singapore Sling

ラッフルズ・スリングと飲み比べたい

10度台
中甘辛口
オールデイ

シンガポールの名門「ラッフルズ・ホテル」が発祥のカクテル。同名のレシピが存在するが、そのレシピを日本ではラッフルズ・スリング（→P122）と呼び区別している。

Recipe
ジン	45ml
チェリー・リキュール	20ml
レモン・ジュース	20ml
プレーン・ソーダ	適量

ソーダ以外をシェークしてグラスに注ぐ。氷を加え、冷やしたソーダで満たしステア。

スイート・マティーニ

Sweet Martini

マラスキーノ・チェリーを
添えて優雅に

30度台 ステア
甘口
オールデイ

マティーニ（P120）のドライ・ベルモットをスイート・ベルモットに替えるレシピ。スイート・ベルモットの風味が生かされ通常のマティーニよりも甘口に仕上がる。

Recipe

ジン	40ml
スイート・ベルモット	20ml
マラスキーノ・チェリー	1個

材料すべてと氷でステアしてカクテル・グラスに注ぐ。マラスキーノ・チェリーを飾る。

スプリング・フィーリング

Spring Feeling

グリーン・アラスカの
レモン強化版

30度台 シェーク
中口　　春向き
オールデイ　→P092
季節

「春の感触」「春の気分」の意。グリーン・アラスカ（P104）にレモン・ジュースを加えたアレンジ。シャルトリューズ・ヴェール（緑）のスパイシーな風味ですっきり。

Recipe

ジン	30ml
シャルトリューズ・ヴェール（緑）	15ml
レモン・ジュース	15ml

材料すべてと氷をシェーカーに入れ、シェークしてカクテル・グラスに注ぐ。

セブンス・ヘブン

Seventh Heaven

飲み口軽快でパンチの効いた味わい

40度台 シェーク
中口
食前

イスラム教やヘブライ神秘節において、最高位の天使が住む天国の意から、無上の幸福の状態を表す。こちらはアメリカ系だが、ヨーロッパ系のレシピも存在する。

Recipe

ジン	4/5
マラスキーノ・リキュール	1/5
グレープフルーツ・ジュース	1tsp
ミント・チェリー	1個

材料すべてと氷をシェーカーに入れ、シェークしてカクテル・グラスに注ぐ。ミント・チェリーを飾る。

タンゴ
Tango

20度台
中甘辛口
オールデイ

フルーツのパワーと情熱を感じる

タンゴは19世紀後半にアルゼンチンの首都ブエノスアイレスで発祥した情熱的なダンス音楽。ジンとベルモットが融合し、甘美で情熱的なハーモニーをもたらす。

Recipe

ジン	2/5
ドライ・ベルモット	1/5
スイート・ベルモット	1/5
オレンジ・キュラソー	1/5
オレンジ・ジュース	2dashes

材料すべてと氷をシェーカーに入れ、シェークしてカクテル・グラスに注ぐ。

チャールストン
Charleston

20度台
中口
オールデイ

6種の個性的な素材が融合

チャールストンは、1920年代の禁酒法時代を象徴するダンス。6種もの材料からなる複雑な味わい。

Recipe

ジン	10ml
キルシュワッサー	10ml
オレンジ・キュラソー	10ml
マラスキーノ・リキュール	10ml
ドライ・ベルモット	10ml
スイート・ベルモット	10ml
レモン・ピール	1個

材料すべてと氷をシェーカーに入れ、シェークしてカクテル・グラスに注ぐ。レモン・ピールを絞りかける。

テキサス・フィズ
Texas Fizz

10度台
中口
オールデイ

ジンの香りとオレンジの酸味が見事に調和

ジン・フィズ (P109) のレモン・ジュースをオレンジ・ジュースに替えたもの。ジン・フィズよりもマイルドな味わいとなり、ソフト・ドリンクのような飲みやすさ。

Recipe

ジン	45ml
オレンジ・ジュース	20ml
砂糖	2tsps
プレーン・ソーダ	適量

プレーン・ソーダ以外の材料をシェークしてタンブラーに注ぐ。氷を加え、冷やしたソーダを満たし軽くステア。

トム・コリンズ
Tom Collins

10度台
中口
オールデイ

「オールド・トム・ジン」を使うのが本式

オールド・トム・ジンを使用。当初の名は「ジョン・コリンズ」だが、ベースをオランダ産のオールド・トム・ジンに替えてから、「トム・コリンズ」となった。

Recipe

オールド・トム・ジン	45ml
レモン・ジュース	20ml
砂糖	2tsps
プレーン・ソーダ	適量

氷を入れたコリンズ・グラスにプレーン・ソーダ以外の材料を注ぎステアし、冷やしたプレーン・ソーダを満たし軽くステア。

ドライ・マティーニ
Dry Martini

40度台
辛口
食前

マティーニの上を行くキレ&辛口

辛口カクテルの代表格、マティーニ（P120）のジンの割合を上げ、よりドライに仕上げる。ベルモットの分量を減らしさらにドライに仕上げるレシピも好まれる。

Recipe

ジン	4/5
ドライ・ベルモット	1/5
オリーブ	1個
レモン・ピール	1個

（60ml作るなら上から48ml、12mlが目安）

材料すべてと氷でステアしてカクテル・グラスに注ぐ。レモン・ピールを絞りかけオリーブを飾る。

ネグローニ
Negroni

30度台
中口
食前
伯爵の偶然の注文から誕生 →P089

イタリアの伯爵が愛飲した一杯

その名の由来はイタリアの美食家、カミーロ・ネグローニ伯爵の姓から。氏の好んだアペリティフ（食前酒）だとされる。ほのかな甘さと苦みが人気の一杯。

Recipe

ジン	30ml
カンパリ	30ml
スイート・ベルモット	30ml
カット・オレンジ	1個

材料すべてを氷を入れたオールド・ファッションド・グラスに注ぎ、ステアしてオレンジを飾る。

ノックアウト
Knock-out

40度台	シェーク	ボクサーの祝勝会
辛口		→P089
オールデイ		

アブサンが香る強烈な辛口にノックアウト!

再起できないほどに打ちのめすこと。ジンとベルモットのドライな味わいに、アブサンがとどめを刺す。名前の似た「K.O.カクテル」はレシピが完全に異なる。

Recipe

ジン	20ml	材料すべてと氷をシェーカーに入れ、シェークしてカクテル・グラスに注ぐ。
ドライ・ベルモット	20ml	
アブサン	20ml	
ホワイト・ミント・リキュール	1tsp	

バーテンダー
Bartender

20度台	ステア
中口	
オールデイ	

バーテンダーの腕とセンスの見せどころ

ジンをベースに3種のフレーバード・ワインが織りなす複雑な味わい。さらにオレンジ・キュラソーがアクセントを加える。作り手の腕が問われる一杯だ。

Recipe

ジン	15ml	材料すべてと氷でステアしてカクテル・グラスに注ぐ。
フィノ・シェリー	15ml	
ドライ・ベルモット	15ml	
デュボネ	15ml	
オレンジ・キュラソー	1dash	

パラダイス
Paradise

20度台	シェーク
中口	
オールデイ	

楽園のようなビビッドなオレンジ

甘酸っぱい味わいと、鮮やかなオレンジ色が魅力的なカクテル。甘口が好きならアプリコット・リキュールの量を増やすなどして、好みの味に近づける楽しみも。

Recipe

ジン	30ml	材料すべてと氷をシェーカーに入れ、シェークしてカクテル・グラスに注ぐ。
アプリコット・リキュール	15ml	
オレンジ・ジュース	15ml	

パリジャン
Parisian

20度台 / 中口 / 食前 / ステア

パリジャンをイメージしたおしゃれな一杯

カクテルの王様、マティーニのアレンジともいえる。フランスを象徴するカシス・リキュールとドライ・ベルモットがパリ市民を体現する象徴的な一杯。

Recipe

ジン	20ml
ドライ・ベルモット	20ml
カシス・リキュール	20ml

材料すべてと氷でステアしてカクテル・グラスに注ぐ。

ハワイアン
Hawaiian

20度台 / 甘口 / オールデイ / シェーク

ジュース＆キュラソーでWオレンジを満喫

ジンの風味をオレンジがマイルドにしてくれる、常夏のハワイをイメージしたトロピカル・テイストのカクテル。またの名を「フーラ・フーラ」とも。

Recipe

ジン	30ml
オレンジ・ジュース	30ml
オレンジ・キュラソー	1tsp

材料すべてと氷をシェーカーに入れ、シェークしてカクテル・グラスに注ぐ。

ビューティ・スポット
Beauty Spot

「つけぼくろ」の意。
グレナデンがアクセント

30度台 / 中口 / オールデイ / シェーク

魅力を引き立たせるためのつけぼくろの意。グラスの底に沈んだグレナデン・シロップがそれを表現している。2種のベルモットの豊かな風味にオレンジが合う。

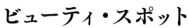

Recipe

ジン	30ml
ドライ・ベルモット	15ml
スイート・ベルモット	15ml
オレンジ・ジュース	1tsp
グレナデン・シロップ	1/2tsp

材料すべてと氷をシェーカーに入れ、シェークしてカクテル・グラスに注ぐ。

ピンク・ジン
Pink Gin

40度台
辛口
食前

ジン＋ビターズが至極の美味を呼ぶ

ジンにアンゴスチュラ・ビターズの風味をわずかに足した強烈な一杯。様々なジンで味の違いを楽しみたい。オレンジ・ビターズで作れば「イエロー・ジン」。

Recipe

ジン	60ml
アンゴスチュラ・ビターズ	2dashes

材料すべてと氷でステアしてカクテル・グラスに注ぐ。

ピンク・レディ
Pink Lady

30度台
中口
オールデイ

ふわふわ卵白とグレナデンのピンク

1912年ロンドンで大ヒットした同名の舞台を記念して作られた。ジンの風味とグレナデン・シロップの甘みを卵白でまとめあげた。名前の通り美しいピンク色。

Recipe

ジン	45ml
グレナデン・シロップ	15ml
レモン・ジュース	1tsp
卵白	1個分

材料すべてと氷をシェーカーに入れ、シェークしてカクテル・グラスに注ぐ。

ファイン・アンド・ダンディ
Fine & Dandy

ホワイト・レディを
紳士向けに

30度台
中口
食前

ホワイト・レディ（P120）をアレンジした「上品で素敵な」を意味する一杯。1930年にロンドンの『サヴォイ・カクテルブック』で紹介されたレシピ。

Recipe

ドライ・ジン	30ml
ホワイト・キュラソー	15ml
レモン・ジュース	15ml
アロマティック・ビターズ	1dash

材料すべてと氷をシェーカーに入れ、シェークしてカクテル・グラスに注ぐ。

ブラッディ・サム

Bloody Sam

ジン・ベースの
ブラッディ・メアリー

20度台			禁酒法 時代に 大流行 →P089
辛口		ビルド	
食前			

禁酒法時代のアメリカでは人気のカクテルだったが、
1940年代以降ウオッカの隆盛とともに、ブラッディ・メ
アリー（P135）に取って代わられることとなる。

Recipe

ジン	45ml
トマト・ジュース	適量
レモン・ジュース	1tsp

氷を入れたタンブラー
などに材料すべてを注
ぎステアする。

プリンセス・メアリー

Princess Mary

チョコレートムースのよう
なデザート・ドリンク

30度台		メアリー 王女結婚 →P089
中口	シェーク	
食後		

1922年イギリスのメアリー王女の結婚記念として誕生
した一杯。アレキサンダー（P185）のバリエーションで、
ベースをジンに替えたもの。チョコのような甘さ。

Recipe

ジン	30ml
ブラウン・カカオ・リキュール	15ml
生クリーム	15ml

材料すべてと氷を十分
にシェークしてカクテ
ル・グラスに注ぐ。

ブルー・ムーン

Blue Moon

青い月に乾杯したいスミレ＆レモン香る一杯

30度台	
中甘辛口	シェーク
オールデイ	

ブルー・ムーンとは、ひと月の間に満月が2度巡ること。
またその2回目の満月を指します。バイオレット・リキ
ュールのスミレ色と風味がロマンチック。

Recipe

ドライ・ジン	30ml
バイオレット・リキュール	15ml
レモン・ジュース	15ml

材料すべてと氷をシェ
ーカーに入れ、シェー
クしてカクテル・グラ
スに注ぐ。

Gin ジンベース

117

10度台
中甘辛口
オールデイ
シェーク
戦争に
使う大砲の
口径
→P089
歴史

フレンチ75

French 75

名前の由来は口径75mmの大砲から

ジン・フィズ（P109）のソーダをシャンパンに替えた一杯。第一次世界大戦中にパリのアンリ・バー発祥のカクテル。名前は口径が75mmの当時最新鋭の大砲から。

Recipe

ジン	45ml
レモン・ジュース	20ml
砂糖	1tsp
シャンパン	適量

シャンパン以外の材料をシェークしてコリンズ・グラス（シャンパン・グラス）に注ぐ。氷と冷やしたシャンパンで満たす。

20度台
中甘辛口
オールデイ
シェーク

ブロンクス

Bronx

ドライと甘酸っぱさのコントラスト

アメリカの禁酒法時代に、密造された粗悪なジンを飲むために考えられたカクテルともいわれる。歴史あるカクテルゆえ、多くのアレンジが存在する。

Recipe

ジン	30ml
ドライ・ベルモット	10ml
スイート・ベルモット	10ml
オレンジ・ジュース	10ml

材料すべてと氷をシェーカーに入れ、シェークしてカクテル・グラスに注ぐ。

ブロンクス・テラス

Bronx Terrace

20度台	シェーク
中口	
オールデイ	

ブロンクスより甘さを抑え、酸味を強調

ブロンクス (P118) のバリエーションで、スイート・ベルモットを省略したもの。またオレンジ・ジュースからライム・ジュースに替えている。

Recipe

ジン	30ml
ドライ・ベルモット	20ml
ライム・ジュース	10ml

材料すべてと氷をシェーカーに入れ、シェークしてカクテル・グラスに注ぐ。

ベネット

Bennett

30度台	シェーク
辛口	
食前	

ギムレットにビターズを追加

ギムレット (P103) から派生した、アロマティック・ビターズによるアクセントを加えた一杯。ドライ・ジンの辛口の風味をビターズが引き締める。

Recipe

ドライ・ジン	45ml
ライム・ジュース	15ml
アロマティック・ビターズ	1dash
砂糖	1/2tsp

材料すべてと氷をシェーカーに入れ、シェークしてカクテル・グラスに注ぐ。

ホノルル

Honolulu

30度台	シェーク
中口	
食前	

ハーブが香り、ハワイ・ホノルルを感じる

ジン、マラスキーノ・リキュール、ベネディクティンを同量ミックス。日本ではジン1グラス分に3種のフルーツ・ジュースと甘みを加えたレシピが一般的。

Recipe

ジン	20ml
マラスキーノ・リキュール	20ml
ベネディクティンDOM	20ml

材料すべてと氷をシェーカーに入れ、シェークしてカクテル・グラスに注ぐ。

ホワイト・レディ
White Lady

30度台	シェーク
中甘辛口	
食前	

純白のドレスをまとった女性のよう……

ホワイト・キュラソーの甘みとレモン・ジュースの酸味がバランスよくまとまった、気品あふれる一杯。貴婦人に似合う美麗なカクテルだが、男性もぜひ。

Recipe

ジン	30ml
ホワイト・キュラソー	15ml
レモン・ジュース	15ml

材料すべてと氷をシェーカーに入れ、シェークしてカクテル・グラスに注ぐ。

ホワイト・ローズ
White Rose

20度台	シェーク
中口	
オールデイ	

ふわふわの泡がキュートな柑橘香る一杯

ベースのジンに、マラスキーノと柑橘のジュースを合わせて口当たりよく上品な仕上がりに。グラスに浮かぶ卵白の泡が白いバラを彷彿とさせる。

Recipe

ジン	40ml
マラスキーノ・リキュール	15ml
オレンジ・ジュース	15ml
レモン・ジュース	15ml
卵白	1個分

材料すべてと氷を十分にシェークしてシャンパン・グラスに注ぐ。

マティーニ
Martini

30度台	ステア
辛口	
食前	

オリーブが誘う、カクテルの代表格

言わずと知れたカクテルの王様。基本の組み合わせはジンとドライ・ベルモットとシンプルだが、作り手によって多岐にわたるレシピが存在する奥深い一杯。

Recipe

ジン	45ml
ドライ・ベルモット	15ml
オリーブ	1個
レモン・ピール	1個

材料すべてと氷でステアしてカクテル・グラスに注ぐ。レモン・ピールを絞りかけオリーブを飾る。

マティーニ・オン・ザ・ロック
Martini on the rocks

マティーニを
飲みやすくロックで

40度台	ステア
辛口	
食前	

ジンとベルモットの風味と、やわらかな口当たりで辛口の味わいを最後まで楽しめる。ビルドで作っても良い。

Recipe

ジン	4/5
ドライ・ベルモット	1/5
オリーブ	1個
レモン・ピール	1個

全材料と氷でステアしてオールド・ファッションド・グラスに注ぐ。レモン・ピールを絞りかけオリーブを飾る。

ミディアム・マティーニ
Medium Martini

2種のベルモットが
調和した見事な一杯

30度台	ステア
中口	
食前	

ドライ・ベルモットとスイート・ベルモットで作るマティーニ。マティーニ（P120）よりもスムーズな口当たりに仕上がる。

Recipe

ジン	40ml
ドライ・ベルモット	10ml
スイート・ベルモット	10ml
オリーブ	1個

材料すべてと氷でステアしてカクテル・グラスに注ぐ。

ミリオン・ダラー
Million Dollar

20度台	シェーク
甘口	
食後	

パイナップルの香りとジンのキレが魅力

横浜のホテルで考案され、豪華客船により世界中に広まった。菊池寛や広津和郎といった文化人ともゆかりが深い。名前や見た目は派手だが、味わいは優しい。

Recipe

ジン	3/5
スイート・ベルモット	1/5
パイナップル・ジュース	1/5
グレナデン・シロップ	1tsp
卵白	1個分
カット・パイナップル	1個

材料すべてと氷をシェーカーに入れ、シェークしてシャンパン・グラスに注ぐ。パイナップルを飾る。

121

ヨコハマ

Yokohama

オレンジ色で港の夕日を
ドライに表現

昭和初期から知られた歴史あるカクテル。
横浜に寄港する客船のバーが由来か。ジン
とウオッカをオレンジ・ジュースとグレナ
デン・シロップが優しく包み込む。

Recipe ―――――――――――――――

ジン	20ml
ウオッカ	10ml
オレンジ・ジュース	20ml
グレナデン・シロップ	10ml
アブサン	1dash

材料すべてと氷をシェーカーに入れ、シェークし
てカクテル・グラスに注ぐ。

ラッフルズ・スリング

Raffles Sling

華やかなシンガポール・スリング

シンガポール・スリング（P110）には同名の
レシピがあり、その一つ。トロピカルな印
象でパーティーなどにも向くビジュアル。

Recipe ―――――――――――――――

ジン	30ml
チェリー・リキュール	15ml
コアントロー	1tsp
ベネディクティンDOM	1tsp
アンゴスチュラ・ビターズ	1dash
ライム・ジュース	15ml
パイナップル・ジュース	120ml
グレナデン・シロップ	2tsps

材料すべてと氷をシェーカーに入れ、シェークし
てタンブラーに注ぐ。

10度台 シェーク
中口
オールデイ

ロイヤル・フィズ
Royal Fizz

ジン・フィズに卵を加え格調高く

ジン・フィズ（P109）に全卵を加えた贅沢な一杯で、どことなく王室のような気品が漂う。ふわっとした泡がアルコールの刺激を和らげ、しなやかな口当たりを実現。

Recipe

ジン	45ml
レモン・ジュース	20ml
砂糖	2tsps
全卵	1個
プレーン・ソーダ	適量

プレーン・ソーダ以外の材料をシェークしてタンブラーに注ぐ。氷を加え、冷やしたソーダを満たし軽くステアする。

20度台 ビルド
中口
オールデイ

ロング・アイランド・アイス・ティー
Long Island Iced Tea

4種のスピリッツが複雑に融合

アイス・ティーの味わいと色にも関わらず、紅茶は不使用。アルコール度数は高め。

Recipe

ジン	15ml	砂糖	1tsp
ウオッカ	15ml	コーラ	40ml
ホワイト・ラム	15ml	レモン・スライス	
テキーラ	15ml		1枚
ホワイト・キュラソー			
	2tsps		
レモン・ジュース	30ml		

飾りのレモン・スライス以外の材料を氷を入れたゴブレットに注ぎ、ステアする。レモンを飾る。

Vodka

ウオッカベース

ウオッカと相性の良い副材料と作れるカクテルの例

無味無臭の特性から、あらゆる副材料とマッチするウオッカ。
ベルモットやジュースとの組み合わせからはじめてみては。

ウオッカ	ウオッカ	ウオッカ
＋	＋	＋
マティーニをウオッカで	フィズ系を作るなら	トマトでさっぱり
ベルモット	グレープフルーツ・ジュース	トマト・ジュース
↓	↓	↓
洗練されたショートカクテル	ロングカクテルの定番	赤く美しい一杯
ウオッカ・マティーニ系	ソルティ・ドッグ系	ブラッディ・メアリー系
・ウオッカ・マティーニ ・ウオッカ・ギブソン　etc	・ソルティ・ドッグ ・シー・ブリーズ　etc	・ブラッディ・メアリー ・ブラッディ・ブル　etc

2-10度未満	シェーク
中口	
オールデイ	

アクア

Aqua

緑色の中でトニックの
泡が弾ける様子も楽しい

海を思わせる淡い青緑色は、宝石のアクア
マリンのよう。すがすがしいミントにトニ
ック・ウォーター独特の風味と泡が、ウオ
ッカを優しく包み込む。

Recipe ──────────────
ウオッカ...30ml
グリーン・ミント・リキュール.............20ml
ライム・ジュース...................................10ml
トニック・ウォーター.............................適量

材料すべてと氷をシェーカーに入れ、シェークし
てタンブラーなどに注ぐ。

40度台	ビルド
辛口	
食前	

ウオッカ・
アイスバーグ

Vodka Iceberg

氷山のような
ウオッカ＆アブサンの共演

アイスバーグは「氷山」の意。アメリカの
ジャーナリスト、ナンシー・バーグがエス
カイヤ誌の「有名人の作ったカクテル」と
いうコーナーに発表した一杯。

Recipe ──────────────
ウオッカ...60ml
アブサン...1dash

氷を入れたオールド・ファッションド・グラスに
材料すべてを注ぎステアする。

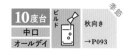

→P093

ウオッカ・アップル・ジュース

Vodka & Apple Juice

定番カクテルをリンゴでアレンジ

スクリュードライバー（P131）のバリエーションで、飲みやすいウオッカのアップル・ジュース割り。別名の「ビッグ・アップル」は、ニューヨーク市の愛称。

Recipe

ウオッカ	45ml
アップル・ジュース	適量

氷を入れたタンブラーに材料すべてを注ぎステアする。

ウオッカ・ギブソン

Vodka Gibson

ウオッカ・ベースで味わうギブソン

ギブソン（P103）のウオッカ版。ウオッカのすっきりとした味わいと、ドライ・ベルモットのほろ苦さが融合。パール・オニオンのアクセントが絶妙にマッチする。

Recipe

ウオッカ	50ml
ドライ・ベルモット	10ml
パール・オニオン	1個

材料すべてと氷でステアしてカクテル・グラスに注ぐ。パール・オニオンを飾る。

30度台
中甘辛口
食前
シェーク

ウオッカ・ギムレット

Vodka Gimlet

ギムレットをウオッカ・ベースで

ジン・ベースであるギムレット (P103) のベースをウオッカに替えた一杯。キレのあるドライテイストが特徴。フレーバード・ウオッカによる風味の変化も楽しい。

Recipe
ウオッカ	45ml
ライム・ジュース	15ml
砂糖	1tsp

材料すべてと氷をシェーカーに入れ、シェークしてカクテル・グラスに注ぐ。

30度台
甘口
オールデイ
シェーク

ウオッカ・スティンガー

Vodka Stinger

ミントが香るシャープなカクテル

ブランデー・ベースのスティンガー (P190) をウオッカに替えたもの。クリアなウオッカにミントの風味が加わった爽快な一杯。またの名をホワイト・スパイダー。

Recipe
ウオッカ	40ml
ホワイト・ミント・リキュール	20ml

材料すべてと氷をシェーカーに入れ、シェークしてカクテル・グラスに注ぐ。

ウオッカ・スリング
Vodka Sling

10度台 / **中口** / **オールデイ** / ビルド

ジン・スリングのベースをウオッカに

ジン・スリング（P108）のウオッカ版。クリアなウオッカの味が引き立つ。「スリング」の語源はドイツ語のSchlingen（飲み込む）が由来だとされる。

Recipe

ウオッカ	45ml
砂糖	1tsp
水かプレーン・ソーダ	適量

水かプレーン・ソーダ以外の材料をタンブラーに入れステア。氷を加え、冷やした水かプレーン・ソーダで満たしステア。

ウオッカ・トニック
Vodka Tonic

10度台 / **中口** / **オールデイ** / ビルド

ジン・トニックのウオッカ版

ジン・トニック（P108）のベースをウオッカに替えた一杯。クリアなウオッカがライムとトニック・ウォーターの風味をダイレクトに伝えてくれる。

Recipe

ウオッカ	45ml
カット・ライム	1個
トニック・ウォーター	適量

氷を入れたタンブラーにウオッカを注ぎ、冷やしたトニック・ウォーターを満たして軽くステアする。

ウオッカ・リッキー
Vodka Rickey

10度台 / **辛口** / **オールデイ** / ビルド

ライムと炭酸のコラボは暑い日に最適

ジン・リッキー（P110）のベースをウオッカに替えた一杯。甘みのない爽快な酸味がリッキーの特徴。マドラーでライムを潰して好みの酸味に調整できる。

Recipe

ウオッカ	45ml
ライム	1/2個
プレーン・ソーダ	適量

タンブラーにライムを絞り入れ、皮も入れる。氷を加えてウオッカを注ぎ、冷やしたプレーン・ソーダを満たす。

ウオッカ・マティーニ

Vodka Martini

ウオッカ・ベースの
マティーニ

マティーニ (P120) のベースをウオッカに替えて、よりドライに仕立てたレシピ。ウオッカティーニ、カンガルーとも呼ばれる。

Recipe

ウオッカ	4/5
ドライ・ベルモット	1/5
オリーブ	1個
レモン・ピール	1個

全材料と氷でステアしてカクテル・グラスに注ぐ。レモン・ピールを絞りオリーブを飾る。

コザック

Cossack

ウオッカ&ブランデーのWアルコールが強烈

帝政ロシア時代に騎兵隊としてロシア正規兵となった、勇猛で馬術に長けた遊牧民族。ウオッカとブランデーの力強い味わいにライムがアクセントとなる。

Recipe

ウオッカ	2/5
ブランデー	2/5
ライム・ジュース	1/5
砂糖	1tsp

材料すべてと氷をシェーカーに入れ、シェークしてカクテル・グラスに注ぐ。

コスモポリタン

Cosmopolitan

レモンとクランベリーでフルーティーに

「国際人」「世界共通」の意。洗練された色合いと、果実系の素材が織りなすフルーティーな風味が特徴。アメリカの人気ドラマの影響で女性に人気のカクテル。

Recipe

レモン・フレーバード・ウオッカ	30ml
コアントロー	10ml
ライム・ジュース	10ml
クランベリー・ジュース	10ml

材料すべてと氷をシェーカーに入れ、シェークしてカクテル・グラスに注ぐ。

ゴッドマザー
Godmother

30度台	ビルド	母の日
中口		
食後		→P092

「ゴッドファーザー」のウオッカ・ベース版

ゴッドファーザー（P177）のバリエーションで、ベースの
ウイスキーをウオッカに替えたもの。アマレットの優し
い風味がよりストレートに伝わる。

Recipe

ウオッカ	45ml
アマレット・リキュール	15ml

氷を入れたオールド・
ファッションド・グラ
スに材料すべてを注ぎ
ステアする。

シー・ブリーズ
Sea Breeze

10度台	シェーク
中口	
オールデイ	

グレープフルーツが海のそよ風のよう

80年代に人気を博したアメリカ西海岸発祥のカクテル。
グレープフルーツとクランベリーの風味がミックスされ
た、海のそよ風のように爽快な味わい。

Recipe

ウオッカ	20ml
グレープフルーツ・ジュース	20ml
クランベリー・ジュース	20ml

材料すべてと氷をシェ
ーカーに入れ、シェー
クする。氷を入れたロ
ック・グラスに注ぐ。

ジプシー・クイーン
Gypsy Queen

ハーブの香りとビターズの
苦みがマッチ

40度台	シェーク
中口	
オールデイ	

ジプシーとは、流浪の民として知られるロマ民族の俗称。
ベネディクティンの優しい甘みにビターズの苦みがアク
セントとして加わる。旅情を感じさせる一杯。

Recipe

ウオッカ	4/5
ベネディクティンDOM	1/5
アンゴスチュラ・ビターズ	1dash

材料すべてと氷をシェ
ーカーに入れ、シェー
クしてカクテル・グラ
スに注ぐ。

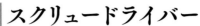

スクリュードライバー

Screwdriver

ウオッカをジュース感覚で
飲みやすく

10度台	ビルド
中甘辛口	
オールデイ	

ネジ回しの意。イランの油田で働くアメリカ人技師が、ウオッカとオレンジ・ジュースをネジ回しでステアしたのが由来とされている。別名「レディ・キラー」。

Recipe

ウオッカ	45ml
オレンジ・ジュース	適量

氷を入れたタンブラーに材料すべてを注ぎ、ステアする。

スレッジ・ハンマー

Sledge hammer

材料２つだけで作る
シンプル＆キレの一杯

30度台	シェーク
辛口	
食前	

その名は両手で扱う大きなハンマーを指し、転じて「強力」の意味を持つ。ベースとなるウオッカの個性が際立つ、強烈なパンチの効いた一杯。

Recipe

ウオッカ	50ml
ライム・ジュース（コーディアル）	10ml

材料すべてと氷をシェーカーに入れ、シェークしてカクテル・グラスに注ぐ。

セックス・オン・ザ・ビーチ

Sex on the Beach

映画「カクテル」で
一躍有名に

10度台	シェーク	カクテル →P090
甘口		
オールデイ		

映画「カクテル」に登場。セクシーな名前だが、ピーチの甘さとクランベリーの酸味のおかげで爽やかに飲める。

Recipe

ウオッカ	40ml
ピーチ・シュナップス	20ml
オレンジ・ジュース	40ml
クランベリー・ジュース	40ml

材料すべてと氷をシェーカーに入れ、シェークする。氷を入れたタンブラーに注ぐ。

ソルティ・ドッグ
Salty Dog

10度台
中口
オールデイ
ビルド

酸っぱく甘い味わいを塩が引き立てる

ソルティ・ドッグとは、塩まみれで働く船の甲板員を意味するスラング。すっきりと飲みやすい。塩のスノー・スタイルを省略するとブルドッグ（P136）となる。

Recipe

ウオッカ	45ml
グレープフルーツ・ジュース	適量
塩	適量

材料すべてと氷をシェーク。塩でスノー・スタイルにし、氷を入れたオールド・ファッションド・グラスなどに注ぐ。

タワーリシチ
Tovarisch

30度台
中辛口
オールデイ
シェーク

ロシア語で「同志」。ハーブとライムが爽快

ロシア語で「同志、仲間」の意。相手に対する呼びかけや敬称にも用いられる。個性的なキュンメルのハーブをライムの爽やかな風味が包み込む。

Recipe

ウオッカ	30ml
キュンメル	15ml
ライム・ジュース	15ml

材料すべてと氷をシェーカーに入れ、シェークしてカクテル・グラスに注ぐ。

チチ
chi-chi

2-10度未満
中口
オールデイ
シェーク

カット・パイナップルとチェリーで彩り良く

名前は「粋な」を意味するスラング。トロピカル・カクテルの定番。パイナップルやチェリーなどのフルーツをふんだんに飾って、華やかに仕上げる。

Recipe

ウオッカ	30ml
パイナップル・ジュース	80ml
ココナッツ・ミルク	45ml
カット・パイナップル	1個
マラスキーノ・チェリー	1個

飾り以外の材料をシェークし、クラッシュド・アイスを詰めたゴブレットに注ぐ。パイナップルとチェリーを飾る。

ツァリーヌ
Czarine

20度台 ステア
中口
オールデイ

ウオッカ&アプリコットでロシアの女帝気分

フランス語で、帝政ロシア時代の皇后の意。ドライ・ベルモットとアプリコット・リキュールによる芳醇な風味にビターズの苦みがアクセントとなる。

Recipe

ウオッカ	30ml
ドライ・ベルモット	15ml
アプリコット・リキュール	15ml
アンゴスチュラ・ビターズ	1dash

材料すべてと氷でステアしてカクテル・グラスに注ぐ。

バーバラ
Barbara

20度台 シェーク
甘口
食後

アレキサンダーのウオッカ版

バーバラは女性の名。アレキサンダー（P185）のバリエーションで、ベースはウオッカ。カカオと生クリームで味わいはチョコのよう。別名「ルシアン・ベア」。

Recipe

ウオッカ	30ml
ブラウン・カカオ・リキュール	15ml
生クリーム	15ml

材料すべてと氷を十分にシェークしてカクテル・グラスに注ぐ。

ハーベイ・ウォールバンガー
Harvey Wallbanger

10度台 ビルド
中口
オールデイ

オレンジの甘さをハーブがキリッと引き締める

カリフォルニアのサーファーだったハーベイが、敗戦の失意を紛らすために飲んだと言われる。千鳥足で壁を叩きながら帰る姿から「壁叩きのハーベイ」に!?

Recipe

ウオッカ	45ml
オレンジ・ジュース	適量
ガリアーノ・オーセンティコ	10ml

氷を入れたタンブラーに材料すべてを注ぎ、ステアする。

バラライカ

Balalaika

ウオッカとレモンで爽快に仕上げる

20度台 / 中甘辛口 / 食前 / シェーク / ドクトル・ジバゴ →P091 / 映画

シャープなウオッカにホワイト・キュラソーとレモン・ジュースの甘みと酸味が心地良い。三角形の胴を持つ3本弦からなるロシアの民族楽器がバラライカ。

Recipe

ウオッカ	30ml
ホワイト・キュラソー	15ml
レモン・ジュース	15ml

材料すべてと氷をシェーカーに入れ、シェークしてカクテル・グラスに注ぐ。

ファステスト・ブラッディ・メアリー

Fastest Bloody Mary

口に入れるとブラッディ・メアリー

40度台 / 中口 / オールデイ / ビルド

複数の食品を咀嚼することで味を完成させる「口内調理」を楽しめる。インパクトのある見た目ながら、ブラッディ・メアリー（P135）以上のフレッシュさだ。

Recipe

ウオッカ	60ml
カット・トマト	1個
塩・コショウ	少々

ショット・グラスにウオッカを注ぎ、グラスの上にトマトを乗せる。塩・コショウを振る。

ブラック・ルシアン

Black Russian

コーヒー風味で飲みやすいが度数は高め

30度台 / 甘口 / 食後 / ビルド

ネーミングはウオッカの本場ロシアとコーヒーの色からインスパイアされたもの。コーヒー・リキュールの飲みやすい口当たりだがアルコールは高め。

Recipe

ウオッカ	40ml
コーヒー・リキュール	20ml

氷を入れたオールド・ファッションド・グラスに材料すべてを注ぎ、軽くステアする。

ブラッディ・シーザー
Bloody Caesar

ハマグリの風味とトマトが
食欲をそそる

10度台 / ビルド
辛口
オールデイ

ブラッディ・メアリー（P135）のバリエーションで、トマト・ジュースをクラマト・ジュース（トマトとハマグリエキスのミックスジュース）に替えた一杯。

Recipe

ウオッカ	45ml
クラマト・ジュース	適量
レモン・ジュース	1tsp

氷を入れたタンブラーに材料すべてを注ぎステアする。

ブラッディ・ブル
Bloody Bull

10度台 / ビルド
中口
食前

ブラッディ・メアリー＋ブル・ショット

ブラッディ・メアリー（P135）とブル・ショット（P136）の2つのカクテルをミックス。旨味の効いたトマトの風味がヘルシーな冷製スープのような一杯。

Recipe

ウオッカ	45ml
レモン・ジュース	15ml
トマト・ジュース	適量
ビーフ・ブイヨン	適量

氷を入れたタンブラーに材料すべてを注ぎステアする。

ブラッディ・メアリー
Bloody Mary

味変も楽しい
トマト系カクテルの王道

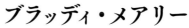

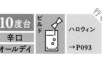

10度台 / ビルド / 行事
辛口
オールデイ

ハロウィン
→P093

ウオッカとトマト・ジュースにレモンの酸味を効かせた一杯。スティック・セロリを添えるのが定番。塩や胡椒、ウスターソースやタバスコでの味変も楽しい。

Recipe

ウオッカ	45ml
トマト・ジュース	適量
レモン・ジュース	1tsp
スティック・セロリ	適量

氷を入れたタンブラーに材料すべてを注ぎステアする。セロリを飾る。

ブル・ショット
Bull Shot

10度台	シェーク
辛口	
食前	

カクテルとスープの歴史的融合 →P089

レストラン発祥のスープのようなカクテル

ウオッカとコンソメの組み合わせ。デトロイトのレストラン経営者、グルーバー兄弟の作（1953年）といわれる。東京の老舗バーの伝統カクテルとしても名高い。

Recipe
ウオッカ	45ml
ビーフ・ブイヨン	適量

材料すべてと氷をシェーカーに入れ、シェークしてタンブラーなどに注ぐ。

ブルー・ラグーン
Blue Lagoon

20度台	シェーク
中口	
オールデイ	

ウオッカとレモンの魅惑のコラボ

青い湖の意。パリのハリーズ・バーのアンディ・マックルホルン氏による1960年の作品。プレーン・ソーダを加えたロング・ドリンク・スタイルもある。

Recipe
ウオッカ	30ml
ブルー・キュラソー	20ml
レモン・ジュース	20ml
マラスキーノ・チェリー	1個

材料すべてと氷をシェーカーに入れ、シェークしてカクテル・グラスに注ぐ。チェリーを飾る。

ブルドッグ
Bulldog

10度台	ビルド
中口	
オールデイ	

ソルティ・ドッグのスノー・スタイルを省略

ソルティ・ドッグ（P132）のバリエーションで、塩のスノー・スタイルをしないもの。さらに、テールレス・ドッグ、グレイハウンドなどと呼ぶこともある。

Recipe
ウオッカ	45ml
グレープフルーツ・ジュース	適量

材料すべてと氷をシェークする。氷を入れたオールド・ファッションド・グラスなどに注ぐ。

ボルガ

Volga

20度台　中口　オールデイ　シェーク

ジュース、ビターズ、シロップの一体感

ロシア連邦西部のバルダイ丘陵を源流とし、カスピ海に注ぐヨーロッパ最長の川の名。ライムの酸味にオレンジとグレナデンの甘さを感じるソフトな口当たり。

Recipe

ウオッカ	40ml
ライム・ジュース	10ml
オレンジ・ジュース	10ml
オレンジ・ビターズ	1dash
グレナデン・シロップ	2dashes

グレナデン・シロップ以外の材料をシェークして、グレナデン・シロップを入れておいたカクテル・グラスに静かに注ぐ。

ボルガ・ボートマン

Volga Boatman

20度台　中口　オールデイ　シェーク

ウオッカの強さにサクランボの香り

ボルガ川の船頭の意。オレンジとチェリーの芳醇な風味が特徴。チェリー・リキュールの替わりにキルシュワッサーを使ってさらにドライに仕上げてもよい。

Recipe

ウオッカ	20ml
チェリー・リキュール	20ml
オレンジ・ジュース	20ml

材料すべてと氷をシェーカーに入れ、シェークしてカクテル・グラスに注ぐ。

ホワイト・ルシアン

White Russian

30度台　甘口　食後　ビルド　ビッグ・リボウスキー →P091

ブラック・ルシアンの生クリームアレンジ

ブラック・ルシアン（P134）に生クリームをフロートしたアレンジ。ウオッカの刺激を生クリームが包み込む。

Recipe

ウオッカ	40ml
コーヒー・リキュール	20ml
生クリーム	適量

氷を入れたオールド・ファッションド・グラスにウオッカとリキュールを注ぎ、生クリームをフロートする。

メトロポリタン
Metropolitan

20度台　シェーク
中口
オールデイ

カシス風味ウオッカをさらにジューシーに

「大都市」「都会人」の意。カラント（カシス）の甘酸っぱい風味にジューシーな素材が絡まる洗練された味わい。同名の多様なレシピが存在する。

Recipe

カラント・ウオッカ	30ml
ホワイト・キュラソー	10ml
クランベリー・ジュース	10ml
ライム・ジュース	10ml

材料すべてと氷をシェーカーに入れ、シェークしてカクテル・グラスに注ぐ。

モスコー・ミュール
Moscow Mule

10度台　ビルド
中甘辛口
オールデイ

ミュール（ラバ）のキックのようなインパクト

「ミュール」とは動物のラバで、モスクワのラバの意。キックの強い飲み物という意味もある。ジンジャー・ビアを用いるのが本来のレシピ。

Recipe

ウオッカ	45ml
ライム・ジュース	15ml
カット・ライム	1個
ジンジャー・ビアー or	
ジンジャー・エール	適量

飾りのライム以外の材料をタンブラー（マグ）に注ぐ。氷を加えジンジャー・ビアー（エール）を満たしライムを飾る。

雪国
Yukiguni

30度台　シェーク　冬向き
甘口　　　　　　→P093
オールデイ

ウオッカとライムのコントラスト

1958年の寿屋カクテルコンクール第1位作品。生涯現役を貫いたバーテンダー、井山計一氏作。ネーミングの由来は当時店内に掛かっていた俳句から。

Recipe

ウオッカ	40ml
ホワイト・キュラソー	20ml
ライム・ジュース	10ml
ミント・チェリー	1個

材料すべてと氷をシェーカーに入れ、シェークする。砂糖でスノー・スタイルにしたカクテル・グラスに注ぎ、チェリーを飾る。

ルシアン
Russian

30度台
中甘辛口
食後
シェーク

カカオの甘い香りに、飲みすぎ注意報！

パンチのあるウオッカとジンを、口当たりの良いカカオ・リキュールで甘く包み込んだ一杯。飲み口は良好だからこそ飲みすぎ注意であることを忘れずに。

Recipe

ウオッカ	20ml
ジン	20ml
ブラウン・カカオ・リキュール	20ml

材料すべてと氷をシェーカーに入れ、シェークしてカクテル・グラスに注ぐ。

ロード・ランナー
Road Runner

20度台
甘口
食後
シェーク

アマレットとココナッツにナツメグが隠し味

アメリカの鳥「ミチバシリ」が名前の由来。ウオッカをベースにアーモンドの風味とまろやかなココナッツ・ミルクが融合しクリーミーな甘さに。

Recipe

ウオッカ	30ml
アマレット・リキュール	15ml
ココナッツ・ミルク	15ml
ナツメグ	適量

材料すべてと氷をシェーカーに入れ、シェークしてカクテル・グラスに注ぐ。ナツメグを振る。

ロベルタ
Roberta

20度台
中甘辛口
オールデイ
シェーク

チェリーとバナナのフルーティーな味わい

ロベルタは欧米圏における女性の名。ウオッカ、ドライ・ベルモット、チェリー・リキュールのベースに、カンパリとバナナ・リキュールで複雑な味わい。

Recipe

ウオッカ	20ml
ドライ・ベルモット	20ml
チェリー・リキュール	20ml
カンパリ	1dash
バナナ・リキュール	1dash

材料すべてと氷をシェーカーに入れ、シェークしてカクテル・グラスに注ぐ。

Rum

ラムベース

ラムと相性の良い副材料と作れるカクテルの例

ラムは甘い風味を活かしフルーツ・ジュースや
トニック・ウォーターと合わせると美味。
追求したい味わいに応じて副材料を選んでほしい。

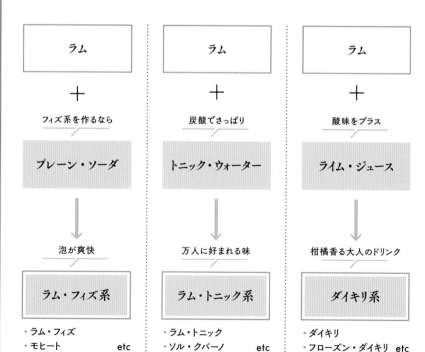

ラム	ラム	ラム
＋	＋	＋
フィズ系を作るなら	炭酸でさっぱり	酸味をプラス
プレーン・ソーダ	トニック・ウォーター	ライム・ジュース
泡が爽快	万人に好まれる味	柑橘香る大人のドリンク
ラム・フィズ系	ラム・トニック系	ダイキリ系

・ラム・フィズ
・モヒート　　　etc

・ラム・トニック
・ソル・クバーノ　　etc

・ダイキリ
・フローズン・ダイキリ　etc

エックス・ワイ・ジィ

X.Y.Z.

XYZで続きはないから
「最後のカクテル」

20度台
中甘辛口
食前
シェーク

ブランデー・ベースのサイド・カーをラム・ベースに替えたスタイル。アルファベットの終わり3文字から、これ以上はない最後のカクテルを意味している。

Recipe

ホワイト・ラム	30ml
ホワイト・キュラソー	15ml
レモン・ジュース	15ml

材料すべてと氷をシェーカーに入れ、シェークしてカクテル・グラスに注ぐ。

エル・プレジデンテ

El Presidente

大統領（プレジデンテ）に似合う
ラム＆オレンジの魅惑

20度台
中甘辛口
オールデイ
ステア

スペイン語で「大統領」「社長」の意。ベルモットの風味にオレンジ・キュラソーの甘みが加わったリッチな一杯。プレジデント（P148）とは別のカクテル。

Recipe

ホワイト・ラム	30ml
ドライ・ベルモット	15ml
オレンジ・キュラソー	15ml
グレナデン・シロップ	1dash

材料すべてと氷でステアしてカクテル・グラスに注ぐ。

キューバ・リバー

Cuba Libre

ライムの酸味が引き立つ
ラムのカクテル

10度台
中口
オールデイ
ビルド
キューバ
独立祝い
→P088

キューバ独立闘争の合言葉「キューバの自由」が由来。「キューバ・リブレ」とも呼ばれる。ラムとコーラの割合、ライムの量は好みでアレンジしたい。

Recipe

ホワイト・ラム	45ml
ライム・ジュース	10ml
コーラ	適量
カット・ライム	1個

氷入りタンブラーにラムとライム・ジュースを注ぎ、冷やしたコーラを満たしてステア。

クォーター・デッキ
Quarter Deck

20度台 / 辛口 / オールデイ / シェーク

ラムとシェリーの風味で船旅気分

船の後甲板のこと。「(高級船員や士官などの) お偉いさん」という意もある。ラムとシェリーの組み合わせにライムがアクセントとなった爽やかな一杯。

Recipe
ホワイト・ラム	40ml
フィノ・シェリー	20ml
ライム・ジュース	1tsp

材料すべてと氷をシェーカーに入れ、シェークしてカクテル・グラスに注ぐ。

グ ロ ッ グ
Grog

10度台 / 中口 / オールデイ / ビルド

ダークラムとレモンで作る冬の定番

イギリス海軍の船員にラム酒と水を配給したことに由来する。シナモン・スティックがよく合う。

Recipe
ダーク・ラム	45ml
レモン・ジュース	15ml
角砂糖	1個
レモン・スライス	1枚
シナモン・スティック	1本
熱湯	適量
クローブ	3〜4粒

温めたタンブラーにラム、レモン・ジュース、角砂糖とシナモン・スティックを入れて熱湯を注ぎステア。クローブ、レモン・スライスを飾る。

サンチャゴ
Santiago

30度台 / 中口 / オールデイ / シェーク

キューバを感じるラム&ライムのカクテル

ラムの産地であるキューバの都市「サンチャゴ」が由来。グレナデンとライムの風味がラムに合う。よく似たレシピにバカルディ・カクテル (P146) がある。

Recipe
ホワイト・ラム	60ml
グレナデン・シロップ	2dashes
ライム・ジュース	2dashes

材料すべてと氷をシェーカーに入れ、シェークしてカクテル・グラスに注ぐ。

ジャック・ター
Jack Tar

30度台 辛口 オールデイ シェーク

横浜発、強烈なラムのカクテル

船に防水用タール（tar）を塗ることから「船乗り」の意。
横浜の老舗バー「Windjammer（ウィンドジャマー）」発祥。
高アルコールの151プルーフ・ラム使用。

Recipe

151プルーフ・ラム	30ml
サザンカンフォート	25ml
ライム・ジュース（コーディアル）	25ml
カット・ライム	1個
クラッシュド・アイス	適量

飾りのライム以外の材料をシェークする。氷を入れたオールド・ファッションド・グラスに注ぎ、ライムを飾る。

シャンハイ
Shanghai

20度台 中口 オールデイ シェーク

アニスが香る東洋の魅力に満ちた一杯

中国の都市、上海の名を冠したいわゆる港町カクテル。
かつての上海は外国人居留地がありアジア有数の港湾都市だった。アニス香るエキゾチックな赤色が特徴。

Recipe

ダーク・ラム	30ml
アニゼット・リキュール	10ml
レモン・ジュース	20ml
グレナデン・シロップ	2dashes

材料すべてと氷をシェーカーに入れ、シェークしてカクテル・グラスに注ぐ。

スカイ・ダイビング
Sky diving

20度台 中口 オールデイ シェーク

ライムと空のような青さが心地良い

1967年ANBAカクテル・コンペティション優勝。ブルー・キュラソーの澄んだ色が青い大空を思わせる美しい一杯。ライムとキュラソーの甘酸っぱさがラムと合う。

Recipe

ホワイト・ラム	30ml
ブルー・キュラソー	20ml
ライム・ジュース（コーディアル）	10ml

材料すべてと氷をシェーカーに入れ、シェークしてカクテル・グラスに注ぐ。

Rum ラムベース

スコーピオン
Scorpion

20度台	シェーク
中口	
オールデイ	

ラムとブランデーの強烈な味わい

ハワイ生まれのカクテル。さそり座とゆかりの深い宝石であるトパーズ色を表現した「飲む宝石」のような美しさ。

Recipe

ホワイト・ラム	45ml
ブランデー	30ml
オレンジ・ジュース	20ml
レモン・ジュース	20ml
ライム・ジュース	15ml
オレンジ・スライス	1枚
マラスキーノ・チェリー	1個

飾り以外の材料をシェークし、クラッシュド・アイスを詰めたゴブレットに注ぐ。オレンジ・スライスとチェリーを飾る。

ソノラ
Sonora

30度台	シェーク
辛口	
食前	

レモンとアプリコットでクリアな辛口

ソノラは音響を意味するスペイン語。メキシコ北西部には同名の州がある。ラムとアップル・ブランデーの甘い風味が重なる、ドライでパンチのある一杯。

Recipe

ホワイト・ラム	30ml
アップル・ブランデー	30ml
アプリコット・リキュール	2dashes
レモン・ジュース	1dash

材料すべてと氷をシェーカーに入れ、シェークしてカクテル・グラスに注ぐ。

ソル・クバーノ
Sol Cubano

2-10度未満	ビルド
中口	
オールデイ	

「キューバの太陽」を意味する日本産カクテル

キューバの太陽の意。神戸「サヴォイ北野坂」の木村義久氏が考案し、1980年第1回トロピカル・カクテル・コンテストで1位を獲得した日本生まれのカクテル。

Recipe

ホワイト・ラム	40ml
グレープフルーツ・ジュース	40ml
トニック・ウォーター	適量

氷を入れたタンブラーに材料すべてを注ぎステアする。

ダイキリ
Daiquiri

30度台 シェーク
中甘辛口
オールデイ

キューバのダイキリ鉱山が由来

ラムの産地であるキューバの鉱山の名。ここで働くアメリカ人技師がラムにライム・ジュースを合わせて飲んだのが始まり。ラム・ベース・カクテルの代表格。

Recipe

ホワイト・ラム	45ml
ライム・ジュース	15ml
砂糖	1tsp

材料すべてと氷をシェーカーに入れ、シェークしてカクテル・グラスに注ぐ。

チャイニーズ
Chinese

30度台 シェーク
中口
食前

豊かなリキュールの風味にラムの力強さ

1グラスのラムにフルーツ系リキュールやビターズで風味をプラス。複雑な味わいの中に強烈なラムを感じられる。

Recipe

ダーク・ラム	60ml
オレンジ・キュラソー	2dashes
マラスキーノ・リキュール	2dashes
グレナデン・シロップ	2dashes
アンゴスチュラ・ビターズ	1dash
マラスキーノ・チェリー	1個
レモン・ピール	1個

材料すべてと氷をシェーカーに入れ、シェークしてカクテル・グラスに注ぐ。チェリーを飾り、レモン・ピールを絞る。

トム・アンド・ジェリー
Tom & Jerry

ラムとブランデーで作る
クリスマスの定番

10度台 ビルド
甘口
食後

アメリカ南部のクリスマス・ドリンクとして有名。

Recipe

ダーク・ラム	30ml
ブランデー	15ml
砂糖	2tsps
全卵	1個
熱湯	適量

卵黄と卵白を別々に泡立て、卵黄に砂糖を加えて泡立て、卵白を加える。ラムとブランデーを注ぎステアし温めたタンブラーに移す。

ニッカーボッカー・カクテル

Knickerbocker cocktail

柑橘の酸味とパイナップルの
甘みに和む

20度台
中口
オールデイ
シェーク

膝下で裾を絞ったズボンがニッカーボッカー。また生粋
のニューヨーカーをニッカーボッカーと呼ぶとか。

Recipe

ホワイト・ラム	45ml
レモン・ジュース	1tsp
オレンジ・ジュース	1tsp
パイナップル・ジュース	1tsp
ラズベリー・シロップ	1tsp

材料すべてと氷をシェーカーに入れ、シェークしてカクテル・グラスに注ぐ。

ネバダ

Nevada

20度台
中甘辛口
オールデイ
シェーク

ラムと柑橘、ビターズのドライな出合い

ラスベガスで有名なネバダ州は砂漠地帯。渇きを癒す一
杯として考案された。柑橘とビターズのフルーティーな
風味をホワイト・ラムが包み込む。

Recipe

ホワイト・ラム	3/5
ライム・ジュース	1/5
グレープフルーツ・ジュース	1/5
砂糖	1tsp
アンゴスチュラ・ビターズ	1dash

材料すべてと氷をシェーカーに入れ、シェークしてカクテル・グラスに注ぐ。

バカルディ・カクテル

Bacardi cocktail

NY高裁もバカルディ・
ラムで作ることに太鼓判

20度台
中口
オールデイ
シェーク
NY高裁
お墨付き
→P089
歴史

ラムで有名なバカルディ社のオリジナル・カクテル。
1936年4月ニューヨーク高裁は「このカクテルは、バカ
ルディ・ラムで作らねばならない」と裁決した。

Recipe

バカルディ・ホワイト・ラム	45ml
ライム・ジュース	15ml
グレナデン・シロップ	1tsp

材料すべてと氷をシェーカーに入れ、シェークしてカクテル・グラスに注ぐ。

ハバナ・ビーチ

Havana Beach

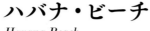

20度台 / シェーク
中口
オールデイ

キューバの首都名。パイナップルがトロピカル

ラムの産地キューバの首都名を冠したカクテル。ラムの風味にパイナップルのトロピカル・テイスト。カリビアン・ブルーの海が広がる浜辺で飲みたい一杯。

Recipe

ホワイト・ラム	30ml
パイナップル・ジュース	30ml
シュガー・シロップ	1tsp

材料すべてと氷をシェーカーに入れ、シェークしてカクテル・グラスに注ぐ。

ピニャ・カラーダ

Piña Colada

10度台 / シェーク
中口
オールデイ

パイレーツ・オブ・カリビアン →P091

パイナップルとココナッツで南国風

スペイン語で「パイナップルの茂る峠」を意味。1954年（1963年説も）、中米プエルトリコで考案された。

Recipe

ホワイト・ラム	30ml
パイナップル・ジュース	80ml
ココナッツ・ミルク	30ml
カット・パイナップル	1個
マラスキーノ・チェリー	1個

飾り以外の材料をシェークし、クラッシュド・アイスを詰めたゴブレットに注ぐ。パイナップルとチェリーを飾る。

プラチナ・ブロンド

Platinum Blonde

20度台 / シェーク
甘口
食後

ホワイト・キュラソーと生クリームが上品

ホワイト・ラム、ホワイト・キュラソー、生クリームの3つの白い材料からなる純白の色合いに気品が漂う。プラチナ・ブロンドとは、銀白色の髪色のこと。

Recipe

ホワイト・ラム	20ml
ホワイト・キュラソー	20ml
生クリーム	20ml

材料すべてと氷を十分にシェークしてカクテル・グラスに注ぐ。

プランターズ・カクテル
Planter's Cocktail

南国の恵みを感じる
オレンジ＆レモン

プランターは、南国のサトウキビ農園の主人やそこで働
く農民を指す。ラムの甘みにオレンジとレモンの酸味と
甘みが加わった南国生まれのジューシーな一杯。

Recipe

ホワイト・ラム	30ml
オレンジ・ジュース	30ml
レモン・ジュース	3dashes

材料すべてと氷をシェーカーに入れ、シェークしてカクテル・グラスに注ぐ。

ブルー・ハワイ
Blue Hawaii

ブルー・キュラソーとパイナップルが鮮やか

赤・黄・青が共演するカラフルでトロピカルなカクテル。
レモン・ジュースをココナッツ・ミルクに替えれば、ブ
ルー・ハワイアンという別のカクテルに。

Recipe

ホワイト・ラム	30ml
ブルー・キュラソー	15ml
パイナップル・ジュース	30ml
レモン・ジュース	15ml
カット・パイナップル	1個
マラスキーノ・チェリー	1個

飾り以外の材料をシェークし、クラッシュド・アイスを詰めたゴブレットに注ぐ。パイナップルとチェリー（とランの花）を飾る。

プレジデント
President

キューバの大統領にちなんで名付けられた一杯

大統領の意。甘酸っぱいオレンジ・ジュースとグレナデ
ン・シロップがラムの風味を引き立てる。スペイン語の
「エル・プレジデンテ」（P141）というレシピもある。

Recipe

ラム	45ml
オレンジ・ジュース	15ml
グレナデン・シロップ	2dashes

材料すべてと氷をシェーカーに入れ、シェークしてカクテル・グラスに注ぐ。

フローズン・ダイキリ

Frozen Daiquiri

クラッシュド・アイスで
作る夏向きカクテル

20度台 中口 オールデイ ブレンド ヘミングウェイが愛飲 →P091 作家

フローズン・タイプのダイキリ（P145）。1930年にキューバの鉱山で生まれたという説がある。

Recipe

ホワイト・ラム	40ml
ライム・ジュース	10ml
砂糖	2tsps
クラッシュド・アイス	3/4カップ
ミントの葉	適量

クラッシュド・アイスと材料すべてをブレンダーでブレンドし、シャンパン・グラスに移す。ミントを飾る。

フローズン・バナナ・ダイキリ

Frozen Banana Daiquiri

甘くて優しい、飲むスイーツ

20度台 中口 オールデイ ブレンド

バナナ・テイストのフローズン・ダイキリ。

Recipe

ホワイト・ラム	45ml
レモン or ライム・ジュース	20ml
シュガー・シロップ	1tsp
フレッシュ・バナナ	1/2本
クラッシュド・アイス	3/4カップ
ミントの葉	適量

クラッシュド・アイスと材料すべてをブレンダーでブレンドし、シャンパン・グラスに移す。ミントを飾る。

ヘミングウェイ・スペシャル

Hemingway Special

文豪が愛した、
ダイキリのバリエーション

20度台 中口 オールデイ シェーク

20世紀アメリカにおける代表的小説家の名を冠した一杯。ダイキリのアレンジで、同名のレシピは複数存在する。ラムの風味に柑橘系ジュースですっきりと。

Recipe

ゴールド・ラム	45ml
グレープフルーツ・ジュース	20ml
ライム・ジュース	10ml

材料すべてと氷をシェーカーに入れ、シェークしてサワー・グラスに注ぐ。

ポーラー・ショート・カット
Polar Short Cut

ダーク・ラムとチェリーで
華やかに

「北極の近道」の意。1957年、コペンハーゲン−東京間の
北極回り航路開設記念に開催されたコンテスト1位作品。
個性的な材料に驚くが、飲んで納得の美味。

Recipe

ダーク・ラム	15ml
ホワイト・キュラソー	15ml
チェリー・リキュール	15ml
ドライ・ベルモット	15ml

材料すべてと氷でステアしてカクテル・グラスに注ぐ。

ボストン・クーラー
Boston Cooler

都市の名がつく「シティ・カクテル」の代表格

スピリッツに柑橘系ジュースと甘みを加え、炭酸飲料を
満たすのがクーラー・スタイル。よく似たレシピにラ
ム・フィズ（P157）がある。

Recipe

ホワイト・ラム	45ml
レモン・ジュース	20ml
砂糖	1tsp
プレーン・ソーダ or ジンジャー・エール	適量

炭酸以外の材料をシェークしてタンブラーなどに注ぐ。氷を加え冷やした炭酸を満たし軽くステア。

ホット・バタード・ラム
Hot Buttered Rum

イギリスの定番
ホット・カクテル

ナショナル・
ホット・バター
ド・ラム・デー
→P093

英統治下インドのトディー（ヤシの樹液を発酵させて作る飲み
物）がルーツ。温めたトディにラムを加えたものが原型。

Recipe

ダーク・ラム	45ml
角砂糖	1個
バター	1片（角砂糖大）
熱湯	適量
レモン・スライス	1枚
シナモン・スティック	1本

温めたタンブラーに砂糖を入れ熱湯で溶かし、ラムを注ぎ熱湯を満たし、軽くステア。バターを浮かべ、シナモン・スティックを飾る。

ホット・バタード・ラム・カウ
Hot Buttered Rum Cow

ホット・バタード・ラムに
バターをON

10度台	ビルド
中口	
食後	

ホット・バタード・ラム（P150）はお湯割りだが、こちら
はホットミルク割り。寒い日や風邪気味なときの定番。

Recipe

ゴールド・ラム	30ml
ダーク・ラム	15ml
角砂糖	1個
バター	1片（角砂糖大）
牛乳（ホット）	適量
シナモン・スティック	1本

温めたタンブラーに砂
糖を入れ熱湯で溶かし、
ラムを注ぎ温めた牛乳
を満たし、軽くステア。
バターを浮かべ、シナ
モン・スティックを飾る。

マイアミ
Miami

ミントの清涼感で口の中がさっぱり

30度台	シェーク
辛口	
オールデイ	

ホワイト・ラムにミントの清涼感をプラス。ホワイト・
ミント・リキュールをホワイト・キュラソーに替えれば
マイアミ・ビーチ（P151）に。

Recipe

ホワイト・ラム	40ml
ホワイト・ミント・リキュール	20ml
レモン・ジュース	1/2tsp

材料すべてと氷をシェ
ーカーに入れ、シェー
クしてカクテル・グラ
スに注ぐ。

マイアミ・ビーチ
Miami Beach

30度台	シェーク
中口	
オールデイ	

常夏のリゾートに似合う

南国のリゾート地マイアミをイメージした一杯。アルコ
ール度数が高めで、パンチの効いた味わいが人気。リゾ
ート地で楽しむほか、パーティーシーンにも合う。

Recipe

ホワイト・ラム	40ml
ホワイト・キュラソー	20ml
レモン・ジュース	1/2tsp

材料すべてと氷をシェ
ーカーに入れ、シェー
クしてカクテル・グラ
スに注ぐ。

マイタイ *Mai Tai*

鮮やかなフルーツで華やかに

20度台　中口　オールデイ　シェーク

ポリネシア語で「最高」の意味。夏のパーティーに。

Recipe

ホワイト・ラム	45ml
オレンジ・キュラソー	1tsp
パイナップル・ジュース	2tsp
オレンジ・ジュース	2tsp
レモン・ジュース	1tsp
ダーク・ラム	2tsp
カット・パイナップル	1個
スライス・リンゴ	適量
マラスキーノ・チェリー	1個

飾りとラム以外の材料をシェークして、クラッシュド・アイスを詰めたゴブレットに注ぎ、ラムをフロート。フルーツを飾る。

ミリオネーア

Millionaire

ラムやフルーツの香りで大富豪気分

20度台　中口　食後　シェーク

ホワイト・ラムをベースに3種の甘みと酸味が加わる贅沢なカクテル。アクセントにグレナデン・シロップを。大富豪、百万長者を意味するリッチな味わい。

Recipe

ホワイト・ラム	15ml
スロー・ジン	15ml
アプリコット・リキュール	15ml
ライム・ジュース	15ml
グレナデン・シロップ	1dash

材料すべてと氷をシェーカーに入れ、シェークしてカクテル・グラスに注ぐ。

メアリー・ピックフォード

Mary Pickford

アメリカの女優の名がついた甘口の一杯

20度台　甘口　食後　シェーク

サイレント映画時代の大スター →P091

「アメリカの恋人」と呼ばれたサイレント映画時代の女優の名。甘酸っぱいパイナップルにグレナデンとマラスキーノの風味が加わった甘くソフトな口当たり。

Recipe

ホワイト・ラム	30ml
パイナップル・ジュース	30ml
グレナデン・シロップ	1tsp
マラスキーノ・リキュール	1dash

材料すべてと氷をシェーカーに入れ、シェークしてカクテル・グラスに注ぐ。

モヒート
Mojito

30度台	ビルド	夏向き
辛口		→P092
オールデイ		

季節

たっぷりミントを浸しライムで鮮烈に

炭酸水を注ぐだけでモヒートになるシロップや、モヒート専用に品種改良されたミントが誕生するほどの人気のモヒート。定番レシピで何度も作って楽しみたい。

Recipe

ゴールド・ラム	45ml
ライム	1/2個分
砂糖	2tsps
ミントの葉	10～15枚
プレーン・ソーダ	2tsp

タンブラーにライムを絞り、ミントと砂糖を入れ、ソーダを加えミントを潰す。氷、ラムを注ぎステア。ミントを飾る。

ラム・クーラー
Rum Cooler

10度台	シェーク
中口	
オールデイ	

ラム・ベースのクーラー・スタイル

ラムをベースにしたクーラー・スタイルのロング・ドリンク。ザクロの風味と鮮やかな赤色が特徴のグレナデン・シロップが入るので淡い赤色に。爽快な一杯。

Recipe

ホワイト・ラム	45ml
ライム・ジュース	20ml
グレナデン・シロップ	1tsp
プレーン・ソーダ	適量

プレーン・ソーダ以外の材料をシェークしてコリンズ・グラスに注ぐ。氷を加え、冷やしたソーダを満たし軽くステア。

ラム・クラスタ
Rum Crusta

30度台	シェーク
中口	
オールデイ	

ラムの甘さにレモンの香りが際立つ

マラスキーノ・リキュールで琥珀色に染まるラムの中に沈むレモン・ピールの黄色が印象的。さらに、砂糖でスノー・スタイルにすればため息が出そうな装いだ。

Recipe

ラム	60ml
マラスキーノ・リキュール	1tsp
レモン・ジュース	1tsp
アンゴスチュラ・ビターズ	1dash
スパイラル・レモン・ピール	1個分
砂糖	適量

砂糖でスノー・スタイルにしたワイン・グラスに、らせんむきのレモン・ピールを入れる。材料をシェークしグラスに注ぎ氷を加える。

153

ラム・コブラー
Rum Cobbler

30度台
辛口
オールデイ

オレンジ風味のラムが乾きを癒やす

コブラー・スタイル・カクテルのラム版。甘酸っぱいオレンジの風味がラムの風味にマッチし、飲みやすくなる。ラムの種類による味わいの違いも楽しみたい。

Recipe

ラム	60ml
オレンジ・キュラソー	1tsp
砂糖	1tsp
オレンジとレモンのスライス	1枚

材料すべてをゴブレットに注ぎステア。氷を加えステアし、オレンジなどの季節のフルーツを飾る。

ラム・コリンズ
Rum Collins

10度台
中口
オールデイ

ダーク・ラムのコリンズ・スタイル

トム・コリンズ（P113）のバリエーションで、ダーク・ラムのコリンズ・スタイル。レモンが効いてすっきり。ラムの種類を替えれば、風味の違いも堪能できる。

Recipe

ダーク・ラム	45ml
レモン・ジュース	20ml
砂糖	2tsps
マラスキーノ・チェリー	1個
レモン・スライス	1枚
プレーン・ソーダ	適量

氷を入れたコリンズ・グラスにソーダ以外の材料を注ぎステアし、冷やしたソーダを満たしステア。チェリーとレモンを飾る。

ラム・サワー
Rum Sour

20度台
中口
オールデイ

ラムをサワー・スタイルで気楽に味わう

ラムをレモンジュース、砂糖でシェークし、軽快なサワー・スタイルで。ラムはホワイト、ゴールドいずれでも。オレンジやチェリーでデコレーションも楽しめる。

Recipe

ラム	45ml
レモン・ジュース	20ml
砂糖	1tsp
カット・オレンジ	1個
マラスキーノ・チェリー	1個

材料すべてと氷をシェーカーに入れ、シェークしてサワー・グラスに注ぐ。オレンジとチェリーを飾る。

ラム・ジュレップ
Rum Julep

20度台 **中口** **オールデイ** **ビルド**

ホワイト＆ダークの2種使いでラムを満喫

ホワイト・ラムとダーク・ラムをベースにしたジュレップ・スタイルの一杯。砂糖と水でミントの葉を潰し、クラッシュド・アイスとラムを加える工程も楽しい。

Recipe

ホワイト・ラム	30ml
ダーク・ラム	30ml
砂糖	2tsps
水	30ml
ミントの葉	10〜15枚
マラスキーノ・チェリー	1個

グラスにミントと砂糖を入れ、水を注ぎステア。グラスにクラッシュド・アイスを詰めラムを注ぎステア。チェリーとミントを飾る。

ラム・スウィズル
Rum Swizzle

20度台 **甘口** **オールデイ** **ビルド**

ジュース＆スライスでライムに酔いしれる

スウィズル・スタイルは、スウィズル・スティックでかき混ぜ、グラスに霜が付くまで混ぜる。このレシピは、西インド諸島生まれのスウィズル・スタイルの王道。

Recipe

ホワイト・ラム	45ml
ライム・ジュース	20ml
砂糖	1tsp
アンゴスチュラ・ビターズ	1dash
ライム・スライス	1枚

クラッシュド・アイスを詰めたタンブラーに材料を注ぎ、マドラーなどでグラスに霜が付くまでかき混ぜる。ライムを飾る。

ラム・スマッシュ
Rum Smash

40度台 **中口** **オールデイ** **ビルド**

ラムの甘い風味にミントの香り

ラムの甘い風味とミントの香りが際立つ一杯。オレンジ・スライスが見た目のアクセントとなり、ラムの産地であるカリブ海の開放的な雰囲気が漂う。

Recipe

ラム	60ml
砂糖	1tsp
ミントの葉	適量
オレンジ・スライス	1枚

オールドファッションド・グラスでミントを潰し、ラムと砂糖を注ぎステアし、氷を入れさらにステア。オレンジを飾る。

ラム・デイジー
Rum Daisy

20度台 中口 オールデイ シェーク

デイジー・スタイルでラムを味わう

ベースのスピリッツにラムを用いたデイジー・スタイル・カクテル。レモンの酸味がラムの風味を際立たせる。グレナデンが染めるヒナギクのような色が格別だ。

Recipe

ラム	45ml
レモン・ジュース	20ml
グレナデン・シロップ	2tsps
カット・レモン	適量
ミントの葉	適量

材料すべてと氷をシェーカーに入れ、シェークしてクラッシュド・アイスを詰めたゴブレットに注ぐ。レモンとミントを飾る。

ラム・トニック
Rum Tonic

10度台 中口 オールデイ ビルド

ラムの銘柄を変えれば味の違いも楽しい

ジン・トニック（P108）のラム版。ラムとトニック・ウォーターの甘みをライムの爽やかさが包む。ベースのラムの種類を変えれば味わいの変化も楽しめる。

Recipe

ラム	45ml
カット・ライム	1個
トニック・ウォーター	適量

氷を入れたタンブラーにラムを注ぎ、冷やしたトニック・ウォーターを満たして軽くステアする。

ラム・バック
Rum Buck

10度台 中口 オールデイ ビルド

ライム・ジュースがラムの風味を引き立てる

ラムの種類やジンジャー・エールの甘さ・辛さによっても味わいが変わる。「スージー・テイラー」という別名があるが由来は不明というエピソードもオツである。

Recipe

ラム	45ml
ライム・ジュース	20ml
ジンジャー・エール	適量

氷を入れたタンブラーにラムとライム・ジュースを注ぎ、冷やしたジンジャー・エールを満たし、軽くステアする。

ラム・フィズ
Rum Fizz

10度台
中口
オールデイ

ラムのコクをフィズ・スタイルでさっぱりと

ラムをベースにしたフィズ・スタイルの一杯。ラムの甘みとコクを、レモンの風味とプレーン・ソーダが爽快な飲み口に仕上げてくれる。

Recipe

ラム	45ml
レモン・ジュース	20ml
砂糖	2tsps
プレーン・ソーダ	適量

プレーン・ソーダ以外の材料をシェークしてタンブラーに注ぐ。氷を加え、冷やしたソーダを満たし軽くステア。

ラム・フリップ
Rum Flip

40度台
中口
オールデイ

ラム・ベースのフリップ・スタイル

フリップ・スタイルとは酒に卵と甘みを加えたもの。濃厚な卵黄にラム独特の芳香が融合した一杯。使用するラムの種類により味わいも変化する。

Recipe

ダーク・ラム	45ml
砂糖	1tsp
卵黄	1個分
ナツメグ・パウダー	適量

材料すべてと氷を十分にシェークしてシャンパン・グラスに注ぐ。ナツメグを振る。

リトル・プリンセス
Little Princess

20度台
中口
食前

ポーカーとも呼ばれる伝統的カクテル

「幼い王女」を意味するかわいい名前だが、「ポーカー」の別名もある。ホワイト・ラムとスイート・ベルモットのハーフ＆ハーフ。

Recipe

ホワイト・ラム	30ml
スイート・ベルモット	30ml

材料すべてと氷でステアしてカクテル・グラスに注ぐ。

Rum ラムベース

Tequila

テキーラベース

テキーラと相性の良い副材料と作れるカクテルの例

ライム・ジュースの酸味を活かしマルガリータに。
トニック・ウォーターで割ってテキーラ・トニックなど
副材料次第で多彩なカクテルが作れる。

テキーラ	テキーラ	テキーラ
+	+	+
酸味を加えて	炭酸でさっぱり	マティーニをテキーラで
ライム・ジュース	トニック・ウォーター、ジンジャー・エール	ベルモット
↓	↓	↓
カクテルの王道	パーティーにも	定番ショートドリンク
マルガリータ系	テキーラ・トニック系	テキーラ・マティーニ系
・マルガリータ ・ブルー・マルガリータ etc	・テキーラ・トニック ・エル・ディアブロ etc	・テキーラ・マティーニ ・テキーラ・マンハッタン etc

20度台
中口
オールデイ
シェーク

アイスブレーカー
Icebreaker

グレープフルーツで
テキーラを飲みやすく

鮮やかな深紅のカクテル。名前は「砕氷船」
の意味だが転じて「雰囲気を和ませる」の
ような意味合いも。グレープフルーツの酸
味も、全体の味をよくまとめる。

Recipe

テキーラ	2/5
ホワイト・キュラソー	1/5
グレープフルーツ・ジュース	2/5
グレナデン・シロップ	1tsp

材料すべてと氷をシェーカーに入れ、シェークし
て、氷を加えたオールド・ファッションド・グラ
スに注ぐ。

10度台
中口
オールデイ
ビルド

アンバサダー
Ambassador

「大使」の意。
スクリュードライバーのテキーラ版

テキーラをベースにオレンジ・ジュースと
シュガー・シロップを加えて作るシンプル
なレシピ。テキーラの種類を替えながら飲
み比べるのも一興。

Recipe

テキーラ	45ml
オレンジ・ジュース	適量
砂糖	1tsp
オレンジ・スライス	1枚

オレンジ・スライス以外の材料を、氷を入れたタ
ンブラーに注ぎ、ステアする。オレンジ・スライ
スを飾る。

エバー・グリーン
Ever Green

ミントとパイナップルが爽快

グリーン・ミント・リキュールとミントの
葉のため、ビジュアルは植物のよう。口に
含むと、爽やかでフルーティーな風味の中
にガリアーノの香りが活きる。

Recipe ────────────
テキーラ	30ml
グリーン・ミント・リキュール	15ml
ガリアーノ	10ml
パイナップル・ジュース	90ml
カット・パイナップル	1個
ミントの葉	適量

飾り以外の材料をシェークし、クラッシュド・ア
イスを詰めたゴブレットに注ぐ。パイナップルと
ミントを飾る。

エル・ディアブロ
El Diablo

テキーラの刺激と
カシスの甘さが小悪魔系

スペイン語で「悪魔」の意味。妖艶な赤い
色とは対照的に飲み口は心地良いが、ジン
ジャーのスパイシーさとテキーラの風味が
立っており、確かに悪魔的魅力だ。

Recipe ────────────
テキーラ	30ml
クレームド・カシス	15ml
ジンジャー・エール	適量
レモン・ジュース	2tsps

氷を入れたコリンズ・グラスに材料すべてを注ぎ
ステア。ジンジャー・エールを満たして、軽くス
テアする。

コンチータ
Conchita

柑橘のフレッシュさがテキーラにマッチ

コンチータとは女性の名前。ラテン語で貝をとる人、の意もある。レモンとグレープフルーツの柑橘系ジュースの果実味が、テキーラによく似合う。

Recipe

テキーラ	30ml
グレープフルーツ・ジュース	20ml
レモン・ジュース	2tsps

材料すべてと氷をシェーカーに入れ、シェークしてカクテル・グラスに注ぐ。

サンライズ
Sunrise

バナナと生クリームでスイーツ感覚

テキーラ・ベースのクリーミーな一杯。バナナの甘い風味とアニス効くハーブ香のハーモニー。1965年オーストラリアン・カクテル・コンペティション 優勝作品。

Recipe

テキーラ	2/5
ガリアーノ・オーセンティコ	1/5
バナナ・リキュール	1/5
生クリーム	1/5
グレナデン・シロップ	1dash
レモン・ジュース	1dash

材料すべてと氷を十分にシェークしてカクテル・グラス（ゴブレット）に注ぐ。

シルク・ストッキングス
Silk Stockings

テキーラとクリームの
なめらかなコラボ

「絹の靴下」を意味するデザート・カクテル。ふわふわとした泡が愛らしいが、テキーラのボディ感がある。

Recipe

テキーラ	30ml
ブラウン・カカオ・リキュール	15ml
生クリーム	15ml
グレナデン・シロップ	1tsp
マラスキーノ・チェリー	1個

材料すべてと氷をシェーカーに入れ、シェークしてカクテル・グラスに注ぐ。

ストロー・ハット
Straw Hat

10度台 / 辛口 / オールデイ / ビルド

ブラッディ・メアリーのテキーラ版

ブラッディ・メアリー（P135）のバリエーションで、ベースをテキーラに替えた一杯。名前は麦わら帽子の意。本家同様に各種調味料でお好みのテイストに。

Recipe

テキーラ	45ml
トマト・ジュース	適量
レモン・ジュース	1tsp

氷を入れたタンブラーに材料すべてを注ぎステアする。

スロー・テキーラ
Sloe Tequila

20度台 / 辛口 / オールデイ / シェーク

辛口のテキーラにスロー・ジンの風味が漂う

テキーラにスロー・ジンとレモン・ジュースを加えた、甘酸っぱいカクテル。キュウリやセロリのスティックを添えるとアルコール感が和らぎ、見た目も美しくなる。

Recipe

テキーラ	30ml
スロー・ジン	15ml
レモン・ジュース	15ml

材料すべてと氷をシェーカーに入れてシェークし、クラッシュド・アイスを詰めたオールド・ファッションド・グラスに注ぐ。

テキーラ・サワー
Tequila Sour

20度台 / 中口 / オールデイ / シェーク

テキーラのサワー・スタイルで飲みやすい一杯

テキーラのキリッとしたアルコール感をサワー・スタイルで飲みやすく。ライムとチェリーを飾ると見た目も華やかになる。メキシコ料理に合わせたい。

Recipe

テキーラ	45ml
レモン・ジュース	20ml
砂糖	1tsp
ライム・スライス	1枚
マラスキーノ・チェリー	1個

材料すべてと氷をシェーカーに入れ、シェークしてサワー・グラスに注ぐ。ライムとチェリーを飾る。

テキーラ・サンセット
Tequila Sunset
夏の夕焼けのような
フローズン・カクテル

10度台 / 中口 / オールデイ / ブレンド

グラスの底に沈むグレナデン・シロップが夕日のよう。

Recipe

テキーラ	30ml
レモン・ジュース	30ml
グレナデン・シロップ	1tsp
クラッシュド・アイス	3/4カップ
レモン・スライス	1枚
ミントの葉	適量

クラッシュド・アイスと材料すべてをブレンダーでブレンドし、ゴブレットに移す。レモンを飾る。

テキーラ・サンライズ
Tequila Sunrise
オレンジとグレナデンの
朝焼け

10度台 / 中甘辛口 / オールデイ / ビルド / ミック・ジャガーが愛飲 →P090

1972年、メキシコ公演中のミック・ジャガーが愛飲して世界中で人気に。オレンジの風味でテキーラの角が取れる。朝焼けを思わせるグラデーションも美しい。

Recipe

テキーラ	45ml
オレンジ・ジュース	90ml
グレナデン・シロップ	2tsp

シャンパン・グラスにテキーラ、ジュースを注ぎ軽くステア。シロップを沈め、オレンジを飾る。

テキーラ・トニック
Tequila & Tonic

10度台 / 中口 / オールデイ / ビルド

別名「テコニック」。メキシコ五輪で有名に

ジン・トニック（P108）のベースをテキーラで。メキシコ・オリンピックで一躍有名に。最近は「テコニック」と縮めて称されることも。「T.N.T」とも呼ばれる。

Recipe

テキーラ	45ml
ライム・ピール（カット、スライスでも可）	1個
トニック・ウォーター	適量

氷を入れたタンブラーにテキーラを注ぎ、冷やしたトニック・ウォーターを満たして軽くステアする。

テキーラ・マティーニ
Tequila Martini

スパイシーなテキーラで
マティーニをよりドライに

30度台　辛口　食前　ステア

マティーニ（P120）のベースをテキーラに替えて、よりドライに仕立てたレシピ。ジン・ベースのマティーニとの飲み比べもまた一興。別名はテキーニ。

Recipe

テキーラ	4/5
ドライ・ベルモット	1/5
オリーブ	1個
レモン・ピール	1個

材料と氷でステアしてカクテル・グラスに注ぐ。レモン・ピールを絞りオリーブを飾る。

テキーラ・マンハッタン
Tequila Manhattan

複数のリキュールの
合わせ技

30度台　甘口　食前　ステア

マンハッタン（P182）のベースをテキーラに替えたレシピ。スイート・ベルモットとアンゴスチュラ・ビターズの風味が活きて本家とは違った味わいに。

Recipe

テキーラ	45ml
スイート・ベルモット	15ml
アンゴスチュラ・ビターズ	1dash
マラスキーノ・チェリー	1個

材料すべてと氷でステアしてカクテル・グラスに注ぐ。チェリーを飾る。

ピカドール
Picador

コーヒーとレモンの香りが楽しめる

30度台　中甘辛口　食後　ステア

スペインの闘牛場で競技前に馬上から槍で牛を突く役目の闘牛士のこと。コーヒー・リキュールの甘みと芳香に続いて、テキーラの風味が口中に広がる。

Recipe

テキーラ	30ml
コーヒー・リキュール	30ml
レモン・ピール	1個

材料すべてと氷でステアしてカクテル・グラスに注ぐ。

ブルー・マルガリータ

Blue Margarita

マルガリータを青色に
アレンジ

20度台
中口
オールデイ
シェーク

マルガリータ（P167）のホワイト・キュラソーをブルー・キュラソーに替えたバージョン。甘みと酸味がテキーラの風味を際立たせる、青く澄んだ美しい一杯。

Recipe

テキーラ	30ml
ブルー・キュラソー	15ml
ライム・ジュース	15ml
塩	適量

材料と氷をシェークする。塩でスノー・スタイルにしたカクテル・グラスに注ぐ。

ブレイブ・ブル

Brave Bull

30度台
甘口
食後
ビルド

ブラック・ルシアンのテキーラ版

勇敢な雄牛の意。口当たりの良いコーヒー・リキュールの芳香で飲みやすいがアルコールは高め。ブラック・ルシアン（P134）のテキーラ版。

Recipe

テキーラ	40ml
コーヒー・リキュール	20ml

氷を入れたオールド・ファッションド・グラスに材料すべてを注ぎ、軽くステアする。

フローズン・ストロベリー・マルガリータ

Frozen Strawberry Margarita

冷たい大人のごちそう

20度台
中口
オールデイ
ブレンド

甘酸っぱく、テキーラによる心地良い酔いも楽しめる。

Recipe

テキーラ	30ml
ストロベリー・リキュール	15ml
ライム・ジュース	15ml
砂糖	1tsp
クラッシュド・アイス	1カップ
ミントの葉	適量

クラッシュド・アイスと材料すべてをブレンドし、砂糖でスノー・スタイルにしたシャンパン・グラスに移す。ミントを飾る。

フローズン・マルガリータ

Frozen Margarita

フローズン・スタイルの
マルガリータ

30度台 中口 オールデイ ブレンド

愛らしい見た目だがパンチのあるさっぱりテイスト。

Recipe

テキーラ	30ml
ホワイト・キュラソー	15ml
ライム・ジュース	15ml
砂糖	1tsp
クラッシュド・アイス	1カップ
ミントの葉	適量

クラッシュド・アイスと材料すべてをブレンドし、砂糖でスノー・スタイルにしたシャンパン・グラスに移す。ミントを飾る。

ブロードウェイ・サースト

Broadway Thirst

ブロードウェイ観劇の余韻を
この一杯で堪能

20度台 中口 食後 シェーク

ロンドンのホテル「ザ・サヴォイ」発祥。サーストにはのどの渇き、熱望・切望といった意が。舞台芸術の殿堂ブロードウェイ観劇の興奮を癒やす一杯だ。

Recipe

テキーラ	30ml
オレンジ・ジュース	15ml
レモン・ジュース	15ml
砂糖	1tsp

材料すべてと氷をシェーカーに入れ、シェークしてカクテル・グラスに注ぐ。

マタドール

Matador

テキーラとパイナップルでリゾート気分

10度台 中口 オールデイ シェーク

スペイン語で「主役の闘牛士」を意味する一杯。トランプで「切り札」の意もある。テキーラのスパイシーさとパイナップルの甘さ、ライムの酸味が調和する。

Recipe

テキーラ	30ml
パイナップル・ジュース	45ml
ライム・ジュース	15ml

材料すべてと氷をシェーカーに入れ、シェークして、氷を加えたオールド・ファッションド・グラスに注ぐ。

マルガリータ
Margarita

亡き恋人を偲ぶ甘酸っぱいカクテル

アメリカのナショナル・カクテル・コンテスト1949年の入選作。作者の亡き恋人の名と言われている。ブルー・キュラソーを使うとブルー・マルガリータに。

Recipe
テキーラ	30ml
ホワイト・キュラソー	15ml
ライム・ジュース	15ml
塩	適量

材料すべてと氷をシェーカーに入れ、シェークする。塩でスノー・スタイルにしたカクテル・グラスに注ぐ。

メキシカン
Mexican

パイナップルとテキーラは暑い夏の日に似合う

メキシコ生まれのテキーラの個性に爽やかなパイナップル・ジュースを合わせた一杯。ロンドンのホテル「ザ・サヴォイ」のハリー・クラドック氏の創作。

Recipe
テキーラ	30ml
パイナップル・ジュース	30ml
グレナデン・シロップ	1dash

材料すべてと氷をシェーカーに入れ、シェークしてカクテル・グラスに注ぐ。

モッキンバード
Mockingbird

ミントの香りが鼻をくすぐる緑色のカクテル

アメリカ南部に生息する、マネシツグミという鳥の意。他の鳥の声をよく「まねる（mock）」ことからこの名がある。すっきりミントとライムの酸味が特徴。

Recipe
テキーラ	30ml
グリーン・ミント・リキュール	15ml
ライム・ジュース	15ml

材料すべてと氷をシェーカーに入れ、シェークしてカクテル・グラスに注ぐ。

Whiskey

ウイスキーベース

ウイスキーと相性の良い副材料と作れるカクテルの例

樽の香りを活かしてカクテル作りを楽しみたい。
ベルモットと合わせてシックなカクテルもいいが
ジュレップ・スマッシュ系も華やかで楽しい。

ウイスキー	ウイスキー	ウイスキー
＋	＋	＋
香草の風味付け	酸味をプラス	爽やかな香りに
ベルモット	レモン・ジュース	ミントの葉
↓	↓	↓
カクテルの女王	あらゆるシーンに	暑い日にどうぞ
マンハッタン系	ウイスキー・サワー系	ミントジュレップ系
・マンハッタン	・ウイスキー・サワー	・ミント・ジュレップ
・アフィニティ　　etc	・ウイスキー・デイジー etc	・ウィスキー・スマッシュ etc

2-10度未満	ビルド	寒い空港でシェフが乗客に →P088
中口		
食後		

アイリッシュ・コーヒー

Irish Coffee

ウイスキーの香りとコーヒーの苦味

アイルランド発祥のホット・ドリンク。コーヒーとクリームの2層の美しさ、香りと甘さが楽しめる一杯である。

Recipe

アイリッシュ・ウイスキー	30ml
砂糖	1tsp
コーヒー（ホット）	適量
生クリーム	適量

温めたワイン・グラスに砂糖、7分目までコーヒーを注ぎ、ウイスキーを加えて軽くステア。生クリームをフロートする。

20度台	シェーク
中口	
オールデイ	

アップ・トゥ・デイト

Up-to-Date

ライ・ウイスキーが華麗に変身

最新の、流行の、の意。ライ・ウイスキーの香ばしい風味にオレンジとビターズをプラス。クラシックなカクテルだが、誕生の際は革新的だったのかもしれない。

Recipe

ライ・ウイスキー	30ml
シェリー	30ml
オレンジ・キュラソー	2dashes
アンゴスチュラ・ビターズ	2dashes

材料すべてと氷をシェーカーに入れ、シェークしてカクテル・グラスに注ぐ。

Whiskey ウイスキーベース

169

アフィニティ
Affinity

20度台 / 中口 / 食前 / ステア

ウイスキー（英）とベルモット（仏&伊）の友好

その名は親しみや相性の良さを表す。イギリスのスコッチ、フランスのドライ・ベルモット、イタリアのスイート・ベルモットの「親近感」を現した一杯。

Recipe

スコッチ・ウイスキー	20ml
ドライ・ベルモット	20ml
スイート・ベルモット	20ml
アンゴスチュラ・ビターズ	2dashes

材料すべてと氷でステアしてカクテル・グラスに注ぐ。

インク・ストリート
Ink Street

20度台 / 中口 / オールデイ / シェーク

ライ・ウイスキーをオレンジ&レモンで爽快に

その名はアメリカ往年の印刷街からといわれる。北米産のライ・ウイスキーの刺激ある風味に柑橘の甘酸味をミックス。口当たりの良さから海外では人気の一杯。

Recipe

ライ・ウイスキー	30ml
オレンジ・ジュース	15ml
レモン・ジュース	15ml

材料すべてと氷をシェーカーに入れ、シェークしてカクテル・グラスに注ぐ。

インペリアル・フィズ
Imperial Fizz

10度台 / 中口 / オールデイ / シェーク

シンプル素材で
インペリアル（皇帝）の一杯

ウイスキーとラムが融合して高め合い、複雑で豊かな風味を醸し出す。ウイスキーもラムも上質を選択したい。

Recipe

ウイスキー	45ml
ホワイト・ラム	15ml
レモン・ジュース	20ml
砂糖	2tsps
プレーン・ソーダ	適量

プレーン・ソーダ以外の材料をシェークしてタンブラーに注ぐ。氷を加え、冷やしたソーダを満たし軽くステア。

ウイスキー・カクテル

Whisky Cocktail

ウイスキーの風味を一変する
黄金レシピ

40度台	ステア
中口	
食前	

ほぼウイスキーそのものといったカクテルだが、ストレートの味わいとは大きく異なる。わずかなビターズとシロップで、カクテルの醍醐味を味わえる。

Recipe

ウイスキー	60ml
アンゴスチュラ・ビターズ	1dash
シュガー・シロップ	1dash

材料すべてと氷でステアしてカクテル・グラスに注ぐ。

ウイスキー・クラスタ

Whiskey Crusta

レモンを効かせた
クラスタ・スタイル

30度台	シェーク
中口	
オールデイ	

普段ウイスキーを飲まない人にも親しみやすい姿に。

Recipe

ウイスキー	60ml
マラスキーノ・リキュール	1tsp
レモン・ジュース	1tsp
アンゴスチュラ・ビターズ	1dash
スパイラル・レモン・ピール	1個分
砂糖	適量

砂糖でスノー・スタイルにしたワイン・グラスに、らせんむきのレモン・ピールを入れる。材料をシェークしグラスに注ぎ氷を加える。

ウイスキー・コブラー

Whiskey Cobbler

コブラー・スタイル・カクテル
のウイスキー版

40度台	ビルド
辛口	
オールデイ	

「コブラー」は、靴直しの意。靴の修理屋がのどの渇きを癒やすための飲み物が評判になったとされる。ウイスキーにオレンジの風味がプラスされ口当たりも良い。

Recipe

ウイスキー	60ml
オレンジ・キュラソー	1tsp
砂糖	1tsp
オレンジとレモンのスライス	1枚

材料すべてをゴブレットに注ぎステア。氷を加えステアし、オレンジなどフルーツを飾る。

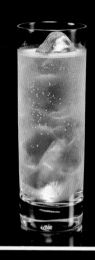

ウイスキー・コリンズ
Whisky Collins

ウイスキーとレモンの
爽快な味わい

10度台	ビルド
中口	
オールデイ	

またの名を「ジョン・コリンズ」とも。ウイスキーの風味にレモンの甘酸味が加わり爽快な喉越し。ウイスキーを変えて味わいの違いも楽しみたい。

Recipe

ウイスキー	45ml
レモン・ジュース	20ml
砂糖	2tsps
プレーン・ソーダ	適量

氷を入れたグラスにソーダ以外の材料を注ぎステアし、冷やしたソーダを満たしステア。

ウイスキー・サワー
Whisky Sour

レモンとウイスキーという
至高の組み合わせ

20度台	シェーク
中口	
オールデイ	

シンプルなレシピながら、レモンがウイスキーの風味を引き立てる絶妙なサワー・スタイル。ウイスキーを飲みやすくするので、ウイスキーに親しみたい人にも。

Recipe

ウイスキー	45ml
レモン・ジュース	20ml
砂糖	1tsp

材料すべてと氷をシェーカーに入れ、シェークしてサワー・グラスに注ぐ。

ウイスキー・スウィズル
Whisky Swizzle

ウイスキーの個性を引き立てる
黄金レシピ

20度台	ビルド
中口	
オールデイ	

アンゴスチュラ・ビターズがスパイシーなアクセント。スウィズル・スティックかマドラーは必ず添えたい。

Recipe

ウイスキー	45ml
ライム・ジュース	20ml
砂糖	1tsp
アンゴスチュラ・ビターズ	1dash
レモン・スライス	1枚

クラッシュド・アイスを詰めたタンブラーに材料を注ぎ、グラスに霜が付くまでかき混ぜる。レモンを飾る。

ウイスキー・スマッシュ

Whiskey Smash

砂糖で甘く仕上げた
ウイスキー・ドリンク

40度台
中口
オールデイ
ビルド

洗練された見た目のスマッシュ・スタイルの代表格。

Recipe
ウイスキー	60ml
砂糖	1tsp
ミントの葉	適量
オレンジ・スライス	1枚

オールドファッション
ド・グラスでミントを
潰し、ウイスキーと砂
糖を注ぎステアし、氷
を入れさらにステア。
オレンジを飾る。

ウイスキー・デイジー

Whiskey Daisy

ウイスキーで
デイジー・スタイルの一杯を

20度台
中口
オールデイ
シェーク

ビビッドな色が美麗。レモン・ジュースとグレナデン・
シロップの甘酸味がウイスキーの風味を増幅する。

Recipe
ウイスキー	45ml
レモン・ジュース	20ml
グレナデン・シロップ	2tsps
オレンジ・スライス	1枚
ミントの葉	適量

全材料と氷をシェーク
してクラッシュド・ア
イスを詰めたゴブレッ
トに注ぐ。レモンとミ
ントを飾る。

ウイスキー・トディー

Whiskey Toddy

レモンスライスを添えて
ウイスキーを満喫

10度台
中口
オールデイ
ビルド

派手さのない見た目ながら、味わいは洗練されのど越し
も良好で、どんなシーンにも合う。水や砂糖、レモンの
量を調整して自分好みの味を探る楽しみもある。

Recipe
ウイスキー	45ml
砂糖	1tsp
水	少量
レモン・スライス	1枚

タンブラーに砂糖を入
れ水で溶かし、ウイス
キーを注ぎ、冷水を満
たす。レモンを飾る。

ウイスキー・ハイボール

Whiskey Highball

バーや居酒屋の定番。
作って飲んで楽しい

名前や成立について謎が多いが、日本では1960年代に広く普及し、2000年代頃にブームが再来。ウイスキーはブレンデッドでもシングルモルトでも好みで。

Recipe

ウイスキー	45ml
プレーン・ソーダ	適量

氷を入れたタンブラーにウイスキーを注ぎ、冷やしたソーダを満たし、軽くステアする。

ウイスキー・ブレイザー

Whiskey Blazer

グラスから立ち上る炎に
大歓声必至

グラスに材料を入れ点火する、ブレイザー・スタイルの一杯。「blaze」は燃え上がるの意。甘みと柑橘を加えたウイスキーに炎が灯るが、強さはそのまま。

Recipe

ウイスキー	60ml
砂糖	1tsp
オレンジ・ピール	1個
レモン・ピール	1個

ウイスキーに砂糖を加え、オレンジピールとレモン・ピールを絞りかけ、火をつける。

ウイスキー・フロート

Whiskey Float

ストレート、ロック、水割りと
ウイスキーの味が変化

最初はウイスキーだけを味わい、次は氷とウイスキーを口に含みロック風に味わい、さらに飲み進めると口に入る水の割り合いが増え水割りの味が楽しめる。

Recipe

ウイスキー	45ml
水	適量

氷を入れたタンブラーに、冷やした水を7分目ほど注ぎ、ウイスキーを静かにフロート。

ウイスキー・ミスト
Whiskey Mist

霧で覆われたようになる
グラスも目の楽しみ

40度台 ／ 辛口 ／ オールデイ ／ ビルド

クラッシュド・アイスを使った飲み方で、ミストは「霧」（グラスに付く水滴の例え）の意。氷が溶けるごとに度数が下がり、変わりゆく味わいが楽しめる。

Recipe

ウイスキー...60ml

オールド・ファッションド・グラスにクラッシュド・アイスを詰め、ウイスキーを注ぎステア。

ウイスキー・リッキー
Whiskey Ricky

ライムと炭酸でウイスキーの
魅力を強調

10度台 ／ 辛口 ／ オールデイ ／ ビルド

1883年、リッキーという名のアメリカの政治家が考案したとされる。のちにジンを使ったジン・リッキー（P110）が有名になったが、歴史はこちらの方が古い。

Recipe

ウイスキー...45ml
ライム・ジュース............................1/2個分
プレーン・ソーダ.............................適量
カット・ライム.................................1個

タンブラーにジュースを入れる。氷を加えてウイスキーを注ぎ、冷やしたソーダを満たす。

オールド・パル
Old Pal

20度台 ／ 中口 ／ 食前 ／ ステア

カンパリの苦みが粋。禁酒法以前から存在

「古い仲間」の意。禁酒法前から愛されたクラシックな一杯。スパイシーなライ・ウイスキーにベルモットの辛口とカンパリのほろ苦さで重厚な味わい。

Recipe

ライ・ウイスキー............................20ml
ドライ・ベルモット.......................20ml
カンパリ...20ml

材料すべてと氷でステアしてカクテル・グラスに注ぐ。

オールド・ファッションド
Old Fashioned

アメリカン・ウイスキーの
深みと果実の香り

40度台
中口
食前
ビルド

「カクテル」が定義された1806年以前より存在したとか。

Recipe

ライ or バーボン・ウイスキー...	45ml
アンゴスチュラ・ビターズ.......	2dashes
角砂糖..........................	1個
オレンジ・スライス..............	1枚
レモン・スライス................	1枚
マラスキーノ・チェリー...........	1個

オールド・ファッションド・グラスに角砂糖を入れビターズを振る。氷、ウイスキーを注ぐ。オレンジ、レモン、チェリーを飾る。

オリエンタル
Oriental

見た目も風味も東洋の神秘

20度台
中口
オールデイ
シェーク

かつてフィリピンで熱病にかかったアメリカ人技師が、治療に当たった医師にお礼として贈ったカクテルとされる。材料が複雑に交わるもバランスの良い味わい。

Recipe

ライ・ウイスキー..................	2/5
スイート・ベルモット.............	1/5
ホワイト・キュラソー..............	1/5
ライム・ジュース.................	1/5

材料すべてと氷をシェーカーに入れ、シェークしてカクテル・グラスに注ぐ。

カウボーイ
Cowboy

バーボンと生クリームが奇跡的にマッチ

20度台
中口
食後
ビルド

名前の由来は材料に乳製品を使うことからと考えられる。バーボンと生クリームの意外な組み合わせだが、見事なまとまりとなる。牛乳を使うレシピもある。

Recipe

バーボン・ウイスキー..............	40ml
生クリーム......................	20ml

氷を入れたカクテル・グラス（オールド・ファッションド・グラス）に材料すべてを注ぎ、ステアする。

カリフォルニア・レモネード
California Lemonade

アメリカ生まれの
大人レモネード

10度台	シェーク
中口	
オールデイ	

ウイスキーはライやカナディアンでもOK。

Recipe

バーボン・ウイスキー	45ml
レモン・ジュース	20ml
ライム・ジュース	10ml
グレナデン・シロップ	1tsp
砂糖	1tsp
プレーン・ソーダ	適量

ソーダ以外の材料をシェークし、氷を入れたコリンズ・グラスに注ぎ、冷やしたソーダを満たし軽くステアする。

クロンダイク・クーラー
Klondike Cooler

ウイスキーとジンジャーの
見事な共演

10度台	ビルド
中口	
オールデイ	

ゴールドラッシュに沸いたカナダの金山をイメージ。

Recipe

ウイスキー	45ml
オレンジ・ジュース	20ml
スパイラル・オレンジ・ピール	1個分
ジンジャー・エール	適量

コリンズ・グラスにオレンジ・ピールを飾り、ウイスキー、ジュースと氷を入れる。冷やしたジンジャー・エールを満たし軽くステア。

ゴッドファーザー
Godfather

ウイスキー&アーモンド
の濃厚な大人向け

30度台	ビルド	映画
中口		ゴッドファーザー →P090
食後		

映画「ゴッドファーザー」にインスピレーションを受けて作られた一杯。テーマであるイタリアの家族愛にちなんで、イタリア産のアマレットを用いている。

Recipe

ウイスキー	45ml
アマレット・リキュール	15ml

氷を入れたタンブラーに材料すべてを注ぎステアする。

スコッチ・キルト
Scotch Kilt

40度台	ステア
中口	
食後	

スコッチとドランブイの魅力がマリアージュ

スコットランド男性の民族衣装で格子縞の膝丈スカート
のこと。もちろん材料はスコットランド産。ドランブイ
特有のハーブ風味がスコッチによく似合う。

Recipe

スコッチ・ウイスキー	40ml	材料すべてと氷でステ
ドランブイ	20ml	アしてカクテル・グラ
オレンジ・ビターズ	2dashes	スに注ぐ。
レモン・ピール	1個	

チャーチル
Churchill

30度台	シェーク
中口	
オールデイ	

ウイスキーにライムの酸味がフィット

イギリスの名宰相、サー・ウィンストン・チャーチルを
リスペクトした一杯。香り高いスコッチに、爽やかな甘
酸味をミックスした上品な口当たり。

Recipe

スコッチ・ウイスキー	30ml	材料すべてと氷をシェ
ホワイト・キュラソー	10ml	ーカーに入れ、シェー
スイート・ベルモット	10ml	クしてカクテル・グラ
ライム・ジュース	10ml	スに注ぐ。

ドライ・マンハッタン
Dry Manhattan

定番マンハッタンの
辛口アレンジ

30度台	ステア
辛口	
食前	

カクテルの女王、マンハッタン（P182）をより辛口にした
バリエーション。ベースのウイスキーを増量し、スイー
ト・ベルモットをドライ・ベルモットに替えた。

Recipe

ライ・ウイスキー	4/5	材料すべてと氷でステ
ドライ・ベルモット	1/5	アしてカクテル・グラ
アンゴスチュラ・ビターズ	1dash	スに注ぐ。チェリーを
マラスキーノ・チェリー	1個	飾る。

ニューヨーク
New York

30度台
中口
オールデイ

甘酸っぱく爽快。ウイスキーはアメリカ産で

アメリカ・ニューヨークの名を冠した一杯。ベースのウイスキーには、ライかバーボンを使いたい。ライムの酸味がアクセントになりグレナデンの赤が映える。

Recipe

ライ・ウイスキー	45ml
ライム・ジュース	15ml
グレナデン・シロップ	1tsp
オレンジ・ピール	1個

材料すべてと氷をシェーカーに入れ、シェークしてカクテル・グラスに注ぐ。

ハイ・ハット
High Hat

20度台
中口
オールデイ

バーボンにチェリーの香りを移して贅沢に

「シルク・ハット」のことを指すが、スラングでは「気取り屋」の意も。重厚なバーボンの風味にチェリーとレモンで甘酸味を加えフルーティーな飲み口に。

Recipe

バーボン・ウイスキー	35ml
チェリー・ブランデー	10ml
レモン・ジュース	15ml

材料すべてと氷をシェーカーに入れ、シェークしてカクテル・グラスに注ぐ。

ハイランド・クーラー
Highland Cooler

スコッチの魅力を高める
優雅な一杯

10度台
中口
オールデイ

ジンジャーとレモンが快く、ビターズの苦味も良好。

Recipe

スコッチ・ウイスキー	45ml
レモン・ジュース	15ml
砂糖	1tsp
アンゴスチュラ・ビターズ	2dashes
ジンジャー・エール	適量

ジンジャー・エール以外の材料をシェークしてタンブラーに注ぐ。氷を加え、冷やしたジンジャー・エールを満たし軽くステア。

バノックバーン
Bannockburn

20度台	シェーク	独立の ための 戦いの名 →P089
辛口		
オールデイ		

ブラッディ・メアリーのスコッチ・ウイスキー版

バノックバーンの戦いの舞台として知られる、英国スコットランド中部の村の名。その名の由来から、スコッチ・ウイスキーを用いるのがポイント。

Recipe

スコッチ・ウイスキー	30ml
トマト・ジュース	25ml
レモン・ジュース	1tsp

材料すべてと氷をシェーカーに入れ、シェークしてカクテル・グラスに注ぐ。

ハリケーン
Hurricane

20度台	シェーク
中口	
オールデイ	

ウイスキーとジンの強烈タッグ

「大暴風」とまではいかないが強めの一杯。ウイスキーとジンを合わせた強いベースにミントとレモンの爽快感をミックス。4つの材料が同量なので覚えやすい。

Recipe

ウイスキー	15ml
ジン	15ml
ホワイト・ミント・リキュール	15ml
レモン・ジュース	15ml

材料すべてと氷をシェーカーに入れ、シェークしてカクテル・グラスに注ぐ。

ハンター
Hunter

30度台	ステア
中口	
オールデイ	

ライ・ウイスキーをチェリーが引き立てる

その名の真意は「都会の夜をさまよう狩人」といったところか。スパイシーなライ・ウイスキーに甘酸っぱいチェリー・リキュールがバランスよく混ざり合う。

Recipe

ライ・ウイスキー	45ml
チェリー・リキュール	15ml

材料すべてと氷でステアしてカクテル・グラスに注ぐ。

ブルックリン
Brooklyn

ベルモットとアメール・ピコンが大人仕様

マンハッタンの対岸の街。スパイシーなライ・ウイスキーにドライ・ベルモットを加え、ビターなアメール・ピコンとマラスキーノがアクセントになっている。

Recipe

ライ・ウイスキー	40ml	材料すべてと氷をシェーカーに入れ、シェークしてカクテル・グラスに注ぐ。
ドライ・ベルモット	20ml	
アメール・ピコン	1dash	
マラスキーノ・リキュール	1dash	

ホール・イン・ワン
Hole in One

30度台
辛口
オールデイ
シェーク

フレッシュな柑橘とベルモットの風味がマッチ

1打でカップ・インするという意のゴルフ用語。マンハッタン（P182）のアレンジともいえる。柑橘系ジュースでアクセントを付けたドライテイストの一杯。

Recipe

ウイスキー	40ml	材料すべてと氷をシェーカーに入れ、シェークしてカクテル・グラスに注ぐ。
ドライ・ベルモット	20ml	
レモン・ジュース	2dashes	
オレンジ・ジュース	1dash	

ホット・ウイスキー・トディー
Hot Whiskey Toddy

シナモン・スティックで
かき混ぜ味わう

10度台
中口
食後
ビルド

ウイスキー・トディー（P173）をホットでどうぞ。

Recipe

ウイスキー	45ml	タンブラーに砂糖を入れ湯で溶かし、ウイスキーを注ぎ、熱湯を満たす。レモン・スライスとシナモン・スティックを飾る。
砂糖	1tsp	
熱湯	少量	
レモン・スライス	1枚	
シナモン・スティック	1本	

ボビー・バーンズ
Bobby Burns

ベネディクティンDOMが隠し味

ウイスキーを愛したスコットランドの国民的詩人の名を冠した一杯。爽やかなハーブと濃厚な甘さのベネディクティンが効く。ロブ・ロイ（P183）に似たカクテル。

Recipe

スコッチ・ウイスキー	40ml
スイート・ベルモット	20ml
ベネディクティンDOM	1tsp
レモン・ピール	1個

材料すべてと氷でステアしてカクテル・グラスに注ぐ。レモン・ピールを絞りかける。

マミー・テイラー
Mamie Taylor

10度台 / 中口 / オールデイ / ビルド

スコッチにレモンの香りをプラス

1899年にNYで考案され、ブロードウェイの歌手にちなみ名付けたとされる。スコッチ・バックという別名の通りスコッチ・ウイスキーで作るのがセオリー。

Recipe

スコッチ・ウイスキー	45ml
レモン・ジュース	20ml
ジンジャー・エール	適量

氷を入れたタンブラーに、ジンジャー・エール以外の材料を注ぐ。冷やしたジンジャー・エールを満たし、軽くステア。

マンハッタン
Manhattan

30度台 / 中口 / 食前 / ステア / お熱いのがお好き →P091

ドライなライ・ウイスキーにベルモットが融合

「カクテルの女王」として古くから世界中で愛される一杯で、バリエーションも豊富。スイート・ベルモットの甘い風味がウイスキーを優しく包み込む。

Recipe

ライ・ウイスキー	45ml
スイート・ベルモット	15ml
アンゴスチュラ・ビターズ	1dash
マラスキーノ・チェリー	1個

材料すべてと氷でステアしてカクテル・グラスに注ぐ。チェリーを飾る。

ミント・ジュレップ
Mint Julep

バーボンとミントの
心地良い調和

30度台	ビルド	ケンタッキー
中口		ダービー
オールデイ		→P092

ミントの香りが、バーボン・ウイスキーのコクを強調。

Recipe

バーボン・ウイスキー	60ml
砂糖	2tsps
ミントの葉	10〜15枚
マラスキーノ・チェリー	1個
オレンジ・スライス	1枚
水 or プレーン・ソーダ	10ml

コリンズ・グラスにミントと砂糖を入れ、水またはソーダを注ぎステア。砂糖を溶かしミントを潰す。グラスにクラッシュド・アイスを詰めウイスキーを注ぎステア。ミントを飾る。

ラスティ・ネイル
Rusty Nail

40度台	ビルド
甘口	
オールデイ	

秘酒ドランブイとスコッチの融合

「錆びた釘」の意。スコットランド王家の秘酒ドランブイとスコッチ・ウイスキーを合わせ、スコットランドの空気を感じさせる。蜂蜜やハーブの香りが特徴的だ。

Recipe

ウイスキー	40ml
ドランブイ	20ml

材料すべてを、氷を入れたオールド・ファッションド・グラスに注ぎ、ステアする。

ロブ・ロイ
Rob Roy

30度台	ステア	赤毛の
中口		ロバート
食前		（ロブ・ロイ）
		→P089

ベルモットとビターズでスコッチを彩る

スコットランドで英雄視された義賊、「赤毛のロバート」のこと。マンハッタン（P182）のバリエーションで、ベースにスコッチ・ウイスキーを使用。

Recipe

スコッチ・ウイスキー	45ml
スイート・ベルモット	15ml
アンゴスチュラ・ビターズ	1dash
マラスキーノ・チェリー	1個

材料すべてと氷でステアしてカクテル・グラスに注ぐ。チェリーを飾る。

Brandy

ブランデーベース

ブランデーと相性の良い副材料と作れるカクテルの例

シャンパンやジュースなどと合わせると
軽やかなドリンクに変身。ベルモットと組み合わせて
クラシックなカクテルを楽しむのも良い。

ブランデー	ブランデー	ブランデー
＋	＋	＋
炭酸をプラス	コクや深みをプラス	フルーツの香りづけ
シャンパン	ベルモット	オレンジ・ジュース
↓	↓	↓
気分が上がる一杯	ショートで小粋に	甘口＆ジューシー
シカゴ系	アメリカン・ビューティー系	オリンピック系
・シカゴ ・シャンパン・ピック・ 　ミィ・アップ　　　etc	・アメリカン・ビューティー ・キャロル　　　　　etc	・オリンピック ・カルバドス・カクテル etc

アメリカン・ビューティー

American Beauty

ポート・ワインの赤色が
バラのように美しい

10度台 / 中口 / オールデイ / シェーク

材料を贅沢に用いて複雑に重なり合う風味はまさにバラ。

Recipe

ブランデー	15ml
ドライ・ベルモット	15ml
グレナデン・シロップ	15ml
オレンジ・ジュース	15ml
ホワイト・ミント・リキュール	1dash
ポート・ワイン	適量

ポート・ワイン以外の材料をシェークし、カクテル・グラスに注ぎ、少量のポート・ワインをフロートする。

Brandy ブランデーベース

アレキサンダー

Alexander

王妃に似合う
チョコムースのような1品

20度台 / 甘口 / 食後 / シェーク / 歴史 イギリス王室にゆかり →P088

イギリス国王エドワード7世のアレキサンドラ王妃に捧げられた一杯。クリーミーなデザート・カクテル。

Recipe

ブランデー	30ml
ブラウン・カカオ・リキュール	15ml
生クリーム	15ml
ナツメグ	適量

材料すべてと氷を十分にシェークしてカクテル・グラスに注ぐ。

エッグ・ノッグ

Eggnogg

10度台 / 中口 / 食後 / シェーク / 行事 クリスマス →P093

卵のコクとナツメグの香りが楽しい

イギリスで生まれ、アメリカに伝わり、クリスマスや新年の飲み物として普及。冬のパーティーや家族団らんに似合う、とろけるような口当たりのカクテルだ。

Recipe

ブランデー	30ml
ダーク・ラム	15ml
全卵	1個
砂糖	2tsps
牛乳	適量
ナツメグ・パウダー	適量

牛乳以外の材料と氷をシェーカーに入れ、シェークしてタンブラーに注ぐ。冷やした牛乳を注ぎ、ナツメグ・パウダーを振る。

オリンピック
Olympic

20度台
中口
オールデイ

ブランデー&オレンジのパリ五輪記念で誕生

1924年のパリオリンピック開催記念として、パリの高級ホテル「ホテル・リッツ」で誕生。甘酸っぱいオレンジの風味と、ブランデーの芳醇な風味は名コンビだ。

Recipe

ブランデー	20ml
オレンジ・キュラソー	20ml
オレンジ・ジュース	20ml

材料すべてと氷でステアしてカクテル・グラスに注ぐ。

カルバドス・カクテル
Calvados Cocktail

アップル・ブランデー「カルバドス」を堪能

20度台
中口
オールデイ

カルバドス県産のアップル・ブランデーに、オレンジ系のリキュールとジュースにより柑橘系の豊かな香りが立つ。

Recipe

アップル・ブランデー（カルバドス）	20ml
ホワイト・キュラソー	10ml
オレンジ・ビターズ	10ml
オレンジ・ジュース	20ml

材料すべてと氷をシェーカーに入れ、シェークしてカクテル・グラスに注ぐ。

キャロル
Carol

30度台
中口
食前

ブランデー・ベースのマンハッタン。

マンハッタン（P182）のバリエーションで、「賛歌」を意味する。ブランデーの芳醇な風味にスイート・ベルモットの甘みをミックス。飲みやすいが度数は高め。

Recipe

ブランデー	40ml
スイート・ベルモット	20ml

材料すべてと氷でステアしてカクテル・グラスに注ぐ。

キューバン・カクテル

Cuban Cocktail

ブランデーと果実の絶妙な
ハーモニー

20度台
中口
オールデイ
シェーク

キューバ人のカクテルの意。芳醇なブランデーにアプリ
コットの穏やかな甘みをプラス。ライムがすっきりとし
た印象を与える。とても飲みやすく美しい一杯。

Recipe

ブランデー	30ml
アプリコット・リキュール	15ml
ライム・ジュース	15ml

材料すべてと氷をシェーカーに入れ、シェークしてカクテル・グラスに注ぐ。

クラシック

Classic

オレンジ&チェリーの果実味があふれる

20度台
甘口
食後
シェーク

マラスキーノとオレンジの甘酸味がブランデーと融合す
ると、芳醇な風味も際立つ。歴史あるカクテルだが現代
的なセンスがあり、古さを感じさせない。

Recipe

ブランデー	30ml
オレンジ・キュラソー	10ml
マラスキーノ・リキュール	10ml
レモン・ジュース	10ml
砂糖	適量

材料すべてと氷をシェーカーに入れ、シェークする。砂糖でスノー・スタイルにしたカクテル・グラスに注ぐ。

コープス・リバイバー

Corpse Reviver

香りで死者（コープス）も
よみがえる？

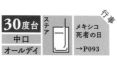

30度台
中口
オールデイ
ステア
メキシコ
死者の日
→P093
行事

「死者を蘇らせる者」を意味する。2種のブランデーから
なる芳醇な風味にスイート・ベルモットが溶けあう。リ
バイバーには、「迎え酒」の意も。

Recipe

ブランデー	30ml
アップル・ブランデー	15ml
スイート・ベルモット	15ml
レモン・ピール	1個

材料すべてと氷でステアしてカクテル・グラスに注ぐ。レモン・ピールを絞りかける。

サイド・カー
Sidecar

ブランデーと柑橘が寄り添い合う

ブランデー・ベース・カクテルの代表格。名前はオートバイの側車の意。ブランデーと柑橘系の風味がバランスよく調和する。ブランデーの香味を強める処方が人気。

Recipe

ブランデー	30ml
ホワイト・キュラソー	15ml
レモン・ジュース	15ml

材料すべてと氷をシェーカーに入れ、シェークしてカクテル・グラスに注ぐ。

シカゴ
Chicago

ブランデー・カクテルにシャンパンを加えて

19世紀から存在するとされるクラシックなカクテル。シャンパン・グラスに砂糖でスノー・スタイルにした縁をつけると、パーティー向きの華やかな装いに。

Recipe

ブランデー	45ml
オレンジ・キュラソー	2dashes
アンゴスチュラ・ビターズ	1dash
シャンパン	適量

シャンパン以外の材料をシェークして、砂糖のスノー・スタイルにしたシャンパン・グラスに注ぐ。冷やしたシャンパンを満たす。

ジャック・ローズ
Jack Rose

アップル・ブランデーにライムの香りを添えて

アメリカではアップル・ブランデーを「アップル・ジャック」と呼ぶ。アップル・ジャックで作るローズ色のカクテルが名前の由来。カルバドスが多用される。

Recipe

アップル・ブランデー	30ml
ライム・ジュース	15ml
グレナデン・シロップ	15ml

材料すべてと氷をシェーカーに入れ、シェークしてカクテル・グラスに注ぐ。

シャンゼリーゼ

Champs-Élysées

ブランデーとリキュールで
パリを感じたい

フランスを象徴するパリのシャンゼリゼを
名乗るこのカクテルは、どちらもフランス
産のブランデーとシャルトリューズを用い
る。増幅した芳香が華やかな一杯。

Recipe

ブランデー	3/5
シャルトリューズ・ジョーヌ（黄）	1/5
レモン・ジュース	1/5
アンゴスチュラ・ビターズ	1dash

材料すべてと氷をシェーカーに入れ、シェークし
てカクテル・グラスに注ぐ。

10度台
中口
オールデイ
シェーク

シャンパン・
ピック・ミィ・アップ

Champagne Pick-Me-Up

グレナデンの甘さに気分上々

「ピック・ミィ・アップ」は元気付けの一杯
の意。シャンパンの発泡感とオレンジの香
りが気分を高めてくれるので、パーティー
やお祝いの席、デートなどに。

Recipe

ブランデー（コニャック）	20ml
オレンジ・ジュース	15ml
グレナデン・シロップ	1tsp
スパークリング・ワイン（シャンパン）	適量

シャンパン以外の材料と氷をシェーカーに入れ、
シェイクする。シャンパンを満たす。

10度台　ビルド
中口
食後

ジョージア・
ミント・ジュレップ
Georgia Mint Julep
ブランデーとアプリコットの甘い香り

涼しげな見た目から、暑い日に合う一杯と
して人気。

Recipe ——————————

ブランデー	40ml
アプリコット・リキュール	40ml
砂糖	2tsps
水	10ml
ミントの葉	10〜15枚
レモン・スライス	1枚

タンブラーに砂糖、ミント、水を入れ、砂糖を溶
かしミントを潰す。クラッシュド・アイスをグラ
スに詰めブランデーとリキュールを注ぎステア。
レモンとミントを飾る。

30度台　シェーク
中口
食後

スティンガー

Stinger
濃厚なブランデーを
ミントが引き締める

毒針や毒牙、また皮肉や嫌味の意もある。
20世紀初頭、ニューヨークのレストラン
「コロニー」が発祥とされる。ブランデーに
ミントの清涼感効く強めの一杯。

Recipe ——————————

ブランデー	40ml
ホワイト・ミント・リキュール	20ml

材料すべてと氷をシェーカーに入れ、シェークし
てカクテル・グラスに注ぐ。

スリー・ミラーズ
Three Millers

30度台 辛口 食前 シェーク

ブランデー＋ラムで度数高め＆辛口

香り豊かなブランデーにホワイト・ラムを合わせた大人の一杯。本来は「スリー・マイラー」であったが、「スリー・ミラーズ」と誤植され定着したのだとか。

Recipe

ブランデー	40ml
ホワイト・ラム	20ml
グレナデン・シロップ	1tsp
レモン・ジュース	1dash

材料すべてと氷をシェーカーに入れ、シェークしてカクテル・グラスに注ぐ。

ドリーム
Dream

30度台 中口 食後 シェーク

オレンジとアブサンが夢のように融合

ブランデーと相性の良いオレンジ・キュラソーをミックスして風味を際立たせ、さらにアブサンのハーブがパンチの効いたアクセントを加える。一杯で夢見心地に!?

Recipe

ブランデー	40ml
オレンジ・キュラソー	20ml
アブサン	1dash

材料すべてと氷をシェーカーに入れ、シェークしてカクテル・グラスに注ぐ。

ニコラシカ
Nikolaschka

40度台 中口 食後 ビルド

ブランデーとレモンを「口内調理」で完成

ロシア人名を冠しているが、ドイツのハンブルグ発祥。レモンと砂糖を口に含みブランデーを一気に飲む「口内調理」で味わう。度数高めなので酒に強い人専用。

Recipe

ブランデー	適量
砂糖	1tsp
レモン・スライス	1枚

リキュール・グラスに9分目までブランデーを注ぎ、砂糖を盛ったレモン・スライスをグラスに乗せる。

Brandy ブランデーベース

ノルマンディ・コネクション
Normandy Connection
フレンチ・コネクションを
カルバドスで

30度台 ビルド
甘口
食後

フレンチ・コネクション（P197）のベースをカルバドスに
変更。甘くてまろやかな口当たりなので、食事の余韻を
楽しむのに良いカクテルだ。ホットで作っても美味。

Recipe

カルバドス	45ml	材料すべてを、氷を入
アマレット・リキュール	15ml	れたタンブラーに注ぎ、
		ステアする。

ハーバード
Harvard
ブランデーとベルモットの芳香が調和

行事

20度台 ステア
中口
オールデイ

お月見に
→P093

芳醇なブランデーにスイート・ベルモットとアンゴスチ
ュラ・ビターズの風味をプラス。深い赤色はエレガント
な印象。またの名を「ムーン・ライト」と呼ぶ。

Recipe

ブランデー	30ml	材料すべてと氷でステ
スイート・ベルモット	30ml	アしてカクテル・グラ
アンゴスチュラ・ビターズ	2dashes	スに注ぐ。
シュガー・シロップ	1dash	

ハーバード・クーラー
Harvard Cooler
アップル・ブランデーを
クーラー・スタイルで堪能

10度台 シェーク
中口
オールデイ

レモン・ジュースと合わせても、ベースのアップル・ブ
ランデーがしっかり存在感を主張。アメリカのハーバー
ド大学との関係は不明だが、名前もインパクト大。

Recipe

アップル・ブランデー	45ml	ソーダ以外の材料をシ
レモン・ジュース	20ml	ェークしタンブラーに
砂糖	1tsp	注ぐ。氷を加え冷えた
プレーン・ソーダ	適量	ソーダを満たしステア。

ハネムーン
Honeymoon

20度台
中口
オールデイ
シェーク

アップルとレモンの甘酸っぱいカクテル

新婚旅行の意。アップル・ブランデーと柑橘系の風味に、ベネディクティンのハーブが重なり、甘酸っぱく飲みやすい。別名「ファーマーズ・ドーター」。

Recipe

アップル・ブランデー	20ml
ベネディクティンDOM	20ml
レモン・ジュース	20ml
オレンジ・キュラソー	3dashes

材料すべてと氷をシェーカーに入れ、シェークしてカクテル・グラスに注ぐ。

ビー・アンド・シー
B&C

40度台
甘口
食後
ビルド

ビー・アンド・ビーをコニャック・ベースで

ビー・アンド・ビー（P193）のブランデーをコニャックに替えた一杯。ベネディクティンDOMのハーブの香りが上品ながら、コニャックの個性を後押しする。

Recipe

コニャック	30ml
ベネディクティンDOM	30ml

リキュール・グラスにコニャックを注ぎ、ベネディクティンDOMを注ぎ入れる。

ビー・アンド・ビー
B&B

40度台
甘口
食後
ビルド

ベネディクティンDOMの風味が極上

ブランデーとベネディクティンでB&B。最初は1：1で作り、自分の好みに合わせてブランデーやベネディクティンの量を調整しながら好みの味を探りたい。

Recipe

ブランデー	30ml
ベネディクティンDOM	30ml

リキュール・グラスにブランデーを注ぎ、ベネディクティンDOMを注ぎ入れる。

ビトウィーン・ザ・シーツ

Between the Sheets

ベッドで楽しむ
ナイト・キャップ

30度台
中口
食後

直訳すると「シーツの間」、すなわち「ベッドに入る」の意。ブランデーにラムを合わせて強烈だが、柑橘の風味で飲みやすい。おやすみ前のナイト・キャップ。

Recipe

ブランデー	20ml
ホワイト・ラム	20ml
ホワイト・キュラソー	20ml
レモン・ジュース	1tsp

材料すべてと氷をシェーカーに入れ、シェークしてカクテル・グラスに注ぐ。

ブランデー・クラスタ

Brandy Crusta

らせん状のレモンの皮が
愛らしい

30度台
中口
オールデイ

気品あるブランデーの香りをビターズで引き締める。

Recipe

ブランデー	60ml
マラスキーノ・リキュール	1tsp
レモン・ジュース	1tsp
アンゴスチュラ・ビターズ	1dash
スパイラル・レモン・ピール	1個分
砂糖	適量

砂糖でスノー・スタイルにしたワイン・グラスに、らせんむきのレモン・ピールを入れる。材料をシェークし、グラスに注ぎ氷を加える。

ブランデー・コブラー

Brandy Cobbler

オレンジの風味でブランデーを
飲みやすく

30度台
辛口
オールデイ

ブランデーをベースにしたコブラー・スタイルの代表格。芳醇なブランデーの風味にオレンジの甘酸味が加わり飲みやすい。アルコール度数は高め。

Recipe

ブランデー	60ml
オレンジ・キュラソー	1tsp
砂糖	1tsp
オレンジ・スライス	1枚

材料すべてをゴブレットに注ぎステア。氷を加えステアし、オレンジを飾る。

ブランデー・サワー

Brandy Sour

レモンの酸味とブランデーの深みが誘う

20度台　中口　オールデイ　シェーク

ブランデーの魅力を引き出す定番レシピ。ブランデーの芳香とレモンにより、口当たりの良いカクテルになる。コニャックなどの上質なブランデーでも試してみたい。

Recipe

ブランデー	45ml
レモン・ジュース	20ml
砂糖	1tsp

材料すべてと氷をシェーカーに入れ、シェークしてサワー・グラスに注ぐ。

ブランデー・スウィズル

Brandy Swizzle

レモンの輪切りがトロピカルなムード

20度台　中口　オールデイ　ビルド

ブランデーの芳香にライムの爽やかな風味をプラス。ビターズのスパイス風味がアクセント。

Recipe

ブランデー	45ml
ライム・ジュース	20ml
砂糖	1tsp
アンゴスチュラ・ビターズ	1dash
レモン・スライス	1枚

クラッシュド・アイスを詰めたタンブラーに材料を注ぎ、マドラーなどでグラスに霜が付くまでかき混ぜる。レモンを飾る。

ブランデー・スマッシュ

Brandy Smash

ブランデーの甘さにミントの風味

40度台　中口　オールデイ　ビルド

ミントを使うスマッシュ・スタイルの代表格。

Recipe

ブランデー	60ml
砂糖	1tsp
ミントの葉	適量
オレンジ・スライス	1枚

オールドファッションド・グラスでミントを潰し、ブランデーと砂糖を注ぎステアし、氷を入れさらにステア。オレンジを飾る。

ブランデー・スリング
Brandy Sling
ブランデーを
スリング・スタイルで

10度台	ビルド
中口	
オールデイ	

レモンの酸味がブランデーにマッチ。カジュアルな飲み会やアウトドアシーンに合う。暑い日には氷をたっぷり入れて冷たくして。また、お湯仕立てでホットでも。

Recipe

ブランデー	45ml
レモン・ジュース	20ml
砂糖	1tsp
水	適量

水以外の材料をタンブラーに入れてステアする。氷を加え、冷やした水で満たしステア。

ブランデー・デイジー
Brandy Daisy
ブランデーで
デイジー・スタイルの一杯を

20度台	シェーク
中口	
オールデイ	

ブランデー・ベースのデイジー・スタイル。芳醇な風味のブランデーにレモン・ジュースの酸味とグレナデン・シロップの甘みが加わり、よりフルーティーに。

Recipe

ブランデー	45ml
レモン・ジュース	20ml
グレナデン・シロップ	2tsps
レモン・スライス	適量

材料と氷をシェークしてクラッシュド・アイスを詰めたゴブレットに注ぐ。レモンを飾る。

ブランデー・フィックス
Brandy Fix
ブランデーに柑橘系の甘みと
酸味をプラス

20度台	ビルド
中口	
オールデイ	

スピリッツに柑橘系ジュースやリキュールを加えるフィックス・スタイルのブランデー版。太陽の下で飲みたい。

Recipe

ブランデー	30ml
チェリー・リキュール	30ml
レモン・ジュース	20ml
砂糖	1tsp
レモン・スライス	1枚

材料をゴブレットに注ぎ、ステアして砂糖を溶かす。クラッシュド・アイスを詰めてステア。レモンを飾る。

フレンチ・コネクション

French Connection

楽しい夜の締めの一杯に

30度台	ビルド	同名の刑事映画の名前から
甘口		→P091
食後		映画

アメリカ映画「フレンチ・コネクション」由来の一杯。濃厚な味わいでアルコール度数も高めなので、少量でも満足感がある。締めのドリンクやナイト・キャップにも。

Recipe

ブランデー.......................................45ml
アマレット・リキュール............15ml

材料すべてを、氷を入れたオールド・ファッションド・グラスに注ぎ、ステアする。

ホーセズ・ネック

Horse's Neck

10度台	ビルド
中口	
オールデイ	

レモンの香りにブランデーの芳醇な味わい

らせん状のレモンの皮が馬の首に見えることからホーセズ・ネック（馬の首）。ブランデーの香りとジンジャー・エールの刺激と、ほのかな甘みが特徴。

Recipe

ブランデー.......................................45ml
スパイラル・レモン・ピール....1個分
ジンジャー・エール.....................適量

タンブラーにらせんむきのレモン・ピールを飾り、氷とブランデー、冷やしたジンジャー・エールを満たす。

ボンベイ

Bombay

20度台	ステア
中口	
オールデイ	

ブランデーの芳醇とベルモットの甘さが調和

ボンベイはインド西部の港湾都市ムンバイの旧名称。それぞれ個性的な5種の材料をミックスした、濃厚な味わい。材料の銘柄によって色合いも変化する。

Recipe

ブランデー.......................................30ml
ドライ・ベルモット......................15ml
スイート・ベルモット..................15ml
オレンジ・キュラソー.................2dashes
アブサン...1dash

材料すべてと氷でステアしてカクテル・グラスに注ぐ。

Liqueur

リキュールベース

定番リキュール活用法

無味無臭のウオッカなどと異なり、色や香りがはっきり出るのがリキュール。
まずは1本入手し、複数の組み合わせを試してみよう。

カンパリ	＋ ソーダ →	カンパリ・ソーダ
カンパリ	＋ オレンジ・ジュース →	カンパリ・オレンジ

スロー・ジン	＋ ベルモット →	スロージン・カクテル
スロー・ジン	＋ レモン・ジュース、ソーダ →	スロージン・フィズ

ミント・リキュール	＋ 生クリーム →	グラスホッパー
ミント・リキュール	＋ クラッシュド・アイス →	ミント・フラッペ

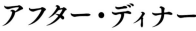

アフター・ディナー
After-Dinner

アプリコットとオレンジの食後酒

その名の通り、夕食後に最適な一杯。アプリコットとオレンジの甘くフルーティーな風味に、ライムの酸味がアクセントを加えるデザート・カクテル。

Recipe
アプリコット・リキュール.............................2/5
オレンジ・キュラソー.............................2/5
ライム・ジュース.............................1/5

材料すべてと氷をシェーカーに入れ、シェークしてカクテル・グラスに注ぐ。

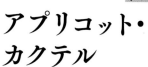

アプリコット・カクテル
Apricot Cocktail

アプリコットと柑橘でフルーティー

アプリコットの甘みを追いかけるように、後からオレンジとレモンの酸味が駆け抜ける非常にジューシーな一杯。昼～夕のリラックスタイムに。

Recipe
アプリコット・リキュール.............................30ml
オレンジ・ジュース.............................15ml
レモン・ジュース.............................15ml
ジン.............................1tsp

材料すべてと氷をシェーカーに入れ、シェークしてカクテル・グラスに注ぐ。

Liqueur リキュールベース

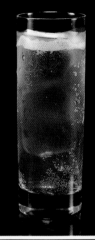

アプリコット・クーラー
Apricot Cooler
アプリコットの魅力があふれる
夏向きの一杯

2-10度未満	シェーク
中口	
オールデイ	

爽快なクーラー・スタイル。香りが良くアルコール度数は低め。のど越し良好なので、飲みすぎには注意。

Recipe

アプリコット・リキュール	45ml
レモン・ジュース	20ml
グレナデン・シロップ	1tsp
プレーン・ソーダ	適量

ソーダ以外の材料をシェークしてコリンズ・グラスに注ぐ。氷を加え、ソーダを満たし軽くステア。

イエロー・パロット
Yellow Parrot
アプリコットの甘さとアブサンの苦み

40度台	ステア
甘口	
食後	

2種の個性的なハーブ系リキュールにアプリコットの甘みをミックス。「黄色いオウム」の名は、アルコール度数高めで飲めばオウムのように饒舌になるから？

Recipe

アプリコット・リキュール	20ml
アブサン	20ml
シャルトリューズ・ジョーヌ（黄）	20ml

材料すべてと氷でステアしてカクテル・グラスに注ぐ。

エンジェル・キッス
Angel Kiss
生クリームで仕上げた
カカオ・ドリンク

10度台	ビルド	バレンタイン
甘口		→P093
食後		

カカオ・リキュールと生クリームという極上の組み合わせを、マラスキーノ・チェリーが彩るデザート感覚の一杯。意外と甘すぎず、飲みやすいことも人気の秘密。

Recipe

ブラウン・カカオ・リキュール	45ml
生クリーム	15ml
マラスキーノ・チェリー	1個

リキュール・グラスに、リキュール、生クリームの順に静かに注ぐ。チェリーを飾る。

エンジェルズ・ウィング
Angel's Wing
ブランデーとカカオの
デザート・ドリンク

20度台	ビルド
甘口	
食後	

液体部分の下はブラウン・カカオ・リキュールのブラウン色、上はブランデーのオレンジ色の2層。その上に純白のクリーム層がある見事なプースカフェ・スタイル。

Recipe
ブラウン・カカオ・リキュール	30ml	リキュール・グラスに、
ブランデー	30ml	リキュール、ブランデーの順に静かに入れる。
生クリーム	少量	生クリームを浮かべる。

カカオ・フィズ
Cacao Fizz
カカオにレモンの酸味が効いた爽やかさ

2-10度未満	シェーク
甘口	
オールデイ	

カカオの甘い香りに癒やされつつも、レモンの酸味とソーダにより口当たりとのど越しは小気味良い。アルコール度数が低めなので、飲みやすい。

Recipe
カカオ・リキュール	45ml	プレーン・ソーダ以外
レモン・ジュース	20ml	の材料をシェークして
砂糖	2tsps	タンブラーに注ぐ。氷
プレーン・ソーダ	適量	を加え、冷やしたソーダを満たし軽くステア。

カンパリ・オレンジ
Campari & Orange
本場イタリアでの呼び名は
「ガリバルディ」

2-10度未満	ビルド
中口	
オールデイ	

オレンジでカンパリの苦みを和らげ、甘さと苦さがちょうど良い。居酒屋でも飲めるカクテルながら追求すると奥深い。本場イタリアでの呼び名は「ガリバルディ」。

Recipe
カンパリ	45ml	氷入りタンブラーにカ
オレンジ・ジュース	適量	ンパリを注ぎ、冷やし
オレンジ・スライス	1枚	たジュースを満たしステア。オレンジを飾る。

カンパリ・ソーダ

Campari & Soda

カンパリの苦みを
シュワっと炭酸で

2-10度未満	ビルド		1932年瓶入りで販売 →P088	歴史
中口				
オールデイ				

カンパリはソーダ割りにすると、赤色を活かしつつ苦みが和らぐ。1932年にカンパリのソーダ割りが瓶詰にして市販された歴史が完璧な組み合わせを証明する。

Recipe

カンパリ	45ml
カット・オレンジ	1個
プレーン・ソーダ	適量

氷入りタンブラーにカンパリを注ぎ、ソーダを満たし軽くステア。オレンジを飾る。

グラスホッパー

Grasshopper

カカオとミントで食後のデザート感覚

10度台	シェーク
甘口	
食後	

その色合いから「バッタ」と名付けられた甘口カクテル。カカオとミントの風味が生クリームに溶け込んで、味はまるでチョコ・ミントのよう。

Recipe

ホワイト・カカオ・リキュール	20ml
グリーン・ミント・リキュール	20ml
生クリーム	20ml

材料すべてと氷を十分にシェークしてカクテル・グラスに注ぐ。

ゴールデン・キャデラック

Golden Cadillac

ガリアーノとチョコレートを
クリームが調和

20度台	シェーク
甘口	
食後	

スパイシーなハーブ風味を持つガリアーノとカカオの風味をクリームがまとめる。高級車「キャデラック」にちなんでリッチなイメージ。

Recipe

ガリアーノ・オーセンティコ	20ml
ホワイト・カカオ・リキュール	20ml
生クリーム	20ml

材料すべてと氷を十分にシェークしてカクテル・グラスに注ぐ。

サンジェルマン
Saint-Germain

20度台
中口
オールデイ
シェーク

シャルトリューズの香りに酸味がアクセント

パリのセーヌ河畔にある繁華街の名。スパイシーなハーブリキュールであるシャルトリューズ・ヴェール（緑）に柑橘の甘酸味を加え卵白で香り高く、シルキーに。

Recipe

シャルトリューズ・ヴェール（緑）	
	45ml
レモン・ジュース	**20**ml
グレープフルーツ・ジュース	**20**ml
卵白	**1**個分

材料すべてと氷を十分にシェークしてカクテル・グラスに注ぐ。

スィッセス
Suissesse

50度台
甘口
食後
シェーク

卵白が優雅に包むアブサン＆アニゼット

フランス語で「スイス人」の意。ビター系リキュールの中でもひと際個性的なアブサンに、アニスの風味を効かせたパンチのある一杯。見た目に反して強め。

Recipe

アブサン	**45**ml
アニゼット・リキュール	**15**ml
卵白	**1**個分

材料すべてと氷を十分にシェークしてカクテル・グラスに注ぐ。

スカーレット・オハラ
Scarlett O'Hara

「風と共に去りぬ」の
ような赤色の情熱

10度台
中口
オールデイ
シェーク

映画
風と共に
去りぬ
→P090

アメリカ映画「風と共に去りぬ」のヒロインの名。サザン・カンフォートはフルーツとスパイスをブレンドした、SoCo（ソコ）の愛称で人気のリキュール。

Recipe

サザン・カンフォート	**30**ml
クランベリー・ジュース	**20**ml
レモン・ジュース	**10**ml

材料すべてと氷をシェーカーに入れ、シェークしてカクテル・グラスに注ぐ。

Liqueur リキュールベース

203

スターズ・アンド・ストライプス

Stars & Stripes

星条旗をイメージ

| 30度台 | ビルド | | アメリカ独立記念日に →P092 | 行事 |

甘口
食後

名前は「星条旗」から。アメリカ国旗をイメージしたプース・カフェ・スタイル。アメリカの独立記念日である7月4日に、このカクテルで乾杯してみては。

Recipe

カシス・リキュール	20ml
マラスキーノ・リキュール	20ml
シャルトリューズ・ヴェール（緑）	20ml

リキュール・グラスに、左の材料を上から順に、混ざらないよう静かに注ぐ。

スノーボール

Snowball

エッグ・リキュールのクリーミーさを存分に

| 2-10度未満 | ビルド | 冬 →P093 | 季節 |

甘口
オールデイ

卵のリキュール、アドボカートはレモネードなどと合わせても風味が損なわれず、しゃれたカクテルに変身。さっぱりとした飲み口と濃厚な後口を堪能できる。

Recipe

アドボカート	40ml
ライム・ジュース（コーディアル）	1dash
レモネード	適量
オレンジ・スライス	1枚
マラスキーノ・チェリー	1個

氷を入れたコリンズ・グラスにアドボカードとジュースを注ぎレモネードを満たす。オレンジとチェリーをピンに刺して飾る。

スプモーニ

Spumoni

カンパリを炭酸で引き立てる

| 2-10度未満 | ビルド |

中口
オールデイ

名前はイタリア語で「泡立つ」という意味の「spumare（スプマーレ）」から来ており、カンパリとほかの材料を混ぜたときに出る泡をよく表している。

Recipe

カンパリ	30ml
グレープフルーツ・ジュース	45ml
トニック・ウォーター	適量

氷を入れたタンブラーにカンパリとジュースを注ぎ、冷やしたトニック・ウォーターを満たして軽くステアする。

スロー・ジン・カクテル

Sloe Gin Cocktail

スモモの一種、スロー・ベリー
の風味が際立つ

スモモの一種、スロー・ベリーのリキュールがベース。
スロー・ジンの甘酸っぱいフルーティーな風味に2種の
ベルモットが加わり濃厚な味わいを演出。

Recipe

スロー・ジン	30ml	材料すべてと氷をシェーカーに入れ、シェークしてカクテル・グラスに注ぐ。
ドライ・ベルモット	15ml	
スイート・ベルモット	15ml	

スロー・ジン・フィズ

Sloe Gin Fizz

フルーツと炭酸で気分
すっきり

スロー・ベリーの風味豊かなリキュールを用いたフィ
ズ・スタイルの一杯。スロー・ジンとレモンの甘酸っぱ
い風味をプレーン・ソーダで爽快に堪能できる。

Recipe

スロー・ジン	45ml	ソーダ以外の材料をシェークしてタンブラーに注ぐ。氷を加えソーダを満たし軽くステア。
レモン・ジュース	20ml	
砂糖	2tsps	
プレーン・ソーダ	適量	

チェリー・ブロッサム

Cherry Blossom

横浜生まれのチェリーと
レモン香るカクテル

桜の花をイメージした日本産カクテル。横浜の名門バー
「パリ」初代オーナー田尾多三郎氏作。

Recipe

チェリー・リキュール	30ml	材料すべてと氷をシェーカーに入れ、シェークしてカクテル・グラスに注ぐ。
ブランデー	30ml	
オレンジ・キュラソー	2dashes	
グレナデン・シロップ	2dashes	
レモン・ジュース	2dashes	

チャイナ・ブルー
China Blue

2-10度未満 / 中口 / オールデイ / シェーク

ライチとグレープフルーツの香りで華やぐ

ライチ・リキュールをベースにした美しい青色のカクテル。ライチと相性の良いグレープフルーツが寄り添う。ちなみにライチの原産は中国南部とされる。

Recipe
ライチ・リキュール	30ml
ブルー・キュラソー	10ml
グレープフルーツ・ジュース	45ml

材料すべてと氷をシェーカーに入れ、シェークして、氷を入れたタンブラー（コリンズ・グラス）に注ぐ。

ディスカバリー
Discovery

2-10度未満 / 甘口 / オールデイ / ステア

アドボカートのコクとジンジャーの刺激

アドボカートは卵のリキュールで、味はまるでカスタード・クリーム。これに刺激的なジンジャー・エールと合わせることで、さっぱりとした飲み口を実現する。

Recipe
アドボカート	45ml
ジンジャー・エール	適量

氷を入れたタンブラーにアドボカートを注ぎ、冷やしたジンジャー・エールで満たして軽くステアする。

ナップ・フラッペ
Nap Frappe

40度台 / 中口 / 食後 / ビルド

3種のベースをフラッペ・スタイルで堪能

ブランデーの芳醇、キュンメルの甘い香り、シャルトリューズのハーブの風味の三重奏。名前は「昼寝」の意味でリラクゼーションを誘うが、度数は高めだ。

Recipe
キュンメル	15ml
シャルトリューズ・ヴェール（緑）	15ml
ブランデー	15ml
クラッシュド・アイス	適量

カクテル・グラスにクラッシュド・アイスをいっぱいに詰め、材料を順に注ぐ。

バイオレット・フィズ
Violet Fizz

神秘的な紫色に
酔いたい夜に

2-10度未満	シェーク
中口	
オールデイ	

スミレを思わせる紫色と香りが印象的な、バイオレット・リキュールを用いたフィズ・スタイルの一杯。レモン・ジュースが効いて甘酸っぱくて優しい飲み口。

Recipe

バイオレット・リキュール	45ml
レモン・ジュース	20ml
砂糖	2tsps
プレーン・ソーダ	適量

ソーダ以外の材料をシェークしてタンブラーに注ぐ。氷を加えソーダを満たし軽くステア。

バレンシア
Valencia

オレンジの魅力あふれる一杯

10度台	シェーク
甘口	
食後	

地中海沿岸のスペインの都市であるバレンシアは、オレンジの産地として有名。このレシピにシャンパンを加えると「マザー・シャーマン」に。

Recipe

アプリコット・リキュール	40ml
オレンジ・ジュース	20ml
オレンジ・ビターズ	4dashes

材料すべてと氷をシェーカーに入れ、シェークしてカクテル・グラスに注ぐ。

ピコン・カクテル
Picon Cocktail

10度台	ステア
甘口	
オールデイ	

オレンジと薬草でまるで「飲むアロマテラピー」

甘口ベースのハーフ&ハーフ。アメール・ピコンの「アメール」は「苦い」という意。フランスの退役軍人ガエタン・ピコンが作ったビター系リキュール。

Recipe

アメール・ピコン	30ml
スイート・ベルモット	30ml

材料すべてと氷でステアしてカクテル・グラスに注ぐ。

Liqueur リキュールベース

ピンポン
Ping-Pong

スロー・ジンと
バイオレット・リキュールが融合

20度台 / 甘口 / 食後 / シェーク

おなじみ「卓球」の別名。甘酸っぱいスロー・ジンと、すみれの花香るバイオレット・リキュールをミックス。香り高く濃厚な甘口のデザート・カクテル。

Recipe

スロー・ジン	30ml
バイオレット・リキュール	30ml
レモン・ジュース	1tsp

材料すべてと氷をシェーカーに入れ、シェークしてカクテル・グラスに注ぐ。

ファジー・ネーブル
Fuzzy Navel

ピーチの香りとオレンジ
の酸味の愉楽

2-10度未満 / 中口 / オールデイ / ビルド / 桃の節句 →P092 / 行事

フルーツの香りを存分に楽しめる一杯。名の由来には、「モモかオレンジかあいまい（ファジー）」という説と、「モモの産毛＝ファジー」という説がある。

Recipe

ピーチ・リキュール	45ml
オレンジ・ジュース	適量

氷入りタンブラーにリキュールを注ぎ、冷やしたオレンジ・ジュースを満たしてステア。

フィフス・アベニュー
Fifth Avenue

カカオとアプリコットを
生クリームでふわっと

10度台 / 甘口 / 食後 / ビルド

NYの五番街が名の由来。バー・スプーンの背を使い、グラスの内側を伝わらせるよう材料を注ぎ、3層が混ざらないよう仕上げる。食後のデザート・カクテルなどに。

Recipe

ブラウン・カカオ・リキュール	20ml
アプリコット・リキュール	20ml
生クリーム	20ml

リキュール・グラスに左の材料を上から混ざらないよう注ぎ、生クリームを浮かべる。

ブルー・レディ

Blue Lady

ピンク・レディのブルー・キュラソー版

ピンク・レディ（P116）のバリエーションで、グレナデン・シロップをブルー・キュラソーに替えた。コクのある卵白でまとまるが、すっきりとした飲み口。

Recipe

ブルー・キュラソー	30ml
ジン	15ml
レモン・ジュース	15ml
卵白	1個分

材料すべてと氷をシェーカーに入れ、シェークしてカクテル・グラスに注ぐ。

ブルース・ブルー

Blues Blue

2-10度未満 中口 オールデイ シェーク

青い液体の中でベリーと柑橘がマリアージュ

ブルーベリー・リキュールをベースに、グレープフルーツ・ジュースの酸味とブルー・キュラソーの甘みを加えた。鮮やかな青色が映えるジューシーな一杯。

Recipe

ブルーベリー・リキュール	45ml
グレープフルーツ・ジュース	60ml
ブルー・キュラソー	1tsp

材料すべてと氷をシェーカーに入れ、シェークして、氷を入れたタンブラーに注ぐ。

ベルベット・ハンマー

Velvet Hammer

オレンジとコーヒーの甘い誘惑

20度台 甘口 食後 シェーク

ホワイト・キュラソーのオレンジ風味とコーヒー・リキュールを、生クリームがまとめあげる。ベルベットの優しさとハンマーのインパクトを併せ持つ一杯。

Recipe

ホワイト・キュラソー	20ml
コーヒー・リキュール	20ml
生クリーム	20ml

材料すべてと氷を十分にシェークしてカクテル・グラスに注ぐ。

Liqueur リキュールベース

ホワイト・サテン
White Satin

コーヒーとガリアーノがサテン生地のよう

サテンはしなやかで光沢のある繻子（しゅす）織物のこと。カフェ・オ・レのような飲み口に、ガリアーノのスパイシーなハーブ風味広がるデザート・カクテル。

Recipe

コーヒー・リキュール	20ml	材料すべてと氷を十分
ガリアーノ・オーセンティコ	20ml	にシェークしてカクテ
生クリーム	20ml	ル・グラスに注ぐ。

ミント・フラッペ
Mint Frappe

ミント色の大人向けのかき氷

アイスにミント・リキュールを注ぐだけという簡素なレシピならではの無駄のない味わいが魅力。20世紀初頭、米カンザスシティで考案されたとされ歴史は古い。

Recipe

グリーン・ミント・リキュール	30〜45ml	カクテル・グラスにクラッシュド・アイスを
クラッシュド・アイス	適量	いっぱいに詰め、リキュールを注ぐ。ミント
ミントの葉	適量	を飾る。

メリー・ウィドウ
Merry Widow

リッチな未亡人の恋愛がモチーフ

レハール作曲のオペレッタ「陽気な未亡人」が名前の由来。サクランボの風味があふれるジューシーで飲みやすいカクテル。同名のレシピが複数存在する。

Recipe

チェリー・ブランデー	30ml	材料すべてと氷でステ
マラスキーノ・リキュール	30ml	アしてカクテル・グラスに注ぐ。

モンクス・コーヒー
Monk's Coffee

2-10度未満 ビルド
甘口
食後

アイリッシュ・コーヒーをベネディクティンで

アイリッシュ・コーヒー（P169）のベースをベネディクティンにした一杯。修道士（モンク）がベネディクティン製造をしたことがその名の由来か。

Recipe

ベネディクティンDOM	30ml
砂糖	1tsp
ホットコーヒー	適量
生クリーム	適量

温めたワイン・グラスに砂糖、7分目までのコーヒーを注ぎ、ベネディクティンDOMを加えて軽くステア。生クリームをフロート。

ユニオン・ジャック
Union Jack

20度台 ビルド
甘口
食後

イギリス国旗を思わせる美しい3層

バニラや花の香りがする、度数が高めの一杯。イギリスの雰囲気を感じながら、スコーンやサンドイッチなどのイギリス風フードと合わせて楽しむのも良い。

Recipe

グレナデン・シロップ	20ml
マラスキーノ・リキュール	20ml
シャルトリューズ・ヴェール（緑）	20ml

リキュール・グラスに、リキュールをグレナデン、マラスキーノ、シャルトリューズの順に、混ざらないよう静かに注ぐ。

ルビー・フィズ
Ruby Fizz

2-10度未満 シェーク
甘口
オールデイ

ルビーは7月の誕生石。ふわふわでキュート

魅惑的な赤色の液体を、ビロードのような繊細な泡が覆う。歴史は古く、1930年『サヴォイ・カクテルブック』に掲載された。宝石のルビーを愛する人にも。

Recipe

スロー・ジン	45ml
レモン・ジュース	20ml
グレナデン・シロップ	1tsp
砂糖	1tsp
卵白	1個分
プレーン・ソーダ	適量

プレーン・ソーダ以外の材料を十分にシェークしてタンブラーに注ぐ。氷を加え、冷やしたソーダを満たし軽くステア。

Wine

ワインベース

ワインと相性の良い副材料と作れるカクテルの例

そのままでもおいしいワインは
ソーダで割ったり、キュラソーを加えたりすると
趣向の変わったしゃれたカクテルに変身する。

ワイン	ワイン	ワイン
+	+	+
炭酸をプラス	香りを強調	コクをプラス
プレーン・ソーダ	オレンジ・キュラソー	卵
↓	↓	↓
オールデイで	冷たくて爽快	飲みごたえ満点
ポンピエ系	ワイン・クーラー系	コーヒー・カクテル系

- ポンピエ
- ベルモット・キュラソー etc

- ワイン・クーラー
- クラレット・コブラー etc

- コーヒー・カクテル
- ポート・フリップ etc

アディントン
Addington

2種のベルモットのハーモニー

10度台		ビルド
中口		
オールデイ		

ベルモット・ハーフ・アンド・ハーフ（P222）にソーダを加えたバージョン。ドライとスイート2種のベルモットが引き立て合う。名はイギリス元首相に由来する。

Recipe

ドライ・ベルモット	30ml
スイート・ベルモット	30ml
オレンジ・ピール	1個
プレーン・ソーダ	少量

氷を入れたグラスにベルモットを注ぎ、プレーン・ソーダ少量を加えて軽くステアする。オレンジ・ピールを絞りかける。

アドニス
Adonis

伝説の美少年がモチーフ。甘みと苦みが絶妙

10度台	ステア	伝説の美少年の名 →P088	歴史
中口			
オールデイ			

ギリシャ神話のアフロディテ（ヴィーナス）が愛した美少年の名。辛さと甘さの調和が見事だ。スイート・ベルモットをドライに替えるとバンブー（P220）に。

Recipe

フィノ・シェリー	40ml
スイート・ベルモット	20ml
オレンジ・ビターズ	1dash

材料すべてと氷でステアしてカクテル・グラスに注ぐ。

アメリカーノ
Americano

アメリカではなくイタリアの酒を使うのが粋

2-10度未満		ビルド
中口		
オールデイ		

アメリカでなくイタリア発祥。1933年、イタリアの人気ボクサーがアメリカで勝利したことを記念してこの名になったとか。ベルモット1種使いより複雑な味わい。

Recipe

スイート・ベルモット	30ml
カンパリ	30ml
プレーン・ソーダ	適量

氷を入れたタンブラーにベルモットとカンパリを注ぎ、冷やしたプレーン・ソーダを加えて軽くステアする。

アメリカン・レモネード

American Lemonade

レモネードに赤ワインを
フロートさせて2層に

2-10度未満
中口
食前

上品な層はワインを静かにフロートするのがコツ。

Recipe
赤ワイン	30ml
レモン・ジュース	40ml
砂糖	3tsps
水	適量

タンブラーにジュースと砂糖を入れて溶かす。氷を加え冷水を満たしステアし、冷やしたワインをフロートする。

イースト・インディアン

East Indian

シェリーとベルモットの
コクと香りが溶け合う

10度台
中口
オールデイ

アメリカ先住民に対し、本来のインド人の意。ドライ・ベルモットとシェリーの風味のバランス良好。マラスキーノを加えるとコロネーション（P216）となる。

Recipe
フィノ・シェリー	30ml
ドライ・ベルモット	30ml
オレンジ・ビターズ	1dash

材料すべてと氷でステアしてカクテル・グラスに注ぐ。

キール

Kir

10度台
中口
食前

白ワインにカシスを加え色も香りも華やかに

ブルゴーニュ地方ディジョン市長のキール氏にちなんだカクテル。白ワインのさっぱりとした酸味とカシスの甘酸っぱい果実味が融合し、淡いピンクで愛らしい。

Recipe
白ワイン	4/5
カシス・リキュール	1/5

（100mlを作るなら80ml：20ml）

ワイン・グラスに、冷やしておいた材料すべてを注ぎステアする。

クラレット・コブラー
Claret Cobbler

オレンジとマラスキーノで
ワインが変身

「クラレット」はフランス・ボルドー産赤ワインのこと。
パーティー・シーンにも最適。

Recipe

赤ワイン（ボルドー産）..................60ml	材料すべてをゴブレッ
オレンジ・キュラソー......................1tsp	トに注ぎ、ステアする。
マラスキーノ・リキュール............1tsp	氷を加え、さらにステ
カット・オレンジ（レモン、ライムでも）	アしてカット・オレン
....適量	ジを飾る。

クラレット・サンガリー
Claret Sangaree

ナツメグが甘美に香る
赤ワイン

クラレット（ボルドー産赤ワイン）のサンガリー・スタイ
ル・カクテル。ほのかな甘みをプラスしたクラレットに、
ナツメグの風味がアクセントに。

Recipe

赤ワイン（ボルドー産）..............90ml	材料すべてをシェーク
砂糖...1tsp	して、氷を入れたタン
ナツメグ・パウダー....................適量	ブラーに注ぐ。ナツメ
	グを振る。

グリーン・ルーム
Green Room

オレンジの香りとブランデーのコク

「楽屋・控室」の意。かつて役者をリラックスさせるため
に、部屋を緑色にしたという。ドライ・ベルモットの風
味にブランデーの芳醇な香りがアクセントに。

Recipe

ドライ・ベルモット..................40ml	材料すべてと氷でステ
ブランデー..20ml	アしてカクテル・グラ
オレンジ・キュラソー................1dash	スに注ぐ。

クロンダイク・ハイボール

Klondike Highball

２種のベルモットを
ハイボールで

2-10度未満
中口
オールデイ
シェーク

ゴールドラッシュに沸いたカナダ北西部のクロンダイク
にちなむ名という説がある。

Recipe

ドライ・ベルモット	30ml
スイート・ベルモット	30ml
レモン・ジュース	20ml
砂糖	1tsp
ジンジャー・エール	適量

ジンジャー・エール以外の材料と氷をシェークしてグラスに注ぐ。氷と冷やしたジンジャー・エールを満たし軽くステアする。

コーヒー・カクテル

Coffee Cocktail

コーヒーは不使用で
クレマのような泡が特徴

10度台
中口
オールデイ
シェーク

見事なコーヒー色だが、ポート・ワインとブランデーによるものでコーヒー成分はゼロ。会話が弾む一杯。

Recipe

ポート・ワイン	45ml
ブランデー	15ml
オレンジ・キュラソー	2dashes
卵黄	1個分
砂糖	1tsp

材料すべてと氷をシェーカーに入れ、シェークしてカクテル・グラスに注ぐ。

コロネーション

Coronation

10度台
中口
オールデイ
ステア

「戴冠式」の意。マラスキーノで華やかに

過去に各国の戴冠式で様々なコロネーション・カクテルが作られているが、このレシピは最古のものとされる。ベルモットとシェリーの芳香のハーモニー。

Recipe

シェリー	30ml
ドライ・ベルモット	30ml
オレンジ・ビターズ	2dashes
マラスキーノ・リキュール	1dash

材料すべてと氷でステアしてカクテル・グラスに注ぐ。

シェリー・コブラー
Sherry Cobbler

10度台	ビルド
中口	
オールデイ	

コブラー・スタイル・カクテルのシェリー版

コブラー・スタイル・カクテルのシェリー版。オレンジ・キュラソーとマラスキーノ・リキュールの甘酸っぱい風味がシェリーと交わりフルーティーな一杯。

Recipe

シェリー	60ml
オレンジ・キュラソー	1tsp
マラスキーノ・リキュール	1tsp
カット・オレンジ（レモン、ライムでも）	適量

材料すべてをゴブレットに注ぎ、ステアする。氷を加え、さらにステアしてカット・オレンジを飾る。

シェリー・サンガリー
Sherry Sangaree

シェリー酒で
サンガリー・スタイルの一杯を

10度台	シェーク
中口	
オールデイ	

シェリーを用いたサンガリー・スタイル・カクテル。シェリーの種類によっても味わいが異なるので飲み比べを楽しみたい。すっきりと飲みやすい一杯。

Recipe

シェリー	90ml
砂糖	1tsp
ナツメグ・パウダー	適量

材料すべてをシェークして、氷を入れたタンブラーに注ぐ。ナツメグを振る。

シェリー・ツイスト
Sherry Twist

10度台	シェーク
中口	
オールデイ	

シェリーとウイスキーがステキにマッチ

シェリーの甘みにウイスキーの芳香が加わることで芳醇な風味に。オレンジの甘酸味が加わり爽やかなテイストかつ深みのある味わいで飲みやすい。

Recipe

シェリー	30ml
ウイスキー	15ml
オレンジ・ジュース	15ml
ホワイト・キュラソー	2dashes

材料すべてと氷をシェーカーに入れ、シェークしてカクテル・グラスに注ぐ。

シェリー・フリップ
Sherry Flip

シェリー酒のフリップ・スタイル

シェリーの風味に卵黄のコクが加わり、角がとれて飲みやすい。ベースに用いるシェリーの種類による味わいの違いも試したい。濃度の調整に卵白を入れても。

Recipe
シェリー	45ml
砂糖	1tsp
卵黄	1個分
ナツメグ・パウダー	適量

材料すべてと氷を十分にシェークしてカクテル・グラスに注ぐ。

ソウル・キッス
Soul Kiss

ドライ&スイートのベルモット2種使い

ディープキスを意味する情熱的なカクテル。3種のフレーバード・ワインをベースにした豊かなハーブ香が漂う。ほのかな甘口で飲みやすい一杯。

Recipe
ドライ・ベルモット	20ml
スイート・ベルモット	20ml
デュボネ	10ml
オレンジ・ジュース	10ml

材料すべてと氷をシェーカーに入れ、シェークしてカクテル・グラスに注ぐ。

デービス
Davis

ドライ・ベルモットの風味が爽やか

ドライ・ベルベットの辛口テイストにホワイト・ラムの芳醇さが加わり、レモン・ジュースとグレナデン・シロップの甘酸味によりすっきりと味わえる一杯。

Recipe
ドライ・ベルモット	30ml
ホワイト・ラム	15ml
レモン・ジュース	15ml
グレナデン・シロップ	2dashes

材料すべてと氷を十分にシェークしてカクテル・グラスに注ぐ。

デュボネ・カクテル

Dubonnet Cocktail

デュボネとジンの
ハーフ・アンド・ハーフ

30度台
中口
食前
ステア

デュボネとジンを同量でミックス。デュボネの甘口ながらもほろ苦い風味の後に、ジンの強さが感じられる一杯。このレシピを元に複数のアレンジが存在する。

Recipe

デュボネ	30ml
ジン	30ml
レモン・ピール	1個

材料すべてと氷でステアしてカクテル・グラスに注ぐ。レモン・ピールを絞りかける。

デュボネ・フィズ

Dubonnet Fizz

2-10度未満
中口
オールデイ
シェーク

デュボネをベースにしたフルーティーな一杯

抗マラリア薬として作られたとされるデュボネは香りが独特で好みが分かれる。飲みやすくしてくれるフィズ・スタイルは、デュボネ入門にうってつけ。

Recipe

デュボネ	45ml
オレンジ・ジュース	20ml
レモン・ジュース	10ml
チェリー・リキュール	1tsp
プレーン・ソーダ	適量

プレーン・ソーダ以外の材料をシェークしてタンブラーに注ぐ。氷を加え、冷やしたソーダを満たし軽くステアする。

デュボネ・マンハッタン

Dubonnet Manhattan

カクテルの女王
「マンハッタン」の派生版

20度台
中口
オールデイ
ステア

カクテルの女王、マンハッタン（P182）のバリエーションで、スイート・ベルモットをデュボネに替えたもの。香ばしいライ・ウイスキーにデュボネの甘い風味。

Recipe

デュボネ	30ml
ライ・ウイスキー	30ml

材料すべてと氷でステアしてカクテル・グラスに注ぐ。

トロピカル
Tropical

20度台
甘口
食後
シェーク

マラスキーノとカカオにオレンジの果実味

「熱帯」を意味するデザート・ドリンク。ドライ・ベルモット、カカオ、マラスキーノを同量でミックスした複雑な味わいにビターズがアクセントに。

Recipe

ドライ・ベルモット	20ml
マラスキーノ・リキュール	20ml
ブラウン・カカオ・リキュール	20ml
アンゴスチュラ・ビターズ	1dash
オレンジ・ビターズ	1dash

材料すべてと氷をシェーカーに入れ、シェークしてカクテル・グラスに注ぐ。

バーガンディ・コブラー
Burgundy Cobbler

カット・オレンジで彩る
赤ワインのカクテル

10度台
中口
オールデイ
ビルド

「バーガンディ」はフランス・ブルゴーニュ産赤ワインのこと。暗紅色、ワインレッド色の意も。

Recipe

赤ワイン（ブルゴーニュ産）	60ml
オレンジ・キュラソー	1tsp
マラスキーノ・リキュール	1tsp
カット・オレンジ（レモン、ライムでも）	適量

材料すべてをゴブレットに注ぎ、ステアする。氷を加え、さらにステアしてカット・オレンジを飾る。

バンブー
Bamboo

10度台
辛口
食前
ステア

日本・
横浜生まれ
→P089

歴史

「竹」を意味する日本生まれのカクテル

アドニス（P213）のスイート・ベルモットをドライ・ベルモットに替えたスタイル。明治期の高級ホテル「横浜グランドホテル」が発祥。海路で世界に広まった。

Recipe

フィノ・シェリー	40ml
ドライ・ベルモット	20ml
オレンジ・ビターズ	1dash

材料すべてと氷でステアしてカクテル・グラスに注ぐ。

ベリーニ
Bellini

| 2-10度未満 | ビルド | ベネチア派画家一家に由来 →P091 |

中口 / 食前

ピーチとシャンパンのハーモニー

1948年ベネチアで開催された画家ベリーニ展記念で誕生。ピーチ・ネクターとスパークリング・ワインを合わせ、グレナデン・シロップでピンク色に染める。

Recipe

スパークリング・ワイン	40ml	シャンパン・グラスに冷やしたピーチ・ネクターとグレナデン・シロップを注いでステアする。
ピーチ・ネクター	20ml	
グレナデン・シロップ	1dash	

ベルモット・カクテル
Vermouth Cocktail

スイート・ベルモットが主役。
ドライでもOK

| 10度台 | ステア |

中口 / オールデイ

スイート・ベルモットの個性ある風味が際立つ一杯。ベルモットをドライに替えたり、ビターズの種類を替えたりと、複数のアレンジがあるのでお好みに応じて。

Recipe

スイート・ベルモット	60ml	材料すべてと氷でステアしてカクテル・グラスに注ぐ。
アンゴスチュラ・ビターズ	2dashes	

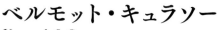

ベルモット・キュラソー
Vermouth & Curacao

ベルモットにオレンジの
風味をプラス

| 10度台 | ビルド |

中口 / オールデイ

マティーニ（P120）やポンピエ（P223）など、数あるドライ・ベルモットのカクテルのうち、オレンジ好きならこちら。ソーダ多めで爽快に仕上げるのも良い。

Recipe

ドライ・ベルモット	60ml	氷入りタンブラーにベルモットとリキュールを注ぎ、冷やしたソーダを満たして軽くステア。
オレンジ・キュラソー	15ml	
プレーン・ソーダ	適量	

ベルモット・ハーフ・アンド・ハーフ
Vermouth Half & Half
2種のベルモットを贅沢に

10度台 ビルド
中口
オールデイ

ベルモットを2種使いすることにより、味のバランスやコクが引き出される。ワインの風味とハーブの香りが立ち上り、飲みやすくさっぱりとした味わいが身上。

Recipe

ドライ・ベルモット	30ml	氷を入れたオールド・ファッションド・グラスにベルモット2種を注ぎ、軽くステアする。
スイート・ベルモット	30ml	

ポート・フリップ
Port Flip
ポート・ワインのフリップ・スタイル

20度台 シェーク
中口
オールデイ

発酵途中でブランデーを加えたポルトガル原産の酒精強化ワイン、ポート・ワインのフリップ・スタイル。強い甘みと卵黄のコクが融合した至福の味わい。

Recipe

ポート・ワイン	45ml	材料すべてと氷をシェークしてワイン・グラスに注ぐ。ナツメグ・パウダーを振る。
砂糖	1tsp	
卵黄	1個分	
ナツメグ・パウダー	適量	

ボルチモア・エッグ・ノッグ
Baltimore Eggnog
マデイラ・ワインを用いたエッグ・ノッグ

10度台 シェーク
中口
食後

「ボルチモア」は米メリーランド州最大の都市。

Recipe

マデイラ・ワイン	30ml	牛乳以外の材料と氷をシェーカーに入れ、シェークしてタンブラーに注ぐ。冷やした牛乳を注ぎ、ナツメグ・パウダーを振る。
ブランデー	15ml	
ダーク・ラム	15ml	
全卵	1個	
砂糖	2tsps	
牛乳	適量	
ナツメグ・パウダー	適量	

ポンピエ
Pompier

ベルモットとカシスの上品な味わい

フランス語で「消防士」の意。ベルモットにカシスを加えソーダで割るもので、英語名はベルモット・カシス。ベルモットの甘さとカシスの酸味が調和する。

Recipe

ドライ・ベルモット	60ml	氷を入れたゴブレットにベルモットとカシス・リキュールを注ぎ、冷やしたプレーン・ソーダを満たして、軽くステアする。
カシス・リキュール	15ml	
プレーン・ソーダ	適量	

マデイラ・サンガリー
Madeira Sangaree

マデイラ・ワインの
サンガリー・スタイル

マデイラ・ワインのキャラメルやナッツのような風味を、ナツメグで強調し加糖した優しい一杯。チーズやデザートとの相性が良く、寒い夜に飲むと温まる。

Recipe

マデイラ・ワイン	90ml	材料すべてをシェークして、氷を入れたタンブラーに注ぐ。ナツメグ・パウダーを振る。
砂糖	1tsp	
ナツメグ・パウダー	適量	

ワイン・クーラー
Wine Cooler

オレンジとグレナデンの甘酸っぱさ

分量や銘柄などは定まっていないので、自分流にアレンジするのがおすすめ。ワインは赤・白・ロゼいずれも可。合わせるジュースや炭酸飲料も自由に選びたい。

Recipe

ワイン	90ml	クラッシュド・アイスを詰めたタンブラーに、冷やしたワインとジュース、シロップ、キュラソーの順に注ぎ、ステアする。
オレンジ・キュラソー	15ml	
グレナデン・シロップ	15ml	
オレンジ・ジュース	30ml	

Champagne

シャンパンベース

シャンパンベースのカクテルのコツ

シャンパン・ベースのカクテルは、
シャンパンの泡が舌に刺激を与え、食欲を増進してくれる。
また、グラスの中で泡が弾ける様子が愛らしいので総じて、
祝いの席にぴったり。自分なりの演出を楽しんでほしい。

フルーツやハーブを飾る

オレンジやレモン、ライムを輪切りにしてあしらうと特別感を醸し出せる。ミントの葉も香りと見た目を華やかに引き立て、味のアクセントになる。ホームパーティーを華やかに演出してくれる。

シロップやジュースを変える

シャンパンの色が淡いので、合わせるシロップやジュースを変えることで、味や色を簡単に変えられる。ブルー・キュラソーを使うと青色、グレナデン・シロップを使うとピンク色になる。

シャンパンの種類を変える

シャンパンには、辛口や甘口などの種類がある。ベースのシャンパン次第で甘さを調整するのも楽しい。また、発泡の強さもさまざまなので、好みや仕上がりイメージに合わせて使い分けよう。

シャンパン・ジュレップ
P226

シャンパン・カクテル
P226

キール・ロワイヤル
P225

キール・アンペリアル

Kir Imperial

キール・ロワイヤルを
フランボワーズ・リキュールで

キール・ロワイヤル（P225）のカシス・リキュールをフランボワーズ・リキュール（キイチゴ）に変更。「皇帝のキール」という名前も誇らしく、お祝いの席に向く。

Recipe

シャンパン	4/5
フランボワーズ・リキュール	1/5

シャンパン・グラスに、冷やしておいた材料すべてを注ぎステアする。

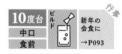

キール・ロワイヤル

Kir Royal

キールをシャンパン
（スパークリング・ワイン）で

キール（P214）のベースをシャンパン（スパークリング・ワイン）に替えたより豪華な一杯。シャンパンの泡が口の中で弾ける感覚と、カシスの果実味が真骨頂。

Recipe

シャンパン	4/5
カシス・リキュール	1/5

（100mlを作るなら80ml：20ml）

シャンパン・グラスに、冷やしておいた材料すべてを注ぎステアする。

225

シャンパン・カクテル

Champagne Cocktail

角砂糖が泡に溶ける様子が楽しい

シャンパンにビターズの苦味が加わり、複雑な味わいを実現。

Recipe
シャンパン	60ml
アンゴスチュラ・ビターズ	1dash
角砂糖	1個
レモン・ピール	1個

シャンパン・グラスに角砂糖を入れ、ビターズで浸す。氷1個を加え、冷やしたシャンパンを満たし、レモン・ピールを振りかける。

10度台	ビルド
甘口	
オールデイ	

シャンパン・ジュレップ

Champagne Julep

ミントとオレンジの香りでさっぱりと

ベースはスパークリング・ワインでも可。シャンパン・グラスに入れて、ミントの葉を添えて楽しみたい。

Recipe
シャンパン	適量
水	10ml
角砂糖	1個
ミントの葉	10〜15枚
オレンジ・スライス	1枚

ゴブレットに角砂糖、ミント、水を入れ、砂糖を溶かしミントを潰す。氷を加えシャンパンを満たす。ミントとオレンジを飾る。

シャンパン・フィズ

Champagne Fizz

オレンジとシャンパンの
爽やかなカクテル

イギリスではバックス・フィズとも呼ばれる。ミモザ（P227）とは、氷を使う点が異なる。結婚式や二次会、パーティーなどの華やかな席に似合う。

Recipe
シャンパン .... 適量
オレンジ・ジュース 60ml

氷を入れたタンブラーにオレンジ・ジュースを注ぎ、冷やしたシャンパンを満たす。

ミモザ

Mimosa

シャンパンとオレンジで華やかに

ミモザ色の液体の中でシャンパンの泡が弾ける様子も目に楽しい。男性が女性に感謝しミモザの花を贈る習慣に由来する国際女性デー（3月8日）にいかが？

Recipe
シャンパン 30ml
オレンジ・ジュース 30ml

シャンパン・グラスにオレンジ・ジュースを注ぎ、シャンパンを満たす。

Beer

ビールベース

ビールと相性の良い副材料と作れるカクテルの例

独特の苦みが持ち味のビールにミックスすることで、
さらに風味豊かな変化を見せる副材料たち。

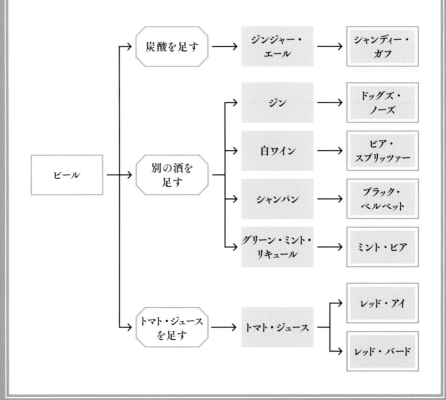

ビール → 炭酸を足す → ジンジャー・エール → シャンディー・ガフ

別の酒を足す →
- ジン → ドッグズ・ノーズ
- 白ワイン → ビア・スプリッツァー
- シャンパン → ブラック・ベルベット
- グリーン・ミント・リキュール → ミント・ビア

トマト・ジュースを足す → トマト・ジュース →
- レッド・アイ
- レッド・バード

2-10度未満
中口
オールデイ
ビルド
オクトーバー
フェス
ティバル
→P093

シャンディー・ガフ

Shandy Gaff

ショウガが香る
イギリスのパブの伝統

イギリスのパブで古くから親しまれる低アルコール・カクテル。ジンジャー・エールの刺激ある風味が加わることでビールの苦味も和らぎ、満足感が倍増。

Recipe
ビール 1/2
ジンジャー・エール 1/2

冷やしたタンブラーにビールを注ぎ、冷やしたジンジャー・エールを満たし、軽くステア。

10度台
辛口
オールデイ
ビルド

ドッグズ・ノーズ

Dog's Nose

ジンもビールも飲みたいときに
おすすめ

「犬の鼻」を意味する見た目はビールだがジンが効いた一杯。ビールの種類を替えて味わいの違いも楽しめる。飲みやすいがアルコール度数高めなのでご注意を。

Recipe
ジン 45ml
ビール .... 適量

冷やしたピルスナー・グラスにジンを注ぎ、冷やしたビールを満たし、軽くステアする。

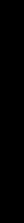

ビア・スプリッツァー

Beer Spritzer

スプリッツァー（白ワインソーダ割）の
ビール版

スプリッツァーはドイツ語の「弾ける」が
由来。ビールのほろ苦い風味に白ワインの
芳醇な風味が重なり飲みやすい。キレのあ
るフルーティーなビア・カクテル。

Recipe
白ワイン...3/5
ビール..2/5

冷やしたワイン・グラス（ゴブレット）に白ワ
インを注ぎ、ビールを満たしてステア。

ブラック・ベルベット

Black Velvet

ベルベットのような
きめ細やかな口当たり

上品できめ細やかな泡が特徴。ビクトリア
女王の夫であるアルバートの死を悼み創作
されたという説があるが真偽は不明。喪の
色である黒なので故人を悼む席にも。

Recipe
スタウト...1/2
シャンパン...1/2

冷やしたシャンパン・グラスに、冷やしたスタウ
トとシャンパンを左右から同時に注ぐ。

ミント・ビア
Mint Beer

2-10度未満
中口
食前

ビルド

ミントの緑色と香りが効いた爽やかな一杯

グリーン・ミント・リキュールをベースにビールを満たした爽やかな一杯。ビールのホップとミントの風味の相性も良い。リキュールの量で色の濃度調整も。

Recipe

ビール...............................適量	冷やしたカクテル・グラス（ゴブレット）にビールを注ぎ、グリーン・ミント・リキュールを加えて、軽くステアする。
グリーン・ミント・リキュール	
...............................15ml	

レッド・アイ
Red Eye

2-10度未満
辛口
オールデイ

ビルド

吉行淳之介ゆかり
→P091

まるで赤いビール。二日酔いになりにくい?

「二日酔いの赤い目」がその名の由来。ビールとトマト・ジュースのハーフ・アンド・ハーフ。ビールの苦味にトマトの酸味がよく合う。配合はお好みで調整を。

Recipe

ビール...............................1/2	冷やしたトマト・ジュースをタンブラーに注ぎ、ビールを満たして軽くステアする。
トマト・ジュース...............1/2	
（240mlを作るなら各120ml）	

レッド・バード
Red Bird

10度台
辛口
オールデイ

ビルド

レッド・アイをウオッカでパワーアップ

レッド・アイ（P231）にウオッカのパンチを効かせた一杯。ブラッディ・メアリーのビール割りともいえる。レッド・アイ同様に迎え酒としても飲まれる。

Recipe

ビール...............................適量	冷やしたグラスにビールを注ぎ、ウオッカとトマト・ジュースを加えて軽くステアする。
ウオッカ...............................45ml	
トマト・ジュース...............60ml	

Beer ビールベース

Shochu

焼酎ベース

焼酎ベースのカクテルのコツ

焼酎は原料や製法によって甲類焼酎と本格焼酎に分けられる。
無味無臭で透明の甲類焼酎（ベースとしておなじみの一般的な焼酎）は
どんな素材とも相性抜群で味をじゃましない。
米や麦、芋などの原料の味が際立つ本格焼酎は、
それぞれの風味を活かし、カクテルにする楽しみがある。

スピリッツの代わりに

カクテルの王様「マティーニ」はジンベースだが、焼酎ベースにアレンジしたのが「酎ティーニ」だ。素材の風味を活かした個性的な本格焼酎を使い分ければ、味わいの変化も楽しめる。

甘みや香りを足す

焼酎をベースに甘みや香りをプラスすると、魅力的なカクテルに変身。「完全なる愛」を意味するパルフェタムールを用いた「忘れな草」は、そのネーミングと相まって抒情的なカクテルだ。

お湯を加える

焼酎のおいしい飲み方として知られるのがお湯割り。そんなお湯割りにチェリー・ブランデーを加えたのが「冬桜」だ。暖かい春を待ちわびる冬の夜には持ってこいのカクテルだ。

酎ティーニ
P233

忘れな草
P235

冬桜
P233

20度台
中辛口
食前
ステア

酎ティーニ
Chu-tini

焼酎ベースの和風マティーニ

マティーニのベースのジンを焼酎に変更し
たレシピ。ジンのボタニカルの代わりに、
ドライ・ベルモットとオレンジ・ビターズ
がほろ苦く芳醇な香りを実現する。

Recipe

焼酎	50ml
ドライ・ベルモット	10ml
オレンジ・ビターズ	1dash
スタッフド・オリーブ	1個

材料すべてと氷でステアしてカクテル・グラスに
注ぐ。

10度台
中口
オールデイ
ビルド

冬桜
Fuyuzakura

焼酎お湯割りに
チェリーの風味をプラス

チェリー風味の焼酎お湯割り。シーンを選
ばない優しいカクテルだが、身体が温まる
ので冬におすすめ。食後酒のほかナイト・
キャップにも。

Recipe

焼酎	45ml
チェリー・ブランデー	15ml
熱湯	適量

熱湯を入れたタンブラーに材料すべてを注ぎ、ス
テアする。

233

村雨
Murasame

ドランブイの香りが
雨のように降り注ぐ

麦焼酎を使い、特有の香ばしさを引き立てたい。蜂蜜とハーブを使ったウイスキー・リキュールであるドランブイとのミックスに、合わせ技の妙がある。

Recipe
焼酎..45ml
ドランブイ 10ml
レモン・ジュース..........................1tsp

材料すべてを、氷を入れたオールド・ファッションド・グラスに注ぎ、ステアする。

ラスト・サムライ
Last Samurai

和風のチェリー風味マティーニ

名前は勇ましいが、チェリー・ブランデーとライムジュースのため、味わいは甘酸っぱくキュート。シーンを選ばず飲め、和食・洋食のいずれにも合わせやすい。

Recipe
焼酎..30ml
チェリー・ブランデー...................15ml
ライム・ジュース.........................15ml
マラスキーノ・チェリー.................1個

チェリー以外の材料すべてと氷をシェーカーに入れ、シェークしてカクテル・グラスに注ぐ。チェリーを飾る。

忘れな草
Wasurenagusa

はかない色が印象的な
フルーティーな一杯

銀座の老舗「モーリ・バー」の毛利隆雄氏が1979年に創作。忘れな草の「私を忘れないで」の花言葉を添え、別れに寄り添ってくれる一杯だ。

Recipe

焼酎	30ml
杏露酒	10ml
パルフェタムール	10ml
グレープフルーツ・ジュース	40ml

材料すべてと氷をシェーカーに入れ、シェークしてカクテル・グラスに注ぐ。

Shochu 焼酎ベース

Column

オリジナルカクテルの名付けのコツ

カクテルを創作するなら、名付けも楽しみたい。カクテルには「忘れな草」（上）のように印象的な名前を持つものも多い。名前は特徴を伝えるための第一の手段である。どんな名前であれば飲み手に伝わるかを考え、それに合った言葉を選ぶことが大切である。

名付け方は自由だが、以下のようなポイントを押さえると良い。

まず重要なのは、イメージやストーリーを自分なりに表現すること。色やデザイン、味や香り、エピソードから着想すると浮かびやすい。

それから、さまざまなカクテルを試飲したり、参考となるレシピを調べたりすることも有用だ。自分のイメージを軸としてオリジナリティーやストーリー性を加えながら名付けを楽しんでほしい。

Sake

日本酒ベース

日本酒ベースのカクテルのコツ

日本酒は米から造られる醸造酒で、
技術や酒米、水などによって味わいが異なる。
製法や銘柄などにより、味は多種多様。特有の風味や旨みを
引き出しつつ、他の材料との相性を楽しみたい。

日本の素材を使う

日本の酒、日本酒に緑茶を合わせて「和」のイメージを表現できる。例えば「写楽」には緑茶のリキュールを使う。写楽といえば、日本を代表する画家。日本びいきの外国人ゲストにも喜ばれるだろう。

定番カクテルを
日本酒ベースで

ハイボールのベースをウイスキーから日本酒に代えれば「サケ・ハイボール」となる。アルコールも和らぎ爽快で飲みやすい。ベースの日本酒はお好み次第、タイプの違う日本酒で飲み比べも楽しい。

ジュースを加える

日本酒が持つ透明感を活かし、カラフルなジュースをミックスすることで、酸味や色彩を足すことができる。「レッド・サン」は日本酒にトマト・ジュースを組み合わせ、旨味の相乗効果をもたらす。

写楽
P238

サケ・ハイボール
P237

レッド・サン
P239

サケ・ハイボール
Sake Highball

2-10度未満 / 中口 / オールデイ / ビルド

レモンと炭酸が日本酒の個性を引き立てる

日本酒をそのまま飲むよりのど越しが良く、アルコールの刺激が和らぐ。米の旨味が立ち上る魅力的なレシピだ。炭酸の強さや水の硬度により味わいが変わる。

Recipe ─────

日本酒	60ml
レモン・ピール	1個
プレーン・ソーダ	適量

氷を入れたタンブラーに日本酒を注ぎ、冷やしたプレーン・ソーダを満たし、軽くステアする。レモン・ピールを飾る。

サムライ
Samurai

10度台 / 中口 / オールデイ / シェーク

日本酒に柑橘の酸味を活かした一杯

日本酒の麹の香りをライムで抑え、レモンの酸味でさらに飲みやすくした和風カクテル。和食やおつまみとの相性も良いので、外国人ゲストにもおすすめできる。

Recipe ─────

日本酒	45ml
ライム・ジュース	15ml
レモン・ジュース	1tsp

材料すべてと氷をシェーカーに入れ、シェークしてカクテル・グラスに注ぐ。

サムライ・ロック
Samurai Rock

10度台 / 中口 / オールデイ / ビルド

日本酒にライムを加えただけで際立つ美味

日本酒にライムジュースを加えて作る、さっぱりとしたカクテル。好みの日本酒や口に合わなかった日本酒で試したい。とても飲みやすく、和食との相性が良好。

Recipe ─────

日本酒	60ml
ライム・ジュース	10ml

オールド・ファッションド・グラスに日本酒とライムジュース、氷を入れてステアする。

Sake 日本酒ベース

写楽
Sharaku

巨峰とグリーン・ティーの香り

バー ガスライトのオーナー・バーテンダーの井口法之氏のオリジナル。濃密な赤色にブラックオリーブが沈む。

Recipe

日本酒	20ml
巨峰リキュール	20ml
グリーン・ティー・リキュール	10ml
レモン・ジュース	10ml
グレナデン・リキュール	10ml
ブラック・オリーブ	1個

材料すべてと氷をシェーカーに入れ、シェークしてカクテル・グラスに注ぐ。

スウオッカ
Svadka

日本酒&ウオッカにキリッとレモン

ジュースとスライスのWレモンで、口がさっぱりする。塩味系、酸味系のフードとのペアリングが楽しく、いくらでも飲めそうだが度数高めなので注意したい。

Recipe

日本酒	45ml
ウオッカ	45ml
レモン・ジュース	1tsp
レモン・スライス	1枚
マラスキーノ・チェリー	1個

材料すべてを、氷を入れたタンブラーに注ぎ、ステアする。

清流
Seiryu

レモンとライムが澄んだ川の流れのよう

手に入りやすい材料の組み合わせなのに、カラフルで美しい飲み物に一変し、カクテルの妙を楽しめる。シーンを選ばず飲めるが、暑い季節や食後におすすめ。

Recipe

日本酒	30ml
ブルーキュラソー	15ml
レモン・ジュース	15ml
ライム・ジュース	10ml

材料すべてと氷をシェーカーに入れ、シェークしてカクテル・グラスに注ぐ。

撫子
Nadeshiko

2-10度未満
中口
オールデイ
シェーク

日本酒の旨みと卵白のふわっとした口当たり

グレナデン・シロップのおかげで、愛らしいピンク色の甘酸っぱいカクテルに。卵白が泡立ち、ふわふわの飲み口も楽しい。

Recipe
日本酒	40ml
卵白	1/3個分
グレナデン・シロップ	10ml
レモン・ジュース	15ml
シュガー・シロップ	1tsp

材料すべてと氷をシェーカーに入れ、シェークしてカクテル・グラスに注ぐ。

涼
Ryo

10度台
中口
オールデイ
ステア
夏の
暑い日に
→P092

ピーチの甘みにミントの爽やかさ

ミントの清涼感が印象的で、まさに「涼」。夏の暑い日に良く似合う。ピーチ・リキュールで飲みやすくした日本酒ベースなので、外国人にも喜ばれそう。

Recipe
日本酒	45ml
ピーチ・リキュール	10ml
ホワイト・ミント・リキュール	1tsp

材料すべてと氷でステアしてカクテル・グラスに注ぐ。

レッド・サン
Red Sun

2-10度未満
中口
オールデイ
ビルド

日本酒ベースのレッド・アイ

日本酒とトマト・ジュースを1：1で混ぜ合わせるという斬新なアイデアで、日本酒の新しい楽しみ方を提案。レッド・アイ（P231）の日本酒版ともいえる。

Recipe
日本酒	60ml
トマト・ジュース	60ml

材料すべてを、氷を入れたゴブレットに注ぎ、ステアする。

Non-alc

ノンアルコールカクテル

高まるノンアルコール・カクテルの人気

お酒が苦手な方や、飲酒できない状況でも楽しめるのが
ノンアルコールカクテル。近年では「モクテル」とも呼ばれ、
人気も高まっている。ちなみにモクテルとは、英語の「Mock（真似た）」と
「Cocktail（カクテル）」を組み合わせた造語である。

 ファジー・
ネーブル

アルコールを
抜く →

 アンファジー・
ネーブル

 シー・ブリーズ

アルコールを
抜く →

 バージン・
ブリーズ

 ブラッディ・
メアリー

アルコールを
抜く →

 バージン・
メアリー

アンファジー・ネーブル

Unfuzzy Navel

ファジー・ネーブルの
ノンアルコール版

見た目も味もファジー・ネーブル（P208）なのに、完全ノンアルコール。シンプルなレシピなだけに、ピーチとオレンジのジュースの銘柄選びを楽しみたい。

Recipe

ピーチ・ネクター	90ml
オレンジ・ジュース	90ml
グレナデン・シロップ	2tsps

氷を入れたタンブラーに、材料すべてを注ぎステアする。

オレンジエード

Orangeade

オレンジ・ジュースが
おしゃれドリンクに

オレンジの酸味と甘みが暑さを忘れさせ、リラックスを誘う。カジュアルなパーティーなどのインドアのみならず、太陽の下でのアウトドアにも似合う。

Recipe

オレンジ・ジュース	40ml
砂糖	3tsps
水	適量
カット・オレンジ	1個

タンブラーにオレンジ・ジュースと砂糖を入れて溶かす。氷を加え冷水を満たしステア。オレンジを飾る。

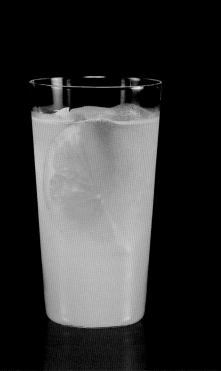

Non-alc ノンアルコール

241

0度	シェーク	夏向き
甘口		→P092
オールデイ		

サマー・ディライト

Summer Delight

赤色が目にも鮮やかな「夏の喜び」

夏に似合うカクテルの一つ。赤色が目にも
鮮やかで、ノンアルコール・ドリンクなが
ら存在感があり、気分が華やぐ。ライムの
香りと弾ける炭酸が爽やか。

Recipe
ライム・ジュース	30ml
グレナデン・シロップ	15ml
シュガー・シロップ	2tsps
プレーン・ソーダ	適量

ソーダ以外の材料をシェーク。氷入りゴブレット
に注ぎソーダを満たしステアする。

0度	ビルド
中口	
オールデイ	

サラトガ・クーラー

Saratoga Cooler

ジンジャー・エールにライムの酸味

「サラトガ」はアメリカのニューヨーク州に
ある地名。ジンジャー・エールにライムの
組み合わせがクール。モスコー・ミュール
のノンアルコール版ともいえる。

Recipe
ライム・ジュース	20ml
シュガー・シロップ	1tsp
カット・ライム	1個
ジンジャー・エール	適量

ソーダ以外の材料をシェークしてコリンズ・グラ
スに注ぐ。氷を加え、冷やしたソーダを満たし軽
くステア。ライムを飾る。

シャーリー・テンプル

Shirley Temple

グレナデンの色が映える
キュートな一杯

名は、1930年代の有名な子役女優に由来。
ノンアルコールなので子どもから大人まで
一緒に楽しめ、食事のおとも、パーティ
ー・ドリンクなど、出番は多い。

Recipe

グレナデン・シロップ.........................20ml
ジンジャー・エール.............................適量

リキュール・グラス（シャンパン・グラス）にシ
ロップとクラッシュド・アイスを入れ、冷やした
ジンジャー・エールで満たす。

0度	シェーク
中口	
オールデイ	

シンデレラ

Cinderella

フルーツの香りに包まれて
お姫様気分

オレンジ、レモン、パイナップルの3種の
ジュースをミックスしたフルーティーなノ
ンアルコール・カクテル。ソーダやジンジ
ャー・エールでアレンジも美味。

Recipe

オレンジ・ジュース 20ml
レモン・ジュース.................................20ml
パイナップル・ジュース.........................20ml

材料すべてと氷を十分にシェークしてカクテル・
グラスに注ぐ。

Non-alc ノンアルコール

バージン・ブリーズ
Virgin Breeze

シー・ブリーズの
ノンアルコール版

0度 ビルド
中口
オールデイ

シー・ブリーズ（P130、海のそよ風の意味）のノンアルコール版。鮮やかな赤色で、グレープフルーツとクランベリーの酸味と苦味でリラックスできる。

Recipe

グレープフルーツ・ジュース....	**60**ml
クランベリー・ジュース.............	**60**ml

氷を入れたタンブラーに材料すべてを注ぎステアする。

バージン・メアリー
Virgin Mary

ブラッディ・メアリーの
ノンアルコール版

0度 ビルド
中口
オールデイ

ブラッディ・メアリー（P135）のウオッカを省いたレシピ。トマトの旨味とレモンの酸味、タバスコの辛味で、ノンアルコールながら飲みごたえのある一杯だ。

Recipe

トマト・ジュース.........................	適量
レモン・ジュース.........................	**10**ml
カット・レモン.............................	**1**個

氷を入れたタンブラーに材料すべてを注ぎステア。レモンを飾る。

バージン・モスコー・ミュール
Virgin Moscow Mule

モスコー・ミュールの
ノンアルコール版

0度 ビルド
中口
オールデイ

すりおろした生のショウガのため満足感が高い。

Recipe

ライム・ジュース.........................	**20**ml
ショウガすりおろし.....................	適量
カット・ライム.............................	**1**個
ジンジャー・エール.....................	適量

飾りのライム以外の材料をマグ・カップに注ぐ。氷を加えジンジャー・エールを満たしライムを飾る。

バージン・モヒート
Virgin Mojito
ラム不使用でノンアルコールの
モヒート

0度
中口
オールデイ
ビルド

モヒート（P153）のノンアルコール版ながら、本物に迫る
味と香り。たくさんのミント、カット・ライムで彩る。

Recipe
ライム・ジュース	20ml
シュガー・シロップ	2tsps
カット・ライム	1個
ミントの葉	10〜15枚
プレーン・ソーダ	適量

タンブラーにミントを
入れて潰しジュースと
シロップを注ぎステア
し、氷を入れさらにス
テア。ライムを飾る。

パイナップル・クーラー
Pineapple Cooler
甘みと酸味の
リフレッシュドリンク

0度
中口
オールデイ
シェーク

パイナップルの甘さとライムの酸味が調和。トロピカル
な雰囲気を出したいときは、アロマティック・ビターズ
を加え、スパイシーな香りを付けるアレンジで。

Recipe
パイナップル・ジュース	60ml
ライム・ジュース	10ml
プレーン・ソーダ	適量

ソーダ以外の材料をシ
ェークしてコリンズ・グ
ラスに注ぐ。氷を加え
ソーダを満たしステア。

プッシーキャット
Pussycat
トロピカルなノンアル・カクテル

0度
中口
オールデイ
シェーク

名前は「かわいい子ネコちゃん」といった意味。オレン
ジ、パイナップル、グレープフルーツのジュースの配合
がユニーク。ネコ好きの人にもおすすめしたい。

Recipe
オレンジ・ジュース	60ml
パイナップル・ジュース	60ml
グレープフルーツ・ジュース	
	20ml
グレナデン・シロップ	10ml

材料すべてと氷をシェ
ーカーに入れ、シェー
クしてサワー・グラス
に注ぐ。

Non-alc ノンアルコール

245

プッシーフット
Pussyfoot

オレンジ&レモンを卵黄でとろりと

「ネコのようにこっそり歩く、禁酒主義者」の意。米禁酒運動家Ｗ・Ｅ・ジョンソンのあだ名が由来。柑橘の甘酸味に卵黄のコクが効いたヘルシーな一杯。

Recipe
オレンジ・ジュース	45ml
レモン・ジュース	15ml
グレナデン・シロップ	1tsp
卵黄	1個分

材料すべてと氷を十分にシェークしてカクテル・グラスに注ぐ。

プレーリー・オイスター
Prairie Oyster

卵黄を崩さず一息に飲んで
二日酔い退治!?

直訳は「野原の牡蠣」で、味付けした生卵や食用にする子牛の睾丸を指す。二日酔いの妙薬としてどうぞ。

Recipe
卵黄	1個分
ウスター・ソース	1tsp
トマト・ケチャップ	1tsp
ビネガー	2dashes
コショウ	1dash

オールド・ファッションド・グラスに卵黄を崩さず入れ、その他の材料を加える。

フロリダ
Florida

柑橘&ビターズで本格カクテルの味わい

オレンジの名産地として有名なフロリダ州の名を冠した一杯。アメリカ禁酒法時代に流行したノンアルコール・カクテル。これにジンを加えたレシピもある。

Recipe
オレンジ・ジュース	40ml
レモン・ジュース	20ml
砂糖	1tsp
アンゴスチュラ・ビターズ	2dashes

材料すべてと氷を十分にシェークしてカクテル・グラスに注ぐ。

ミルク・セーキ
Milkshake

0度	ブレンド
甘口	
オールデイ	

喫茶店やカフェでもおなじみ。子どももOK

牛乳と卵を使ったドリンクで、甘さが心と体に優しい。バニラの香りが食欲をそそり、子どもにも人気。朝食やおやつなど、さまざまなシーンで活躍する。

Recipe

牛乳	100ml
全卵	1個分
シュガー・シロップ	2tsps
バニラ・エッセンス	3dashes
クラッシュド・アイス	適量
ミントの葉	適量

ミント以外の材料すべてと氷をブレンドしてゴブレットに注ぐ。ミントを飾る。

ラバーズ・ドリーム
Lovers' Dream

0度	シェーク
中口	
オールデイ	

「恋人たちの夢」は優しい口当たり

英語で「恋人たちの夢」という意味で、「飲むと恋に落ちる」という言い伝えがあるとか。またの名を「グラスゴー・フリップ」。ロマンチックな一杯。

Recipe

レモン・ジュース	20ml
シュガー・シロップ	2tsps
全卵	1個分
ジンジャー・エール	適量

ジンジャー・エール以外の材料をシェークし、氷を入れたコリンズ・グラスに注ぐ。ジンジャー・エールを満たし、軽くステアする。

レモネード
Lemonade

0度	ビルド
中口	
オールデイ	

ソフトドリンクの代表格。寒い日はホットで

レシピに地域差はあれど、古くから世界中で愛されるドリンク。日本伝来はペリー来日の1853年頃で、1860年代後半には長崎や神戸で製造が始まったとされる。

Recipe

レモン・ジュース	40ml
砂糖	3tsps
水	適量
レモン・スライス	1枚

タンブラーにレモン・ジュースと砂糖を入れて溶かす。氷を加え冷水を満たしステア。レモンを飾る。

Mixology

ミクソロジーカクテル

ミクソロジーとは……

「ミクソロジー」という言葉は古くからあるが、
近年改めて注目を集めている。単なる飲み物としの味覚だけでなく、
視覚、嗅覚、触覚など五感が総合的に刺激される
"体験"の価値も評価されているのだろう。記念日などの特別な日に、
有名バーテンダーの店に足を運び、特別な一杯として味わいたい。

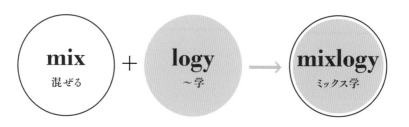

ミクソロジーカクテルには、明確な定義や公式レシピはないが、
次のような点が重視される。

- フレッシュな果物や野菜などの素材を使うこと
- 科学的な手法を用いて香りや味わいを引き出すこと
- デコレーションやパフォーマンスなどを美しく演出すること

アースアンドネイチャー

Earth & Nature

地球と自然を素材でイメージした一杯

ごぼうで大地を、パッションフルーツで自然の恵みを表現し、
バタフライピーで地球と宇宙の境界線をイメージ。スーズで作
ったグミを飾り、月のように配置する。

Recipe

ジン ....30ml^{※1}
クリア・パッションフルーツ...................................30ml^{※2}
スパイス・シロップ ....10ml^{※3}
仕上げ（ライム・ジュース1tsp、バタフライピー10ml、
　　　自家製グミ1個）

※1　自家製ごぼうジン（ジン700ml、ごぼう1本を40℃・60分・
　　　真空パックで低温調理）
※2　パッションフルーツ・ピューレ1000ml、スーズ250ml、
　　　ハニー・ウォーター250mlをブレンドし、牛乳250ml・30
　　　分でミルクウォッシング
※3　コーラ190mlを牛乳10mlでミルクウォッシング。溶液と
　　　同量の砂糖、ピール（オレンジ・レモン各1片）を加え10
　　　分加熱し冷ます

仕上げ以外の材料をステアし、氷
を入れたオールドファッション
ド・グラスに注ぐ。仕上げ材料を
フロートし、グミを飾る。

Mixology ミクソロジー

249

イースターNo.10

Easter No. 10

祭典をイメージ。ハレの日やお祝いに

2015年、清崎雄二郎氏がWorld Class Signature cocktail部門優勝。
イースターエッグの祭典をイメージし、卵白とストロベリー・
パウダーに花を添える。

Recipe

A	ジン	40ml
	エルダーフラワー・リキュール	15ml
	バニラ・シロップ	10ml
	ライム・ジュース	10ml
	卵白	1個分
B	グレープフルーツ・ジュース	40ml
	カモミール・シロップ	10ml
	オレンジフラワー・ウォーター	4dashes
	ストロベリー・パウダー適量	

ブレンダーで撹拌した**A**を氷とシェークして卵型の器に注ぐ。**B**をソーダ・サイフォンに入れCO_2を注入。器に注ぎ軽くステア。ストロベリー・パウダーを振る。

液体菓子
Liquid Candy

グラスから飛び出す泡でお菓子風

グラスから飛び出した泡をお菓子に見立てて創作。副材料も自由な発想で。

Recipe

ジン 40ml	バニラ・シロップ
ライム・ジュース	.... 10ml
.... 10ml	卵白 1個分
レモン・ジュース	クチナシ蒸留水
.... 10ml	.... 5ml※
カモミール・シロップ	生クリーム 25ml
.... 10ml	コンブチャ 60ml

※クチナシの葉と水500mlをブレンダーで撹拌後、減圧蒸留機で蒸留

ジンとクチナシ蒸留水までの材料をブレンドし、生クリームを加えシェーク。氷を加えさらにシェーク。コンブチャを入れたグラスの淵まで注ぎステア。約2分で泡が固まったら残りの液体を注ぎ、さらに泡を立たせる。

そばにいて
Stay with me
Stay with me

和風スクリュードライバー

スクリュードライバーを和風にアレンジ。そば茶の香ばしさが加わり、味わいに立体感が生まれる。デコレーションも和風に。

Recipe

ウオッカ	30ml
オレンジ・ジュース	50ml
シュガー・シロップ	10ml
そば茶	10g
牛乳	10ml

牛乳以外の材料をブレンダーで撹拌。牛乳を加え30分後フィルターでこす。溶液をステアし氷を入れた器に注ぐ。

Mixology ミクソロジー

フォレスト ダイニング
Forest Dining

森の中の食卓をイメージ

森の香りと野菜のテイストで、森の中で食卓を囲んで楽しむ状況を表現した。

Recipe
ジン ....**60ml**※
ハーブ（ウッディナッティーとアマランサス、タイム）...適量
プレーン・ソーダ.................................**40ml**

※自家製トマト・ジン・ティー（カクテルトマト4個、ジン135ml、アールグレイ紅茶90ml、ベルガモット・シロップ40ml［ベルガモット・ソーダ1：上白糖1］、ライム・ジュース10ml、オレンジ・フラワー4dashesをブレンダーで混ぜ、別容器に入れた飲むヨーグルトに移し、30分後フィルターでこす

氷を入れた好みのグラスに、トマト・ジン・ティーとソーダを加えステア。ウッディナッティーとアマランサス、タイムを飾る。

柚子緑茶の ジン・トニック
Yuzu Green Tea & Gin Tonic

和素材でジン・トニックを

定番カクテルのジン・トニックを日本風にアレンジ。土の質感が活きた抹茶椀に入れ金粉を振ると、和のイメージがアップ。おもてなしにぴったりの雰囲気に。

Recipe
ジン **40ml**
シュガー・シロップ.............................**10ml**
水出し柚子緑茶パック
トニック・ウォーター.........................**50ml**
金粉 ....適量

金粉以外の材料をシェークし、氷を入れた器に注ぎトニック・ウォーター（適量、分量外）

10度台
辛口
食後
ステア

ラーメン

Ramen

締めにテキーラ・サンライズ？

テキーラ・サンライズのアレンジ。飲みの締めのラーメン文化をカクテルに。テキーラはブランコを選択。乾燥なるとや海苔適量、トリュフ・オイル2dashesを飾っても。

Recipe

テキーラ ブランコ	30ml
オレンジ・ジュース	50ml
ライム・ジュース	10ml
シロップ	1tsp
ホワイト・ペッパー	7振り
醤油	1/2tsp

牛乳（分量外）に、すべての材料を加え、30分後フィルターでこす。溶液をステアし、氷を入れた器に注ぐ。

30度台
辛口
オールデイ
ステア

ラボラトリー マルガリータ

Laboratory Margarita

ソルトスノーには蟻塩を使用

研究室で作るカクテルをイメージ。マルガリータのスノー・スタイルは蟻塩を使用。

Recipe

テキーラ	40ml
スダチ・コアントロー	20ml[※1]
コーヒー・アシッド・ウォーター	10ml[※2]

※1　スダチと青柚各2個分のピールを水200mlに一晩漬けフィルターでこし、上白糖と1：1で合わせる。

※2　アイス・コーヒー500mlをエバポレーターで蒸留。クエン酸17g、リンゴ酸12g、上白糖50gを入れて溶かす。

Mixology ミクソロジー

Low-carb

糖質オフカクテル

糖質オフカクテルとは…

健康のためにダイエットや糖質制限をしている方には、
糖質オフカクテルという選択肢もある。
低糖質な蒸留酒をベースとして、砂糖や糖分を含むリキュール、果汁の
代わりに低糖質の素材をミックスして糖質を抑えるというテクニックだ。

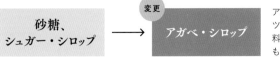

砂糖、シュガー・シロップ	変更 → アガベ・シロップ

アガベ・シロップ（リュウゼツラン科の植物の樹液の甘味料）に代えることで、少量でも甘みを感じられる。

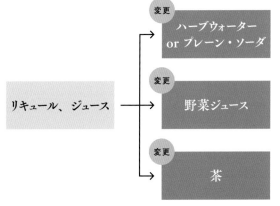

変更 ハーブウォーター or プレーン・ソーダ

無糖のハーブウォーターやプレーン・ソーダをミックスすることで、カクテルの糖質を抑えることができる。

リキュール、ジュース

変更 野菜ジュース

野菜のジュースをミックスすることで、糖質を抑え野菜の栄養も摂取できる。生絞りすればフレッシュさも倍増。

変更 茶

緑茶、烏龍茶、紅茶など多様なお茶をカクテルに用いることで、個性的なお茶の風味を活かして糖質を抑えられる。

10度台	ステア
辛口	
オールデイ	

アイラ
ローストティー

Islay Roasted Tea

スモーキーなウイスキーに
ほうじ茶が調和

アイラ・ウイスキーのスモーキーさとほう
じ茶の香ばしさの合性を存分に感じられる
一杯。好みでアガベ・シロップを加えても。

Recipe ─────────

アイラ・ウイスキー 30ml
ほうじ茶 ....80ml[※]

※あらかじめ淹れて冷ましておく

材料すべてと氷でステアしてカクテル・グラスに
注ぐ。

2-10度未満	ビルド
中口	
オールデイ	

ウオッカ
大根ソーダ

Vodka Daikon Soda

クセのないウオッカが大根と好相性

大根の滋味が心と身体を温めつつ、ウオッ
カのクセのないアルコールの刺激が優しい。
冬に飲んで欲しい一杯。シェーカーはボス
トン・シェーカーを使用。

Recipe ─────────

ウオッカ 30ml
大根ジュース 15ml
グレープフルーツ・ジュース 30ml
プレーン・ソーダ ....適量
紫蘇の葉 1枚

大根はスロージューサーで絞っておく。材料すべ
てを、氷を入れたタンブラーへ注ぐ。紫蘇を飾る。

紫蘇スマッシュ
Shiso Smash

アガベ・シロップで甘みをつけて
糖質オフ

ジンと香り高い紫蘇が共演。アガベという植物の根茎から抽出された甘味料であるアガベ・シロップは豊かな甘みがあるのに、血糖値の上昇を穏やかにする。

Recipe
ジン	45ml
フレッシュ・レモン・ジュース	15ml
アガベ・シロップ	1tsp
紫蘇の葉	適量

クラッシュド・アイスと材料すべてをシェーカーに入れ、紫蘇を砕きつつシェーク。氷を入れたロック・グラスへ注ぐ。

ティータイム
Tea Time

フルーツ風味の紅茶カクテル

シェリー酒は糖質がなく、すっきりとした味わい。カルバドスのリンゴとアールグレイを合わせれば、大人のティータイムの始まり。気品ある味わいが魅力。

Recipe
カルバドス	20ml
フィノ・シェリー	20ml
アールグレイ紅茶	70ml
アガベ・シロップ	1tsp

アールグレイ紅茶は作り置いたものを冷ましておく。材料すべてをタンブラーへ注ぎ、ビルドして仕上げる。

10度台 ステア
辛口
食前

マティーニ＆
ハーブウォーター
Martini & Herbal Water
好みでハチミツを加えても

ボタニカルの酒類によく合うレシピ。大人のハーブティーへ変化。

Recipe
ジン...45ml
ドライ・ベルモット 15ml
カモミール＆ミントティー.....................70ml※
ミントの葉..適量

※あらかじめ淹れて冷ましておく

ジン、ベルモット、カモミール＆ミントティーを注ぎステアし、氷を入れたタンブラーに注ぐ。ミントを飾る。

10度台 シェーク
辛口
オールデイ

モヒートリッキー
Mojito Rickie
ノン・シュガーでモヒートをさっぱり

さっぱり味で知られるモヒートだが糖質が含まれるため、ほぼ甘さのないモヒートを考案。砂糖不使用の糖質オフなので、糖質制限中でもOK。

Recipe
ホワイト・ラム...................................45ml
フレッシュ・ライム・ジュース................10ml
ミントの葉..5～6枚
プレーン・ソーダ..................................適量

プレーン・ソーダ以外の材料をシェーク。氷を入れたタンブラーへ注ぐ。プレーン・ソーダで満たし、ミントを飾る。

Low-carb 糖質オフ

Others

その他

伝統や文化を象徴する世界の地酒

世界中の各地域において多種多様な地酒が存在しており、
気候や農産物との密接な関係が見て取れる。地酒とは、
その地域の伝統や文化を象徴する存在ともいえる。
行かずとも異国情緒を感じられるのも、カクテルの醍醐味だろう。

梅酒（日本）

梅酒は、梅の実を砂糖や酒と漬け込んだ日本伝統の酒である。ベースとしてはホワイトリカーがよく用いられるが、日本酒やブランデーのものもある。甘酸っぱい香りを活かし、さまざまなカクテルにアレンジできる。

カシャーサ（ブラジル）

カシャーサは、サトウキビの絞り汁を発酵させて蒸留した酒で、ピンガとも呼ばれる。ラムと似ているが、草の香りがより強い。カシャーサにライムと砂糖を加えたカイピリーニャは、ブラジルの国民的なドリンクである。

アクアビット（デンマーク）

アクアビットは、主にジャガイモを発酵させて蒸留した酒に、ハーブやスパイスを加えた酒。アクアビットが愛好されるデンマークの首都名を冠したシティカクテル（都市名を冠したカクテル）としてコペンハーゲンがある。

梅ごこち
P259

カイピリーニャ
P260

コペンハーゲン
P260

梅ごこち
Ume Gokochi

梅酒と日本酒の知られざる好相性

風味豊かな梅酒に日本酒を合わせ、シュガー・シロップとグレナデン・シロップで甘みと色味を強調。すがすがしい酸味とふくよかな味わいがマッチ。

Recipe
梅酒..80ml
日本酒......................................50ml
シュガー・シロップ.................2tsps
グレナデン・シロップ...............1tsp
プレーン・ソーダ......................適量

プレーン・ソーダ以外の材料と氷でステアしてグラスに注ぎ、氷を入れたコリンズ・グラスに注いで軽くステアする。

梅酒ジンジャー
Umeshu Ginger

梅酒の甘みとショウガの刺激が心地良い

梅酒の甘酸っぱさ、ジンジャー・エールの辛味の"いいとこ取り"ができるシンプルながら奥深いレシピ。アルコール度数も低めなので、気軽に楽しめる。

Recipe
梅酒..40ml
ジンジャー・エール..................80ml

材料すべてを、氷を入れたタンブラーに注ぎ、ステアする。

Others その他

梅酒パナシェ
Umeshu Panaché

2-10度未満 / 中口 / オールデイ / ビルド

梅酒のパナシェ（ビール割り）スタイル

パナシェはフランス語で「混ぜ合わせた」という意味で、ビールと炭酸水のカクテルの総称。梅酒とビールの相性は抜群で、シンプルながらおしゃれな一杯に。

Recipe

梅酒	1/3
ビール	2/3

材料すべてを、氷を入れたタンブラーに注ぎ、ステアする。

カイピリーニャ
Caipirinha

20度台 / 中口 / オールデイ / ビルド

スペイン風邪の予防薬説 →P088 歴史

ブラジルの国民的カクテル。ライムが爽快

名前は「田舎者」といった意味だが、洗練された味わい。カシャーサというサトウキビから作る酒で作り、ブラジルの情熱を感じさせる一杯に仕上げたい。

Recipe

カシャーサ51	45ml
ライム（ぶつ切り）	1/2個分
シュガー・シロップ	1tsp

オールド・ファッションド・グラスにライムを入れ砂糖を加えて潰す。クラッシュド・アイスとカシャーサを加え軽くステア。

コペンハーゲン
Copenhagen

20度台 / 中口 / オールデイ / シェーク

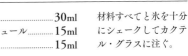

ジャガイモの酒「アクアビット」を爽快に

名前はデンマークの首都から。ベースのアクアビット（語源はラテン語で「生命の水」）は北欧特産ジャガイモの蒸留酒。ジンよりもハーブ香は強め。

Recipe

アクアビット	30ml
マンダリン・リキュール	15ml
ライム・ジュース	15ml

材料すべてと氷を十分にシェークしてカクテル・グラスに注ぐ。

カクテル早わかり表

カクテルのアルコール度数、味などを一覧表にしたものです。

【味わい】 甘＝甘口、中＝中口、辛＝辛口、中甘辛＝中甘辛口、中辛＝中辛口、濃厚
【TPO】 食前、食中、食後、オールデイ
【グラス】 カクテル＝カクテル・グラス、オールド・ファッションド＝オールド・ファッションド・グラス、
タンブラー、コリンズ＝コリンズ・グラス、ゴブレット、マグ、ロック＝ロック・グラス、
シェリー＝シェリー・グラス、シャンパン＝シャンパン・グラス、サワー＝サワー・グラス、
ワイン＝ワイン・グラス、リキュール＝リキュール・グラス、ピルスナー
【炭酸】 特別な記載なき場合は適量

ベース	カクテル名	ページ	度数	味わい	TPO	形・グラスの例	色の系統	技法	ベース	その他の材料	炭酸
ジン	アースクェイク	097	40度台	辛	オールデイ	カクテル	透明系（黄）	シェーク	ジン20	ウイスキー 20ml アブサン 20ml	
	アイデアル	097	30度台	中	食前	カクテル	白系	シェーク	ジン40	ドライ・ベルモット 20ml グレープフルーツ・ジュース 1tsp マラスキーノ・リキュール 3dashes	
	青い珊瑚礁	097	40度台	中	オールデイ	カクテル	緑系	シェーク	ジン40	グリーン・ミント・リキュール 20ml マラスキーノ・チェリー 1個	
	アカシア	098	40度台	中	オールデイ	カクテル	透明系（黄）	シェーク	ジン40	ベネディクティンDOM 20ml キルシュワッサー 2dashes	
	アビエイション	098	30度台	中辛	食前	カクテル	白系	シェーク	ジン45	レモン・ジュース 15ml マラスキーノ・リキュール 1tsp	
	アペタイザー	098	20度台	中	食前	カクテル	赤系	シェーク	ジン30	デュボネ 15ml オレンジ・ジュース 15ml	
	アラウンド・ザ・ワールド	099	30度台	中	オールデイ	カクテル	緑系	シェーク	ジン40	グリーン・ミント・リキュール 10ml パイナップル・ジュース 10ml ミント・チェリー 1個	
	アラスカ	099	40度台	中	食前	カクテル	透明系（黄）	シェーク	ジン45	シャルトリューズ・ジョーヌ 15ml	
	アラバマ・フィズ	099	10度台	中	オールデイ	タンブラー	透明系	シェーク	ジン45	レモン・ジュース 20ml 砂糖 2tsps ミントの葉 適量	プレーン・ソーダ
	アレキサンダーズ・シスター	100	30度台	甘	食後	カクテル	薄緑系	シェーク	ジン30	グリーン・ミント・リキュール 15ml 生クリーム15ml	
	エメラルド	100	40度台	中	オールデイ	カクテル	透明系（茶）	ステア	ジン20	スイート・ベルモット 20ml シャルトリューズ・ヴェール 20ml オレンジ・ビターズ 1dash マラスキーノ・チェリー 1個	
	エメラルド・クーラー	100	2-10度未満	中	オールデイ	コリンズ	透明系（薄緑）	シェーク	ジン30	グリーン・ミント・リキュール 15ml レモン・ジュース 15ml シュガー・シロップ 10ml	プレーン・ソーダ
	オレンジ・フィズ	101	10度台	中	オールデイ	タンブラー	オレンジ系	シェーク	ジン45	オレンジ・ジュース 30ml レモン・ジュース 15ml 砂糖 1tsp	プレーン・ソーダ
	オレンジ・ブロッサム	101	30度台	中	食前	カクテル	オレンジ系	シェーク	ジン40	オレンジ・ジュース 20ml	
	カジノ	101	40度台	辛	食前	カクテル	透明系	ステア	ジン60	マラスキーノ・リキュール 2dashes オレンジ・ビターズ 2dashes レモン・ジュース2dashes	
	カルーソー	102	30度台	中	食前	カクテル	緑系	ステア	ジン30	ドライ・ベルモット 15ml グリーン・ミント・リキュール 15ml	

ベース	カクテル名	ページ	度数	味わい	TPO	形・グラスの例	色の系統	技法	ベース	その他の材料	炭酸
	キウイ・マティーニ	102	40度台	中	食前	カクテル	緑系	シェーク	ジン50	キウイフルーツ 1/2個 砂糖 1tsp スライス・キウイ 1枚	
	キッス・イン・ザ・ダーク	102	20度台	中甘辛	オールデイ	カクテル	赤系	シェーク	ドライ・ジン20	ドライ・ベルモット 20ml チェリー・ブランデー 20ml	
	ギブソン	103	40度台	辛	食前	カクテル	透明系	ステア	ジン50	ドライ・ベルモット 10ml パール・オニオン 1個	
	ギムレット	103	30度台	中甘辛	食前	カクテル	白系	シェーク	ジン45	ライム・ジュース 15ml 砂糖 1tsp	
	クイーン・エリザベス	103	30度台	中甘辛	オールデイ	カクテル	白系	シェーク	ジン30	ホワイト・キュラソー 15ml レモン・ジュース 15ml アニゼット・リキュール 1dash	
	クラリッジ	104	30度台	中	オールデイ	カクテル	透明系（黄）	シェーク	ジン20	ドライ・ベルモット 20ml アプリコット・リキュール 10ml ホワイト・キュラソー 10ml	
	グリーン・アラスカ	104	40度台	辛	食前	カクテルorオールド・ファッションド	透明系（薄緑）	シェーク	ジン45	シャルトリューズ・ヴェール 15ml	
	クローバー・クラブ	104	20度台	甘	オールデイ	カクテル（ソーサー型）	赤系	シェーク	ジン3/5	グレナデン・シロップ 1/5 レモン・ジュース 1/5 卵白 1個分	
	ゴールデン・フィズ	105	10度台	中	オールデイ	タンブラー	黄系	シェーク	ジン45	レモン・ジュース 20ml 砂糖 2tsps 卵黄 1個分	プレーン・ソーダ
	サケティーニ	105	30度台	辛	食前	オールド・ファッションド	透明系	ステア	ドライ・ジン45	日本酒 15ml オリーブ 1個	
ジン	ザザ	105	30度台	中	食前	カクテル	赤系	ステア	ジン30	デュボネ 30ml アンゴスチュラ・ビターズ 1dash	
	シーブリーズ・クーラー	106	2-10度未満	中	オールデイ	タンブラー	赤系	シェーク	ジン30	アプリコット・リキュール 15ml レモン・ジュース 20ml グレナデン・シロップ 10ml	プレーン・ソーダ
	シルバー・ブレット	106	30度台	中	食前	カクテル	白系	シェーク	ジン30	キュンメル 15ml レモン・ジュース 15ml	
	ジン・アンド・イット	106	30度台	中甘辛	食前	カクテル	赤茶系	ビルド	ジン30	スイート・ベルモット 30ml	
	ジン・クラスタ	107	30度台	中	オールデイ	ワイン	透明系	シェーク	ジン60	マラスキーノ・リキュール 1tsp レモン・ジュース 1tsp アンゴスチュラ・ビターズ 1dash スパイラル・レモン・ピール 1個分 砂糖 適量	
	ジン・スウィズル	107	20度台	中	オールデイ	タンブラー	透明系	ビルド	ジン45	ライム・ジュース 20ml 砂糖 1tsp アンゴスチュラ・ビターズ 1dash ライム・スライス 1枚	
	ジン・スマッシュ	107	40度台	辛	オールデイ	オールド・ファッションド	透明系	ビルド	ジン60	砂糖 1tsp オレンジ・スライス 1枚 ミントの葉 適量	
	ジン・スリング	108	10度台	中	オールデイ	タンブラー	透明系	ビルド	ジン45	砂糖 1tsp	水かプレーン・ソーダ
	ジン・デイジー	108	20度台	中	オールデイ	ゴブレット	透明系（ピンク）	シェーク	ジン45	レモン・ジュース 20ml グレナデン・シロップ 10ml レモン・スライス 1枚	
	ジン・トニック	108	10度台	中	オールデイ	タンブラー	透明系	ビルド	ジン45	カット・ライム 1個	トニック・ウォーター

ベース	カクテル名	ページ	度数	味わい	TPO	形・グラスの例	色の系統	技法	ベース	その他の材料	炭酸
ジン	ジン・バック	109	10度台	中	オールデイ	タンブラー	透明系	ビルド	ドライ・ジン45	ライム・ジュース 20ml	ジンジャー・エール
	ジン・ビターズ	109	40度台	辛	食前	シェリー	透明系（黄・茶）	ビルド	ジン60	アンゴスチュラ・ビターズ 2dashes	
	ジン・フィズ	109	10度台	中	オールデイ	タンブラー	透明系	シェーク	ジン45	レモン・ジュース 20ml 砂糖 2tsps	プレーン・ソーダ
	ジン・ライム	110	30度台	中	オールデイ	オールド・ファッションド	透明系	ビルド	ジン45	ライム・ジュース 15ml カット・ライム 1個	
	ジン・リッキー	110	10度台	辛	オールデイ	タンブラー	透明系	ビルド	ジン45	ライム 1/2個	プレーン・ソーダ
	シンガポール・スリング	110	10度台	中甘辛	オールデイ	タンブラー	透明系（赤）	シェーク	ジン45	チェリー・リキュール 20ml レモン・ジュース 20ml	プレーン・ソーダ
	スイート・マティーニ	111	30度台	甘	オールデイ	カクテル	透明系（赤）	ステア	ジン40	スイート・ベルモット 20ml マラスキーノ・チェリー 1個	
	スプリング・フィーリング	111	30度台	中	オールデイ	カクテル	透明系（薄緑）	シェーク	ジン30	シャルトリューズ・ヴェール 15ml レモン・ジュース 15ml	
	セブンス・ヘブン	111	40度台	中	食前	カクテル	白系	シェーク	ジン4/5	マラスキーノ・リキュール 1/5 グレープフルーツ・ジュース 1tsp ミント・チェリー 1個	
	タンゴ	112	20度台	中甘辛	オールデイ	カクテル	オレンジ系	シェーク	ジン2/5	ドライ・ベルモット 1/5 スイート・ベルモット 1/5 オレンジ・キュラソー 1/5 オレンジ・ジュース 2dashes	
	チャールストン	112	20度台	中	オールデイ	カクテル	赤茶系	シェーク	ジン10	キルシュワッサー 10ml オレンジ・キュラソー 10ml マラスキーノ・リキュール 10ml ドライ・ベルモット 10ml スイート・ベルモット 10ml	
	テキサス・フィズ	112	10度台	中	オールデイ	タンブラー	オレンジ系	シェーク	ジン45	オレンジ・ジュース 20ml 砂糖 2tsps	プレーン・ソーダ
	トム・コリンズ	113	10度台	中	オールデイ	コリンズ	透明系	ビルド	オールド・トム・ジン45	レモン・ジュース 20ml 砂糖 2tsps	プレーン・ソーダ
	ドライ・マティーニ	113	40度台	辛	食前	カクテル	透明系	ステア	ジン4/5	ドライ・ベルモット 1/5 オリーブ 1個 レモン・ピール 1個	
	ネグローニ	113	30度台	中	食前	オールド・ファッションド	赤茶系	ビルド	ジン30	カンパリ 30ml スイート・ベルモット 30ml カット・オレンジ 1個	
	ノックアウト	114	40度台	辛	オールデイ	カクテル	透明系（薄緑）	シェーク	ジン20	ドライ・ベルモット 20ml アブサン 20ml ホワイト・ミント・リキュール 1tsp	
	バーテンダー	114	20度台	中	オールデイ	カクテル	赤茶系	ステア	ジン15	フィノ・シェリー 15ml ドライ・ベルモット 15ml デュボネ 15ml オレンジ・キュラソー 1dash	
	パラダイス	114	20度台	中	食後	カクテル	オレンジ系	シェーク	ジン30	アプリコット・リキュール 15ml オレンジ・ジュース 15ml	
	パリジャン	115	20度台	中	食前	カクテル	赤系	ステア	ジン20	ドライ・ベルモット 20ml カシス・リキュール 20ml	
	ハワイアン	115	20度台	甘	オールデイ	カクテル	オレンジ系	シェーク	ジン30	オレンジ・ジュース 30ml オレンジ・キュラソー 1tsp	
	ビューティ・スポット	115	30度台	中	オールデイ	カクテル	赤茶系	シェーク	ジン30	ドライ・ベルモット 15ml スイート・ベルモット 15ml オレンジ・ジュース 1tsp グレナデン・シロップ 1/2tsp	
	ピンク・ジン	116	40度台	辛	食前	カクテル	透明系（黄・茶）	ステア	ジン60	アンゴスチュラ・ビターズ 2dashes	

ベース	カクテル名	ページ	度数	味わい	TPO	形・グラスの例	色の系統	技法	ベース	その他の材料	炭酸
ジン	ピンク・レディ	116	30度台	中	オールデイ	カクテル	赤系	シェーク	ジン45	グレナデン・シロップ 15ml レモン・ジュース 1tsp 卵白 1個分	
	ファイン・アンド・ダンディ	116	30度台	中	食前	カクテル	淡黄系	シェーク	ドライ・ジン30	ホワイト・キュラソー 15ml レモン・ジュース 15ml アロマティック・ビターズ 1dash	
	ブラッディ・サム	117	20度台	辛	食前	タンブラー他	赤系	ビルド	ジン45	トマト・ジュース 適量 レモン・ジュース 1tsp	
	プリンセス・メアリー	117	30度台	中	食後	カクテル	薄茶系	シェーク	ジン30	ブラウン・カカオ・リキュール 15ml 生クリーム 15ml	
	ブルー・ムーン	117	30度台	中甘辛	オールデイ	カクテル	紫〜青系	シェーク	ドライ・ジン30	バイオレット・リキュール 15ml レモン・ジュース 15ml	
	フレンチ75	118	10度台	中甘辛	オールデイ	コリンズ	透明系	シェーク	ジン45	レモン・ジュース 20ml 砂糖 1tsp シャンパン 適量	
	ブロンクス	118	20度台	中甘辛	オールデイ	カクテル	オレンジ系	シェーク	ジン30	ドライ・ベルモット 10ml スイート・ベルモット 10ml オレンジ・ジュース 10ml	
	ブロンクス・テラス	119	20度台	中	オールデイ	カクテル	透明系	シェーク	ジン30	ドライ・ベルモット 20ml ライム・ジュース 10ml	
	ベネット	119	30度台	辛	食前	カクテル	淡黄系	シェーク	ドライ・ジン45	ライム・ジュース 15ml アロマティック・ビターズ 1dash 砂糖 1/2tsp	
	ホノルル	119	30度台	中	食前	カクテル	透明系（黄）	シェーク	ジン20	マラスキーノ・リキュール 20ml ベネディクティン DOM 20ml	
	ホワイト・レディ	120	30度台	中甘辛	食前	カクテル	白系	シェーク	ジン30	ホワイト・キュラソー 15ml レモン・ジュース 15ml	
	ホワイト・ローズ	120	20度台	中	オールデイ	シャンパン	黄系	シェーク	ジン40	マラスキーノ・リキュール 15ml オレンジ・ジュース 15ml レモン・ジュース 15ml 卵白 1個分	
	マティーニ	120	30度台	辛	食前	カクテル	透明系	ステア	ジン45	ドライ・ベルモット 15ml オリーブ 1個 レモン・ピール 1個	
	マティーニ・オン・ザ・ロック	121	40度台	辛	食前	オールド・ファッションド	透明系	ステア	ジン4/5	ドライ・ベルモット 1/5 オリーブ 1個 レモン・ピール 1個	
	ミディアム・マティーニ	121	30度台	中	食前	カクテル	淡黄系	ステア	ジン40	ドライ・ベルモット 10ml スイート・ベルモット 10ml オリーブ 1個	
	ミリオン・ダラー	121	20度台	甘	食後	シャンパン（ソーサー型）	ピンク系	シェーク	ジン3/5	スイート・ベルモット 1/5 パイナップル・ジュース 1/5 グレナデン・シロップ 1tsp 卵白 1個分 カット・パイナップル 1個	
	ヨコハマ	122	20度台	中	オールデイ	カクテル	赤系	シェーク	ジン20	ウオッカ 10ml オレンジ・ジュース 20ml グレナデン・シロップ 10ml アブサン 1dash	
	ラッフルズ・スリング	122	10度台	甘	オールデイ	タンブラー	赤系	シェーク	ジン30	チェリー・リキュール 15ml コアントロー 1tsp ベネディクティンDOM 1tsp アンゴスチュラ・ビターズ 1dash ライム・ジュース 15ml パイナップル・ジュース 120ml グレナデン・シロップ 2tsps	
	ロイヤル・フィズ	123	10度台	中	オールデイ	タンブラー	オレンジ系	シェーク	ジン45	レモン・ジュース 20ml 砂糖 2tsps 全卵 1個	プレーン・ソーダ

ベース	カクテル名	ページ	度数	味わい	TPO	形・グラスの例	色の系統	技法	ベース	その他の材料	炭酸
ジン	ロング・アイランド・アイス・ティー	123	20度台	中	オールデイ	ゴブレット	琥珀系	ビルド	ジン15	ウオッカ 15ml ホワイト・ラム 15ml テキーラ 15ml ホワイト・キュラソー 2tsps レモン・ジュース 30ml 砂糖 1tsp レモン・スライス 1枚	コーラ 40ml
ウオッカ	アクア	125	2-10度未満	中	オールデイ	タンブラー	透明系（薄緑）	シェーク	ウオッカ 30	グリーン・ミント・リキュール 20ml ライム・ジュース 10ml	トニック・ウォーター
	ウオッカ・アイスバーグ	125	40度台	辛	食前	オールド・ファッションド	透明系	ビルド	ウオッカ 60	アブサン 1dash	
	ウオッカ・アップル・ジュース	126	10度台	中	オールデイ	タンブラー	透明系（黄）	ビルド	ウオッカ 45	アップル・ジュース 適量	
	ウオッカ・ギブソン	126	30度台	辛	食前	カクテル	透明系	ステア	ウオッカ 50	ドライ・ベルモット 10ml パール・オニオン 1個	
	ウオッカ・ギムレット	127	30度台	中甘辛	食前	カクテル	白系	シェーク	ウオッカ 45	ライム・ジュース 15ml 砂糖 1tsp	
	ウオッカ・スティンガー	127	30度台	甘	オールデイ	カクテル	透明系	シェーク	ウオッカ 40	ホワイト・ミント・リキュール 20ml	
	ウオッカ・スリング	128	10度台	中	オールデイ	タンブラー	透明系	ビルド	ウオッカ 45	砂糖 1tsp	水かプレーン・ソーダ
	ウオッカ・トニック	128	10度台	中	オールデイ	タンブラー	透明系	ビルド	ウオッカ 45	カット・ライム 1個	トニック・ウォーター
	ウオッカ・リッキー	128	10度台	辛	オールデイ	タンブラー	透明系	ビルド	ウオッカ 45	ライム 1/2個	プレーン・ソーダ
	ウオッカ・マティーニ	129	30度台	辛	食前	カクテル	透明系	ステア	ウオッカ 4/5	ドライ・ベルモット 1/5 オリーブ 1個 レモン・ピール 1個	
	コザック	129	30度台	辛	オールデイ	カクテル	透明系（黄）	シェーク	ウオッカ 2/5	ブランデー 2/5 ライム・ジュース 1/5 砂糖 1tsp	
	コスモポリタン	129	20度台	中甘辛	オールデイ	カクテル	赤系	シェーク	レモン・フレーバード・ウオッカ 30	コアントロー 10ml ライム・ジュース 10ml クランベリー・ジュース 10ml	
	ゴッドマザー	130	30度台	中	食後	オールド・ファッションド	琥珀系	ビルド	ウオッカ 45	アマレット・リキュール 15ml	
	シー・ブリーズ	130	10度台	中	オールデイ	ロック	赤系	シェーク	ウオッカ 20	グレープフルーツ・ジュース 20ml クランベリー・ジュース 20ml	
	ジプシー・クイーン	130	40度台	中	オールデイ	カクテル	透明系（黄）	シェーク	ウオッカ 4/5	ベネディクティンDOM 1/5 アンゴスチュラ・ビターズ 1dash	
	スクリュードライバー	131	10度台	中甘辛	オールデイ	タンブラー	オレンジ系	ビルド	ウオッカ 45	オレンジ・ジュース 適量	
	スレッジ・ハンマー	131	30度台	辛	食前	カクテル	白系	シェーク	ウオッカ 50	ライム・ジュース（コーディアル）10ml	
	セックス・オン・ザ・ビーチ	131	10度台	甘	オールデイ	タンブラー	赤系	シェーク	ウオッカ 40	ピーチ・シュナップス 20ml オレンジ・ジュース 40ml クランベリー・ジュース 40ml オレンジ・スライス 1個	
	ソルティ・ドッグ	132	10度台	中	オールデイ	オールド・ファッションド、ロックグラス	白系	ビルド	ウオッカ 45	グレープフルーツ・ジュース 適量 塩 適量	
	タワーリシチ	132	30度台	中辛	オールデイ	カクテル	透明系（黄）	シェーク	ウオッカ 30	キュンメル 15ml ライム・ジュース 15ml	

ベース	カクテル名	ページ	度数	味わい	TPO	形・グラスの例	色の系統	技法	ベース	その他の材料	炭酸
ウオッカ	チチ	132	2-10度未満	中	オールデイ	ゴブレット	乳白色系	シェーク	ウオッカ30	パイナップル・ジュース80ml ココナッツ・ミルク 45ml カット・パイナップル 1個 マラスキーノ・チェリー 1個	
	ツァリーヌ	133	20度台	中	オールデイ	カクテル	透明系（黄）	ステア	ウオッカ30	ドライ・ベルモット 15ml アプリコット・リキュール 15ml アンゴスチュラ・ビターズ 1dash	
	バーバラ	133	20度台	甘	食後	カクテル	薄茶系	シェーク	ウオッカ30	ブラウン・カカオ・リキュール 15ml 生クリーム 15ml	
	ハーベイ・ウォールバンガー	133	10度台	中	オールデイ	タンブラー	オレンジ系	ビルド	ウオッカ45	オレンジ・ジュース 適量 ガリアーノ・オーセンティコ 10ml	
	バラライカ	134	20度台	中甘辛	食前	カクテル	白系	シェーク	ウオッカ30	ホワイト・キュラソー 15ml レモン・ジュース 15ml	
	ファステスト・ブラッディ・メアリー	134	40度台	中	オールデイ	ショット	透明系	ビルド	ウオッカ60	カット・トマト 1個 塩・コショウ 少々	
	ブラック・ルシアン	134	30度台	甘	食後	オールド・ファッションド	黒・琥珀系	ビルド	ウオッカ40	コーヒー・リキュール 20ml	
	ブラッディ・シーザー	135	10度台	辛	オールデイ	タンブラー	赤系	ビルド	ウオッカ45	クラマト・ジュース 適量 レモン・ジュース 5ml	
	ブラッディ・ブル	135	10度台	中	食前	タンブラー	赤系	ビルド	ウオッカ45	レモン・ジュース 15ml トマト・ジュース 適量 ビーフ・ブイヨン 適量	
	ブラッディ・メアリー	135	10度台	辛	オールデイ	タンブラー	赤系	ビルド	ウオッカ45	トマト・ジュース 適量 レモン・ジュース 1tsp スティック・セロリ 適量	
	ブル・ショット	136	10度台	辛	食前	タンブラー	琥珀系	シェーク	ウオッカ45	ビーフ・ブイヨン 適量	
	ブルー・ラグーン	136	20度台	中	オールデイ	カクテル	透明系（青）	シェーク	ウオッカ30	ブルー・キュラソー 20ml レモン・ジュース 20ml マラスキーノ・チェリー 1個	
	ブルドッグ	136	10度台	中	オールデイ	オールド・ファッションド、ロックグラス	白系	ビルド	ウオッカ45	グレープフルーツ・ジュース 適量	
	ボルガ	137	20度台	中	オールデイ	カクテル	赤系	シェーク	ウオッカ40	ライム・ジュース 10ml オレンジ・ジュース 10ml オレンジ・ビターズ 1dash グレナデン・シロップ 2dashes	
	ボルガ・ボートマン	137	20度台	中	オールデイ	カクテル	赤系	シェーク	ウオッカ20	チェリー・リキュール 20ml オレンジ・ジュース 20ml	
	ホワイト・ルシアン	137	30度台	甘	食後	オールド・ファッションド	黒・琥珀系	ビルド	ウオッカ40	コーヒー・リキュール 20ml 生クリーム 適量	
	メトロポリタン	138	20度台	中	オールデイ	カクテル	赤系	シェーク	カラント・ウオッカ30	ホワイト・キュラソー 10ml クランベリー・ジュース 10ml ライム・ジュース 10ml	
	モスコー・ミュール	138	10度台	中甘辛	オールデイ	マグ	透明系	ビルド	ウオッカ45	ライム・ジュース 15ml カット・ライム 1個	ジンジャー・ビアーorジンジャー・エール
	雪国	138	30度台	甘	オールデイ	カクテル	白系	シェーク	ウオッカ40	ホワイト・キュラソー 20ml ライム・ジュース 10ml ミント・チェリー 1個	
	ルシアン	139	30度台	中甘辛	食後	カクテル	赤茶系	シェーク	ウオッカ20	ジン 20ml ブラウン・カカオ・リキュール 20ml	

ベース	カクテル名	ページ	度数	味わい	TPO	形・グラスの例	色の系統	技法	ベース	その他の材料	炭酸
ウオッカ	ロード・ランナー	139	20度台	甘	食後	カクテル	乳白色系	シェーク	ウオッカ 30	アマレット・リキュール 15ml ココナッツ・ミルク 15ml ナツメグ 適量	
	ロベルタ	139	20度台	中甘辛	オールデイ	カクテル	赤系	シェーク	ウオッカ 20	ドライ・ベルモット 20ml チェリー・リキュール 20ml カンパリ 1dash バナナ・リキュール 1dash	
ラム	エックス・ワイ・ジィ	141	20度台	中甘辛	食前	カクテル	白系	シェーク	ホワイト・ラム30	ホワイト・キュラソー 15ml レモン・ジュース 15ml	
	エル・プレジデンテ	141	20度台	中甘辛	オールデイ	カクテル	赤系	ステア	ホワイト・ラム30	ドライ・ベルモット 15ml オレンジ・キュラソー 15ml グレナデン・シロップ 1dash	
	キューバ・リバー	141	10度台	中	オールデイ	タンブラー	琥珀系	ビルド	ホワイト・ラム30	ライム・ジュース 10ml カット・ライム 1個	コーラ
	クォーター・デッキ	142	20度台	辛	オールデイ	カクテル	透明系	シェーク	ホワイト・ラム40	フィノ・シェリー 20ml ライム・ジュース 1tsp	
	グロッグ	142	10度台	中	オールデイ	タンブラー	透明系（茶）	ビルド	ダーク・ラム45	レモン・ジュース 15ml 角砂糖 1個 レモン・スライス 1枚 シナモン・スティック 1本 熱湯 適量 クローブ 3〜4粒	
	サンチャゴ	142	30度台	中	オールデイ	カクテル	赤系	シェーク	ホワイト・ラム60	グレナデン・シロップ 2dashes ライム・ジュース 2dashes	
	ジャック・ター	143	30度台	辛	オールデイ	オールド・ファッションド	透明系（黄）	シェーク	151プルーフラム30	サザンカンフォート 25ml ライム・ジュース（コーディアル）25ml カット・ライム 1個 クラッシュド・アイス 適量	
	シャンハイ	143	20度台	中	オールデイ	カクテル	赤系	シェーク	ダーク・ラム30	アニゼット・リキュール 10ml レモン・ジュース 20ml グレナデン・シロップ 2dashes	
	スカイ・ダイビング	143	20度台	中	オールデイ	カクテル	透明系（青）	シェーク	ホワイト・ラム30	ブルー・キュラソー 20ml ライム・ジュース（コーディアル）10ml	
	スコーピオン	144	20度台	中	オールデイ	ゴブレット	オレンジ系	シェーク	ホワイト・ラム45	ブランデー 30ml オレンジ・ジュース 20ml レモン・ジュース 20ml ライム・ジュース 15ml カット・オレンジ 1個 マラスキーノ・チェリー 1個	
	ソノラ	144	30度台	辛	食前	カクテル	透明系（黄）	シェーク	ホワイト・ラム30	アップル・ブランデー 30ml アプリコット・リキュール 2dashes レモン・ジュース 1dash	
	ソル・クバーノ	144	2-10度未満	中	オールデイ	タンブラー	透明系	ビルド	ホワイト・ラム40	グレープフルーツ・ジュース 40ml	トニック・ウォーター
	ダイキリ	145	30度台	中甘辛	オールデイ	カクテル	白系	シェーク	ホワイト・ラム45	ライム・ジュース 15ml 砂糖 1tsp	
	チャイニーズ	145	30度台	中	食前	カクテル	赤系	シェーク	ダーク・ラム60	オレンジ・キュラソー 2dashes マラスキーノ・リキュール 2dashes グレナデン・シロップ 2dashes アンゴスチュラ・ビターズ 1dash マラスキーノ・チェリー 1個 レモン・ピール 1個	
	トム・アンド・ジェリー	145	10度台	甘	食後	タンブラー	オレンジ系	ビルド	ダーク・ラム30	ブランデー 15ml 砂糖 2tsps 全卵 1個 熱湯 適量	

ベース	カクテル名	ページ	度数	味わい	TPO	形・グラスの例	色の系統	技法	ベース	その他の材料	炭酸
ラム	ニッカーボッカー・カクテル	146	20度台	中	オールデイ	カクテル	赤系	シェーク	ホワイト・ラム45	レモン・ジュース 1tsp オレンジ・ジュース 1tsp パイナップル・ジュース 1tsp ラズベリー・シロップ 1tsp	
	ネバダ	146	20度台	中甘辛	オールデイ	カクテル	透明系	シェーク	ホワイト・ラム3/5	ライム・ジュース 1/5 グレープフルーツ・ジュース 1/5 砂糖 1tsp アンゴスチュラ・ビターズ 1dash	
	バカルディ・カクテル	146	20度台	中	オールデイ	カクテル	赤系	シェーク	バカルディ・ホワイト・ラム45	ライム・ジュース 15ml グレナデン・シロップ 1tsp	
	ハバナ・ビーチ	147	20度台	中	オールデイ	カクテル	黄系	シェーク	ホワイト・ラム30	パイナップル・ジュース 30ml シュガー・シロップ 1tsp	
	ピニャ・カラーダ	147	10度台	中	オールデイ	ゴブレット	乳白色系	シェーク	ホワイト・ラム30	パイナップル・ジュース 80ml ココナッツ・ミルク 30ml カット・パイナップル 1個 マラスキーノ・チェリー 1個	
	プラチナ・ブロンド	147	20度台	甘	食後	カクテル	乳白色系	シェーク	ホワイト・ラム20	ホワイト・キュラソー 20ml 生クリーム 20ml	
	プランターズ・カクテル	148	10度台	中	オールデイ	カクテル	オレンジ系	シェーク	ホワイト・ラム30	オレンジ・ジュース 30ml レモン・ジュース 3dashes	
	ブルー・ハワイ	148	10度台	中	オールデイ	ゴブレット	透明系（青）	シェーク	ホワイト・ラム30	ブルー・キュラソー 15ml パイナップル・ジュース 30ml レモン・ジュース 15ml カット・パイナップル 1個 マラスキーノ・チェリー 1個	
	プレジデント	148	20度台	中	オールデイ	カクテル	オレンジ系	シェーク	ラム45	オレンジ・ジュース 15ml グレナデン・シロップ 2dashes	
	フローズン・ダイキリ	149	20度台	中	オールデイ	シャンパン（ソーサー型）	白系	ブレンド	ホワイト・ラム40	ライム・ジュース 10ml 砂糖 2tsps クラッシュド・アイス 3/4カップ ミントの葉 適量	
	フローズン・バナナ・ダイキリ	149	20度台	中	オールデイ	ゴブレット	乳白色系	ブレンド	ホワイト・ラム45	レモンorライム・ジュース 20ml シュガー・シロップ 1tsp フレッシュ・バナナ 1/2本 クラッシュド・アイス 3/4カップ ミントの葉 適量	
	ヘミングウェイ・スペシャル	149	20度台	中	オールデイ	サワー	透明系（白）	シェーク	ゴールド・ラム45	グレープフルーツ・ジュース 20ml ライム・ジュース 10ml	
	ポーラー・ショート・カット	150	30度台	中	オールデイ	カクテル	透明系（赤）	ステア	ダーク・ラム15	ホワイト・キュラソー 15ml チェリー・リキュール 15ml ドライ・ベルモット 15ml	
	ボストン・クーラー	150	10度台	中	オールデイ	タンブラー	透明系	シェーク	ホワイト・ラム45	レモン・ジュース 20ml 砂糖 1tsp	プレーン・ソーダorジンジャー・エール
	ホット・バタード・ラム	150	10度台	中	オールデイ	タンブラー	透明系（茶）	ビルド	ダーク・ラム45	角砂糖 1個 バター 1片（角砂糖大） 熱湯 少量 レモン・スライス 1枚 シナモン・スティック 1本	
	ホット・バタード・ラム・カウ	151	10度台	中	食後	タンブラー	薄茶系	ビルド	ゴールド・ラム30	ダーク・ラム 15ml 角砂糖 1個 バター 1片（角砂糖大） 牛乳（ホット）適量 シナモン・スティック 1本	
	マイアミ	151	30度台	辛	オールデイ	カクテル	透明系	シェーク	ホワイト・ラム40	ホワイト・ミント・リキュール 20ml レモン・ジュース 1/2tsp	

ベース	カクテル名	ページ	度数	味わい	TPO	形・グラスの例	色の系統	技法	ベース	その他の材料	炭酸
ラム	マイアミ・ビーチ	151	30度台	中	オールデイ	カクテル	透明系（茶）	シェーク	ホワイト・ラム40	ホワイト・キュラソー 20ml レモン・ジュース 1/2tsp	
	マイタイ	152	20度台	中	オールデイ	ゴブレット	乳白色系	シェーク	ホワイト・ラム45	オレンジ・キュラソー 1tsp パイナップル・ジュース 2tsps オレンジ・ジュース 2tsps レモン・ジュース 1tsp ダーク・ラム 2tsps カット・パイナップル 1個 スライス・リンゴ 適量 マラスキーノ・チェリー 1個	
	ミリオネーア	152	20度台	中	食後	カクテル	赤茶系	シェーク	ホワイト・ラム15	スロー・ジン 15ml アプリコット・リキュール 15ml ライム・ジュース 15ml グレナデン・シロップ 1dash	
	メアリー・ピックフォード	152	20度台	甘	食後	カクテル	オレンジ系	シェーク	ホワイト・ラム30	パイナップル・ジュース 30ml グレナデン・シロップ 1tsp マラスキーノ・リキュール 1dash	
	モヒート	153	30度台	辛	オールデイ	タンブラー	透明系	ビルド	ゴールド・ラム45	ライム・ジュース 1/2個分 砂糖 2tsps ミントの葉 10～15枚	プレーン・ソーダ 2tsps
	ラム・クーラー	153	10度台	中	オールデイ	コリンズ	透明系（ピンク）	シェーク	ホワイト・ラム45	ライム・ジュース 20ml グレナデン・シロップ 1tsp	プレーン・ソーダ
	ラム・クラスタ	153	30度台	中	オールデイ	ワイン	透明系	シェーク	ラム60	マラスキーノ・リキュール 1tsp レモン・ジュース 1tsp アンゴスチュラ・ビターズ 1dash スパイラル・レモン・ピール 1個分 砂糖 適量	
	ラム・コブラー	154	30度台	辛	オールデイ	ゴブレット	透明系	ビルド	ラム60	オレンジ・キュラソー 1tsp 砂糖 1tsp カット・オレンジ 適量	
	ラム・コリンズ	154	10度台	中	オールデイ	コリンズ	透明系（黄）	ビルド	ダーク・ラム45	レモン・ジュース 20ml 砂糖 2tsps マラスキーノ・チェリー 1個 レモン・スライス 1枚	プレーン・ソーダ
	ラム・サワー	154	20度台	中	オールデイ	サワー	透明系	シェーク	ラム45	レモン・ジュース 20ml 砂糖 1tsp オレンジ・スライス 1個 マラスキーノ・チェリー 1個	
	ラム・ジュレップ	155	20度台	中	オールデイ	コリンズ	透明系（茶）	ビルド	ホワイト・ラム30 ダーク・ラム30	砂糖 2tsps 水 30ml ミントの葉 10～15枚 マラスキーノ・チェリー 1個	
	ラム・スウィズル	155	20度台	甘	オールデイ	タンブラー	透明系	ビルド	ホワイト・ラム45	ライム・ジュース 20ml 砂糖 1tsp アンゴスチュラ・ビターズ 1dash ライム・スライス 1個	
	ラム・スマッシュ	155	40度台	中	オールデイ	オールド・ファッションド	透明系	ビルド	ラム60	砂糖 1tsp ミントの葉 適量 オレンジ・スライス 1枚	
	ラム・デイジー	156	20度台	中	オールデイ	ゴブレット	透明系（ピンク）	シェーク	ラム45	レモン・ジュース 20ml グレナデン・シロップ 2tsps カット・レモン 適量	
	ラム・トニック	156	10度台	中	オールデイ	タンブラー	透明系	ビルド	ラム45	カット・ライム 1個	トニック・ウォーター
	ラム・バック	156	10度台	中	オールデイ	タンブラー	透明系	ビルド	ラム45	ライム・ジュース 20ml	ジンジャー・エール
	ラム・フィズ	157	10度台	中	オールデイ	タンブラー	透明系	シェーク	ラム45	レモン・ジュース 20ml 砂糖 2tsps	プレーン・ソーダ

ベース	カクテル名	ページ	度数	味わい	TPO	形・グラスの例	色の系統	技法	ベース	その他の材料	炭酸
ラム	ラム・フリップ	157	40度台	中	オールデイ	シャンパン	黄系	シェーク	ダーク・ラム45	砂糖 1tsp 卵黄 1個分 ナツメグ・パウダー 適量	
	リトル・プリンセス	157	20度台	中	食前	カクテル	赤茶系	ステア	ホワイト・ラム30	スイート・ベルモット 30ml	
テキーラ	アイスブレーカー	159	20度台	中	オールデイ	オールド・ファッションド	赤系	シェーク	テキーラ2/5	ホワイト・キュラソー 1/5 グレープフルーツ・ジュース 2/5 グレナデン・シロップ 1tsp	
	アンバサダー	159	10度台	中	オールデイ	タンブラー	オレンジ系	ビルド	テキーラ45	オレンジ・ジュース 適量 砂糖 1tsp オレンジ・スライス 1枚	
	エバー・グリーン	160	10度台	中	オールデイ	ゴブレット	緑系	シェーク	テキーラ30	グリーン・ミント・リキュール 15ml ガリアーノ 10ml パイナップル・ジュース 90ml カット・パイナップル 1個 ミントの葉 適量	
	エル・ディアブロ	160	2-10度未満	中	オールデイ	コリンズ	赤系	ビルド	テキーラ30	クレームド・カシス 15ml レモン・ジュース 2tsps	ジンジャー・エール
	コンチータ	161	20度台	中	オールデイ	カクテル	黄系	シェーク	テキーラ30	グレープフルーツ・ジュース 20ml レモン・ジュース 2tsps	
	サンライズ	161	20度台	甘	食後	カクテルorゴブレット	ピンク系	シェーク	テキーラ2/5	ガリアーノ・オーセンティコ 1/5 バナナ・リキュール 1/5 生クリーム 1/5 グレナデン・シロップ 1dash レモン・ジュース 1dash	
	シルク・ストッキングス	161	20度台	甘	食後	カクテル	乳白色	シェーク	テキーラ30	ブラウン・カカオ・リキュール 15ml 生クリーム 15ml グレナデン・シロップ 1tsp マラスキーノ・チェリー 1個	
	ストロー・ハット	162	10度台	辛	オールデイ	タンブラー	赤系	ビルド	テキーラ45	トマト・ジュース 適量 レモン・ジュース 1tsp	
	スロー・テキーラ	162	20度台	辛	オールデイ	オールド・ファッションド	透明系（赤）	シェーク	テキーラ30	スロー・ジン 15ml レモン・ジュース 15ml	
	テキーラ・サワー	162	20度台	中	オールデイ	サワー	透明系	シェーク	テキーラ45	レモン・ジュース 20ml 砂糖 1tsp ライム・スライス 1枚 マラスキーノ・チェリー 1個	
	テキーラ・サンセット	163	10度台	中	オールデイ	ゴブレット	赤系	ブレンド	テキーラ30	レモン・ジュース 30ml グレナデン・シロップ 1tsp クラッシュド・アイス 3/4カップ レモン・スライス 1枚 ミントの葉 適量	
	テキーラ・サンライズ	163	10度台	中甘辛	オールデイ	シャンパン	オレンジ系	ビルド	テキーラ45	オレンジ・ジュース 90ml グレナデン・シロップ 2tsps	
	テキーラ・トニック	163	10度台	中	オールデイ	タンブラー	透明系	ビルド	テキーラ45	ライム・ピール 1個	トニック・ウォーター
	テキーラ・マティーニ	164	30度台	辛	食前	カクテル	透明系	ステア	テキーラ4/5	ドライ・ベルモット 1/5 オリーブ 1個 レモン・ピール 1個	
	テキーラ・マンハッタン	164	30度台	甘	食前	カクテル	透明系（赤茶）	ステア	テキーラ45	スイート・ベルモット 15ml アンゴスチュラ・ビターズ 1dash マラスキーノ・チェリー 1個	
	ピカドール	164	30度台	中甘辛	食後	カクテル	黒・琥珀系	ステア	テキーラ30	コーヒー・リキュール 30ml レモン・ピール 1個	
	ブルー・マルガリータ	165	20度台	中	オールデイ	カクテル	透明系（青）	シェーク	テキーラ30	ブルー・キュラソー 15ml ライム・ジュース 15ml 塩 適量	

ベース	カクテル名	ページ	度数	味わい	TPO	形・グラスの例	色の系統	技法	ベース	その他の材料	炭酸
テキーラ	ブレイブ・ブル	165	30度台	甘	食後	オールド・ファッションド	黒・琥珀系	ビルド	テキーラ 40	コーヒー・リキュール 20ml	
	フローズン・ストロベリー・マルガリータ	165	20度台	中	オールデイ	シャンパン（ソーサー型）	赤系	ブレンド	テキーラ 30	ストロベリー・リキュール 15ml ライム・ジュース 15ml 砂糖 1tsp クラッシュド・アイス 1カップ ミントの葉 適量	
	フローズン・マルガリータ	166	30度台	中	オールデイ	シャンパン（ソーサー型）	白系	ブレンド	テキーラ 30	ホワイト・キュラソー 15ml ライム・ジュース 15ml 砂糖 1tsp クラッシュド・アイス 1カップ ミントの葉 適量	
	ブロードウェイ・サースト	166	20度台	中	食後	カクテル	オレンジ系	シェーク	テキーラ 30	オレンジ・ジュース 15ml レモン・ジュース 15ml 砂糖 1tsp	
	マタドール	166	10度台	中	オールデイ	オールド・ファッションド	透明系（黄）	シェーク	テキーラ 30	パイナップル・ジュース 45ml ライム・ジュース 15ml	
	マルガリータ	167	20度台	中甘辛	オールデイ	カクテル	白系	シェーク	テキーラ 30	ホワイト・キュラソー 15ml ライム・ジュース 15ml 塩 適量	
	メキシカン	167	20度台	中	食後	カクテル	赤系	シェーク	テキーラ 30	パイナップル・ジュース 30ml グレナデン・シロップ 1dash	
	モッキンバード	167	20度台	中	オールデイ	カクテル	緑系	シェーク	テキーラ 30	グリーン・ミント・リキュール 15ml ライム・ジュース 15ml	
ウイスキー	アイリッシュ・コーヒー	169	2-10度未満	中	食後	ワイン	黒・白（2層）	ビルド	アイリッシュ・ウイスキー 30	砂糖 1tsp コーヒー（ホット）適量 生クリーム 適量	
	アップ・トゥ・デイト	169	20度台	中	オールデイ	カクテル	透明系（黄）	シェーク	ライ・ウイスキー 30	シェリー 30ml オレンジ・キュラソー 2dashes アンゴスチュラ・ビターズ 2dashes	
	アフィニティ	170	20度台	中	食前	カクテル	透明系（茶）	ステア	スコッチ・ウイスキー 20	ドライ・ベルモット 20ml スイート・ベルモット 20ml アンゴスチュラ・ビターズ 2dashes	
	インク・ストリート	170	20度台	中	オールデイ	カクテル	黄系	シェーク	ライ・ウイスキー 30	オレンジ・ジュース 15ml レモン・ジュース 15ml	
	インペリアル・フィズ	170	10度台	中	オールデイ	タンブラー	透明系	シェーク	ウイスキー 45	ホワイト・ラム 15ml レモン・ジュース 20ml 砂糖 2tsps	プレーン・ソーダ
	ウイスキー・カクテル	171	40度台	中	食前	カクテル	透明系（黄）	ステア	ウイスキー 60	アンゴスチュラ・ビターズ 1dash シュガー・シロップ 1dash	
	ウイスキー・クラスタ	171	30度台	中	オールデイ	ワイン	透明系（茶）	シェーク	ウイスキー 60	マラスキーノ・リキュール 1tsp レモン・ジュース 1tsp アンゴスチュラ・ビターズ 1dash スパイラル・レモン・ピール 1個分 砂糖 適量	
	ウイスキー・コブラー	171	40度台	辛	オールデイ	ゴブレット	透明系（黄・茶）	ビルド	ウイスキー 60	オレンジ・キュラソー 1tsp 砂糖 1tsp オレンジとレモン 各1枚	
	ウイスキー・コリンズ	172	10度台	中	オールデイ	コリンズ	透明系（黄）	ビルド	ウイスキー 45	レモン・ジュース 20ml 砂糖 2tsps	プレーン・ソーダ
	ウイスキー・サワー	172	20度台	中	オールデイ	サワー	透明系（茶）	シェーク	ウイスキー 45	レモン・ジュース 20ml 砂糖 1tsp	

ベース	カクテル名	ページ	度数	味わい	TPO	形・グラスの例	色の系統	技法	ベース	その他の材料	炭酸
ウイスキー	ウイスキー・スウィズル	172	20度台	中	オールデイ	タンブラー	透明系(茶)	ビルド	ウイスキー45	ライム・ジュース 20ml / 砂糖 1tsp / アンゴスチュラ・ビターズ 1dash / レモン・スライス 1枚	
	ウイスキー・スマッシュ	173	40度台	中	オールデイ	オールド・ファッションド	透明系(茶)	ビルド	ウイスキー60	砂糖 1tsp / ミントの葉 適量 / オレンジ・スライス 1枚	
	ウイスキー・デイジー	173	20度台	中	オールデイ	ゴブレット	透明系(ピンク)	シェーク	ウイスキー45	レモン・ジュース 20ml / グレナデン・シロップ 2tsp / オレンジ・スライス 1枚 / ミントの葉 適量	
	ウイスキー・トディー	173	10度台	中	オールデイ	タンブラー	透明系(茶)	ビルド	ウイスキー45	砂糖 1tsp / 水 少量 / レモン・スライス 1枚	
	ウイスキー・ハイボール	174	10度台	辛	オールデイ	タンブラー	透明系(黄)	ビルド	ウイスキー45		プレーン・ソーダ
	ウイスキー・ブレイザー	174	40度台	中	食前	カクテル	琥珀系	ビルド	ウイスキー60	砂糖 1tsp / オレンジ・ピール 1個 / レモン・ピール 1個	
	ウイスキー・フロート	174	10度台	辛	オールデイ	タンブラー	黄・透明(2層)	ビルド	ウイスキー45	水 適量	
	ウイスキー・ミスト	175	40度台	辛	オールデイ	オールド・ファッションド	透明系(黄)	ビルド	ウイスキー60		
	ウイスキー・リッキー	175	10度台	辛	オールデイ	タンブラー	透明系(黄)	ビルド	ウイスキー45	ライム・ジュース 1/2個分 / カット・ライム 1個	プレーン・ソーダ
	オールド・パル	175	20度台	中	食前	カクテル	透明系(赤)	ステア	ライ・ウイスキー20	ドライ・ベルモット 20ml / カンパリ 20ml	
	オールド・ファッションド	176	40度台	中	食前	オールド・ファッションド	透明系(茶)	ビルド	ライまたはバーボン・ウイスキー45	アンゴスチュラ・ビターズ 2dashes / 角砂糖 1個 / オレンジ・スライス 1枚 / レモン・スライス 1枚 / マラスキーノ・チェリー 1個	
	オリエンタル	176	20度台	中	オールデイ	カクテル	透明系(赤)	シェーク	ライ・ウイスキー2/5	スイート・ベルモット 1/5 / ホワイト・キュラソー 1/5 / ライム・ジュース 1/5	
	カウボーイ	176	20度台	中	食後	カクテル	乳白色	ビルド	バーボン・ウイスキー40	生クリーム 20ml	
	カリフォルニア・レモネード	177	10度台	中	オールデイ	コリンズ	透明系(赤)	シェーク	バーボン・ウイスキー45	レモン・ジュース 20ml / ライム・ジュース 10ml / グレナデン・シロップ 1tsp / 砂糖 1tsp	プレーン・ソーダ
	クロンダイク・クーラー	177	10度台	中	オールデイ	コリンズ	オレンジ系	ビルド	ウイスキー45	オレンジ・ジュース 20ml / スパイラル・オレンジ・ピール 1個分	ジンジャー・エール
	ゴッドファーザー	177	30度台	中	食後	オールド・ファッションド	琥珀系	ビルド	ウイスキー45	アマレット・リキュール 15ml	
	スコッチ・キルト	178	40度台	中	食後	カクテル	透明系(黄)	ステア	スコッチ・ウイスキー40	ドランブイ 20ml / オレンジ・ビターズ 2dashes / レモン・ピール 1個	
	チャーチル	178	30度台	中	オールデイ	カクテル	透明系(赤)	シェーク	スコッチ・ウイスキー30	ホワイト・キュラソー 10ml / スイート・ベルモット 10ml / ライム・ジュース 10ml	
	ドライ・マンハッタン	178	30度台	辛	食前	カクテル	透明系(黄・茶)	ステア	ライ・ウイスキー4/5	ドライ・ベルモット 1/5 / アンゴスチュラ・ビターズ 1dash / マラスキーノ・チェリー 1個	
	ニューヨーク	179	30度台	中	オールデイ	カクテル	透明系(赤)	シェーク	ライ・ウイスキー45	ライム・ジュース 15ml / グレナデン・シロップ 1tsp / オレンジ・ピール 1個	

ベース	カクテル名	ページ	度数	味わい	TPO	形・グラスの例	色の系統	技法	ベース	その他の材料	炭酸
ウイスキー	ハイ・ハット	179	20度台	中	オールデイ	カクテル	透明系（赤）	シェーク	バーボン・ウイスキー 35	チェリー・ブランデー 10ml レモン・ジュース 15ml	
	ハイランド・クーラー	179	10度台	中	オールデイ	タンブラー	透明系（黄）	シェーク	スコッチ・ウイスキー 45	レモン・ジュース 15ml 砂糖 1tsp アンゴスチュラ・ビターズ 2dashes	ジンジャー・エール
	バノックバーン	180	20度台	辛	オールデイ	カクテル	赤系	シェーク	スコッチ・ウイスキー 30	トマト・ジュース 25ml レモン・ジュース 1tsp	
	ハリケーン	180	20度台	中	オールデイ	カクテル	透明系（黄）	シェーク	ウイスキー 15	ジン 15ml ホワイト・ミント・リキュール 15ml レモン・ジュース 15ml	
	ハンター	180	30度台	中	オールデイ	カクテル	透明系（赤）	ステア	ライ・ウイスキー 45	チェリー・リキュール 15ml	
	ブルックリン	181	30度台	辛	食前	カクテル	透明系（黄）	シェーク	ライ・ウイスキー 40	ドライ・ベルモット 20ml アメール・ピコン 1dash マラスキーノ・リキュール 1dash	
	ホール・イン・ワン	181	30度台	辛	オールデイ	カクテル	透明系（黄）	シェーク	ウイスキー 40	ドライ・ベルモット 20ml レモン・ジュース 2dashes オレンジ・ジュース 1dash	
	ホット・ウイスキー・トディー	181	10度台	中	食後	マグ	透明系（茶）	ビルド	ウイスキー 45	砂糖 1tsp 熱湯 少量 レモン・スライス 1枚 シナモン・スティック 1本	
	ボビー・バーンズ	182	30度台	中	オールデイ	カクテル	透明系（赤・茶）	ステア	スコッチ・ウイスキー 40	スイート・ベルモット 20ml ベネディクティンDOM 1tsp レモン・ピール 1個	
	マミー・テイラー	182	10度台	中	オールデイ	タンブラー	透明系（黄）	ビルド	スコッチ・ウイスキー 45	レモン・ジュース 20ml	ジンジャー・エール
	マンハッタン	182	30度台	中	食前	カクテル	透明系（赤・茶）	ステア	ライ・ウイスキー 45	スイート・ベルモット 15ml アンゴスチュラ・ビターズ 1dash マラスキーノ・チェリー 1個	
	ミント・ジュレップ	183	30度台	中	オールデイ	コリンズ	透明系（茶）	ビルド	バーボン・ウイスキー 60	砂糖 2tsps ミントの葉 10〜15枚 マラスキーノ・チェリー 1個 オレンジ・スライス 1枚	水またはプレーン・ソーダ10
	ラスティ・ネイル	183	40度台	甘	オールデイ	オールド・ファッションド	透明系（茶）	ビルド	ウイスキー 40	ドランブイ 20ml	
	ロブ・ロイ	183	30度台	中	食前	カクテル	透明系（茶）	ステア	スコッチ・ウイスキー 45	スイート・ベルモット 15ml アンゴスチュラ・ビターズ 1dash	
ブランデー	アメリカン・ビューティー	185	10度台	中	オールデイ	カクテル	透明系（赤）	シェーク	ブランデー 15	ドライ・ベルモット 15ml グレナデン・シロップ 15ml オレンジ・ジュース 15ml ホワイト・ミント・リキュール 1dash ポート・ワイン 適量	
	アレキサンダー	185	20度台	甘	食後	カクテル	薄茶系	シェーク	ブランデー 30	ブラウン・カカオ・リキュール 15ml 生クリーム 15ml ナツメグ 適量	
	エッグ・ノッグ	185	10度台	中	食後	タンブラー	オレンジ系	シェーク	ブランデー 30	ダーク・ラム 15ml 全卵 1個 砂糖 2tsps 牛乳 適量 ナツメグ・パウダー 適量	
	オリンピック	186	20度台	中	オールデイ	カクテル	オレンジ系	シェーク	ブランデー 20	オレンジ・キュラソー 20ml オレンジ・ジュース 20ml	

ベース	カクテル名	ページ	度数	味わい	TPO	形・グラスの例	色の系統	技法	ベース	その他の材料	炭酸
	カルバドス・カクテル	186	20度台	中	オールデイ	カクテル	オレンジ系	シェーク	アップル・ブランデー（カルバドス）20	ホワイト・キュラソー 10ml オレンジ・ビターズ 10ml オレンジ・ジュース 20ml	
	キャロル	186	30度台	中	食前	カクテル	赤茶系	ステア	ブランデー 40	スイート・ベルモット 20ml	
	キューバン・カクテル	187	20度台	中	オールデイ	カクテル	透明系（黄）	シェーク	ブランデー 30	アプリコット・リキュール 15ml ライム・ジュース 15ml	
	クラシック	187	20度台	甘	食後	カクテル	透明系（黄）	シェーク	ブランデー 30	オレンジ・キュラソー 10ml マラスキーノ・リキュール 10ml レモン・ジュース 10ml 砂糖 適量	
	コープス・リバイバー	187	30度台	中	オールデイ	カクテル	透明系（赤）	ステア	ブランデー 30	アップル・ブランデー 15ml スイート・ベルモット 15ml レモン・ピール 1個	
	サイド・カー	188	20度台	中	オールデイ	カクテル	透明系（黄）	シェーク	ブランデー 30	ホワイト・キュラソー 15ml レモン・ジュース 15ml	
	シカゴ	188	20度台	中	オールデイ	シャンパン（フルート）	透明系（黄）	シェーク	ブランデー 45	オレンジ・キュラソー 2dashes アンゴスチュラ・ビターズ 1dash シャンパン 適量	
	ジャック・ローズ	188	20度台	中	オールデイ	カクテル	透明系（赤）	シェーク	アップル・ブランデー 30	ライム・ジュース 15ml グレナデン・シロップ 15ml	
	シャンゼリーゼ	189	30度台	辛	食前	カクテル	透明系（黄）	シェーク	ブランデー 3/5	シャルトリューズ・ジョーヌ 1/5 レモン・ジュース 1/5 アンゴスチュラ・ビターズ 1dash	
ブランデー	シャンパン・ピック・ミィ・アップ	189	10度台	中	オールデイ	シャンパン（フルート）	オレンジ系	シェーク	ブランデー（コニャック）20	オレンジ・ジュース 15ml グレナデン・シロップ 1tsp スパークリング・ワイン（シャンパン）適量	
	ジョージア・ミント・ジュレップ	190	20度台	中	食後	タンブラー	透明系（茶）	ビルド	ブランデー 40	アプリコット・リキュール 40ml 砂糖 2tsps 水 10ml ミントの葉 10〜15枚 レモン・スライス 1枚	
	スティンガー	190	30度台	中	食後	カクテル	透明系（黄）	シェーク	ブランデー 40	ホワイト・ミント・リキュール 20ml	
	スリー・ミラーズ	191	30度台	辛	食前	カクテル	透明系（ピンク）	シェーク	ブランデー 40	ホワイト・ラム 20ml グレナデン・シロップ 1tsp レモン・ジュース 1dash	
	ドリーム	191	30度台	中	食後	カクテル	透明系（黄）	シェーク	ブランデー 40	オレンジ・キュラソー 20ml アブサン 1dash	
	ニコラシカ	191	40度台	中	食後	リキュール	琥珀系	ビルド	ブランデー 適量	砂糖 1tsp レモン・スライス 1枚	
	ノルマンディ・コネクション	192	30度台	甘	食後	タンブラー	透明系（黄）	ビルド	カルバドス 45	アマレット・リキュール 15ml	
	ハーバード	192	20度台	中	オールデイ	カクテル	透明系（赤）	ステア	ブランデー 30	スイート・ベルモット 30ml アンゴスチュラ・ビターズ 2dashes シュガー・シロップ 1dash	
	ハーバード・クーラー	192	10度台	中	オールデイ	タンブラー	透明系（黄）	シェーク	アップル・ブランデー 45	レモン・ジュース 20ml 砂糖 1tsp	プレーン・ソーダ
	ハネムーン	193	20度台	中	オールデイ	カクテル	透明系（黄・茶）	シェーク	アップル・ブランデー 20	ベネディクティン DOM 20ml レモン・ジュース 20ml オレンジ・キュラソー 3dashes	
	ビー・アンド・シー	193	40度台	甘	食後	リキュール	琥珀系	ビルド	コニャック 30	ベネディクティン DOM 30ml	

ベース	カクテル名	ページ	度数	味わい	TPO	形・グラスの例	色の系統	技法	ベース	その他の材料	炭酸
ブランデー	ビー・アンド・ビー	193	40度台	甘	食後	リキュール	琥珀系	ビルド	ブランデー30	ベネディクティンDOM 30ml	
	ビトウィーン・ザ・シーツ	194	30度台	中	食後	カクテル	透明系（黄）	シェーク	ブランデー20	ホワイト・ラム 20ml ホワイト・キュラソー 20ml レモン・ジュース 1tsp	
	ブランデー・クラスタ	194	30度台	中	オールデイ	ワイン	透明系（茶）	シェーク	ブランデー60	マラスキーノ・リキュール 1tsp レモン・ジュース 1tsp アンゴスチュラ・ビターズ 1dash スパイラル・レモン・ピール 1個分 砂糖 適量	
	ブランデー・コブラー	194	30度台	辛	オールデイ	ゴブレット	透明系（黄・茶）	ビルド	ブランデー60	オレンジ・キュラソー 1tsp 砂糖 1tsp オレンジ・スライス 1枚	
	ブランデー・サワー	195	20度台	中	オールデイ	サワー	透明系（黄）	シェーク	ブランデー45	レモン・ジュース 20ml 砂糖 1tsp	
	ブランデー・スウィズル	195	20度台	中	オールデイ	タンブラー	透明系（茶）	ビルド	ブランデー45	ライム・ジュース 20ml 砂糖 1tsp アンゴスチュラ・ビターズ 1dash レモン・スライス 1枚	
	ブランデー・スマッシュ	195	40度台	中	オールデイ	オールド・ファッションド	透明系（茶）	ビルド	ブランデー60	砂糖 1tsp ミントの葉 適量 オレンジ・スライス 1枚	
	ブランデー・スリング	196	10度台	中	オールデイ	タンブラー	透明系（黄）	ビルド	ブランデー45	レモン・ジュース 20ml 砂糖 1tsp 水 適量	
	ブランデー・デイジー	196	20度台	中	オールデイ	ゴブレット	透明系（ピンク）	シェーク	ブランデー45	レモン・ジュース 20ml グレナデン・シロップ 2tsps レモン・スライス 適量	
	ブランデー・フィックス	196	20度台	中	オールデイ	ゴブレット	透明系（赤）	ビルド	ブランデー30	チェリー・リキュール 30ml レモン・ジュース 20ml 砂糖 1tsp レモン・スライス 1枚	
	フレンチ・コネクション	197	30度台	甘	食後	オールド・ファッションド	透明系（黄）	ビルド	ブランデー45	アマレット・リキュール 15ml	
	ホーセズ・ネック	197	10度台	中	オールデイ	タンブラー	透明系（茶）	ビルド	ブランデー45	スパイラル・レモン・ピール 1個分	ジンジャー・エール
	ボンベイ	197	20度台	中	オールデイ	カクテル	透明系（赤）	ステア	ブランデー30	ドライ・ベルモット 15ml スイート・ベルモット 15ml オレンジ・キュラソー 2dashes アブサン 1dash	
リキュール	アフター・ディナー	199	10度台	中	食後	カクテル	透明系（黄）	シェーク	アプリコット・リキュール2/5	オレンジ・キュラソー 2/5 ライム・ジュース 1/5	
	アプリコット・カクテル	199	10度台	中	オールデイ	カクテル	黄系	シェーク	アプリコット・リキュール30ml	オレンジ・ジュース 15ml レモン・ジュース 15ml ジン 1tsp	
	アプリコット・クーラー	200	2-10度未満	中	オールデイ	コリンズ	透明系（赤）	シェーク	アプリコット・リキュール45	レモン・ジュース 20ml グレナデン・シロップ 1tsp	プレーン・ソーダ
	イエロー・パロット	200	40度台	甘	食後	カクテル	透明系（黄）	ステア	アプリコット・リキュール20	アブサン 20ml シャルトリューズ・ジョーヌ 20ml	
	エンジェル・キッス	200	10度台	甘	食後	リキュールグラス	黒・白（2層）	ビルド	ブラウン・カカオ・リキュール45	生クリーム 15ml マラスキーノ・チェリー 1個	
	エンジェルズ・ウィング	201	20度台	甘	食後	リキュール	黒・茶・白（3層）	ビルド	ブラウン・カカオ・リキュール30	ブランデー 30ml 生クリーム 少量	

ベース	カクテル名	ページ	度数	味わい	TPO	形・グラスの例	色の系統	技法	ベース	その他の材料	炭酸
リキュール	カカオ・フィズ	201	2-10度未満	甘	オールデイ	タンブラー	琥珀系	シェーク	カカオ・リキュール45	レモン・ジュース 20ml 砂糖 2tsps	プレーン・ソーダ
	カンパリ・オレンジ	201	2-10度未満	中	オールデイ	タンブラー	赤系	ビルド	カンパリ45	オレンジ・ジュース 適量 オレンジ・スライス 1枚	
	カンパリ・ソーダ	202	2-10度未満	中	オールデイ	タンブラー	透明系（赤）	ビルド	カンパリ45	カット・オレンジ 1個	プレーン・ソーダ
	グラスホッパー	202	10度台	甘	食後	カクテル	薄緑系	シェーク	ホワイト・カカオ・リキュール20	グリーン・ミント・リキュール20ml 生クリーム 20ml	
	ゴールデン・キャデラック	202	20度台	甘	食後	カクテル	乳白色系	シェーク	ガリアーノ・オーセンティコ20	ホワイト・カカオ・リキュール20ml 生クリーム 20ml	
	サンジェルマン	203	20度台	中	オールデイ	シャンパン（ソーサー型）	薄緑系	シェーク	シャルトリューズ・ヴェール45	レモン・ジュース 20ml グレープフルーツ・ジュース 20ml 卵白 1個分	
	スィッセス	203	50度台	甘	食後	カクテル	黄系	シェーク	アブサン45	アニゼット・リキュール 15ml 卵白 1個分	
	スカーレット・オハラ	203	10度台	中	オールデイ	カクテル	赤系	シェーク	サザン・カンフォート30	クランベリー・ジュース20ml レモン・ジュース 10ml	
	スターズ・アンド・ストライプス	204	30度台	甘	食後	リキュールグラス	赤・白・緑の3層	ビルド	カシス・リキュール20	マラスキーノ・リキュール20ml シャルトリューズ・ヴェール20ml	
	スノーボール	204	2-10度未満	甘	オールデイ	コリンズ	オレンジ系	ビルド	アドボカート40	ライム・ジュース（コーディアル）1dash レモネード 適量 オレンジ・スライス 1枚 マラスキーノ・チェリー 1個	
	スプモーニ	204	2-10度未満	中	オールデイ	タンブラー	赤系	ビルド	カンパリ30	グレープフルーツ・ジュース45ml	トニック・ウォーター
	スロー・ジン・カクテル	205	20度台	中	オールデイ	カクテル	透明系（赤）	シェーク	スロー・ジン30	ドライ・ベルモット 15ml スイート・ベルモット 15ml	
	スロー・ジン・フィズ	205	2-10度未満	中	オールデイ	タンブラー	オレンジ系	シェーク	スロー・ジン45	レモン・ジュース 20ml 砂糖 2tsps	プレーン・ソーダ
	チェリー・ブロッサム	205	20度台	甘	食後	カクテル	透明系（赤）	シェーク	チェリー・リキュール30	ブランデー 30ml オレンジ・キュラソー 2dashes グレナデン・シロップ 2dashes レモン・ジュース 2dashes	
	チャイナ・ブルー	206	2-10度未満	中	オールデイ	タンブラー・コリンズ	透明系（青）	シェーク	ライチ・リキュール30	ブルー・キュラソー 10ml グレープフルーツ・ジュース45ml	
	ディスカバリー	206	2-10度未満	甘	オールデイ	タンブラー	オレンジ系	ステア？	アドボカート45		ジンジャー・エール
	ナップ・フラッペ	206	40度台	中	食後	カクテル	乳白色系	ビルド	キュンメル15	シャルトリューズ・ヴェール15ml ブランデー 15ml クラッシュド・アイス 適量	
	バイオレット・フィズ	207	2-10度未満	中	オールデイ	タンブラー	紫系	シェーク	バイオレット・リキュール45	レモン・ジュース 20ml 砂糖 2tsps	プレーン・ソーダ
	バレンシア	207	10度台	甘	食後	カクテル	オレンジ系	シェーク	アプリコット・リキュール40	オレンジ・ジュース 20ml オレンジ・ビターズ 4dashes	
	ピコン・カクテル	207	10度台	甘	オールデイ	カクテル	黒	ステア	アメール・ピコン30	スイート・ベルモット 30ml	
	ピンポン	208	20度台	甘	食後	カクテル	透明系（赤）	シェーク	スロー・ジン30	バイオレット・リキュール30ml レモン・ジュース 1tsp	

ベース	カクテル名	ページ	度数	味わい	TPO	形・グラスの例	色の系統	技法	ベース	その他の材料	炭酸
リキュール	ファジー・ネーブル	208	2~10度未満	中	オールデイ	タンブラー	オレンジ系	ビルド	ピーチ・リキュール45	オレンジ・ジュース 適量	
	フィフス・アベニュー	208	10度台	甘	食後	リキュール	黒・茶・白(3層)	ビルド	ブラウン・カカオ・リキュール20	アプリコット・リキュール20ml 生クリーム 20ml	
	ブルー・レディ	209	20度台	中	オールデイ	カクテル	青系	シェーク	ブルー・キュラソー30	ジン 15ml レモン・ジュース 15ml 卵白 1個分	
	ブルース・ブルー	209	2~10度未満	中	オールデイ	タンブラー	透明系(青)	シェーク	ブルーベリー・リキュール45	グレープフルーツ・ジュース60ml ブルー・キュラソー 1tsp	
	ベルベット・ハンマー	209	20度台	甘	食後	カクテル	薄茶系	シェーク	ホワイト・キュラソー20	コーヒー・リキュール 20ml 生クリーム 20ml	
	ホワイト・サテン	210	20度台	甘	食後	カクテル	薄茶系	シェーク	コーヒー・リキュール20	ガリアーノ・オーセンティコ20ml 生クリーム 20ml	
	ミント・フラッペ	210	20度台	甘	食後	カクテル	透明系(薄緑)	ビルド	グリーン・ミント・リキュール30~45	クラッシュド・アイス 適量 ミントの葉 適量	
	メリー・ウィドウ	210	20度台	中	食後	カクテル	透明系(赤)	ステア	チェリー・ブランデー30	マラスキーノ・リキュール 30ml	
	モンクス・コーヒー	211	2~10度未満	甘	食後	ワイン	茶・白(2層)	ビルド	ベネディクティンDOM30	砂糖 1tsp ホットコーヒー 適量 生クリーム 適量	
	ユニオン・ジャック	211	20度台	甘	食後	リキュール	赤・白・緑(3層)	ビルド	グレナデン・シロップ20	マラスキーノ・リキュール20ml シャルトリューズ・ヴェール20ml	
	ルビー・フィズ	211	2~10度未満	甘	オールデイ	タンブラー	赤・白(2層)	シェーク	スロー・ジン45	レモン・ジュース 20ml グレナデン・シロップ 1tsp 砂糖 1tsp 卵白 1個分	プレーン・ソーダ
ワイン	アディントン	213	10度台	中	オールデイ	オールド・ファッションド	透明系(茶)	ビルド	ドライ・ベルモット30 スイート・ベルモット30	オレンジ・ピール 1個	プレーン・ソーダ少量
	アドニス	213	10度台	中	オールデイ	カクテル	透明系(赤)	ステア	フィノ・シェリー40	スイート・ベルモット 20ml オレンジ・ビターズ 1dash	
	アメリカーノ	213	2~10度未満	中	オールデイ	タンブラー	透明系(赤)	ビルド	スイート・ベルモット30	カンパリ 30ml	プレーン・ソーダ
	アメリカン・レモネード	214	2~10度未満	中	食前	タンブラー	白・赤(2層)	ビルド	赤ワイン30	レモン・ジュース 40ml 砂糖 3tsps 水 適量	
	イースト・インディアン	214	10度台	中	オールデイ	カクテル	透明系(黄)	ステア	フィノ・シェリー30	ドライ・ベルモット 30ml オレンジ・ビターズ 1dash	
	キール	214	10度台	中	食前	ワイン	赤系	ビルド	白ワイン4/5	カシス・リキュール 1/5	
	クラレット・コブラー	215	10度台	中	オールデイ	ゴブレット	赤系	ビルド	赤ワイン(ボルドー産)60	オレンジ・キュラソー 1tsp マラスキーノ・リキュール 1tsp カット・オレンジ(レモン、ライムでも)適量	
	クラレット・サンガリー	215	10度台	甘	オールデイ	タンブラー	赤系	シェーク	赤ワイン(ボルドー産)90	砂糖 1tsp ナツメグ・パウダー 適量	

ベース	カクテル名	ページ	度数	味わい	TPO	形・グラスの例	色の系統	技法	ベース	その他の材料	炭酸
ワイン	グリーン・ルーム	215	20度台	中	食前	カクテル	透明系（黄）	ステア	ドライ・ベルモット40	ブランデー 20ml オレンジ・キュラソー 1dash	
	クロンダイク・ハイボール	216	2-10度未満	中	オールデイ	コリンズ	透明系（茶）	シェーク	ドライ・ベルモット30 スイート・ベルモット30	レモン・ジュース 20ml 砂糖 1tsp	ジンジャー・エール
	コーヒー・カクテル	216	10度台	中	オールデイ	カクテル	赤茶系	シェーク	ポート・ワイン45	ブランデー 15ml オレンジ・キュラソー 2dashes 卵黄 1個分 砂糖 1tsp	
	コロネーション	216	10度台	中	オールデイ	カクテル	透明系（黄）	ステア	シェリー30	ドライ・ベルモット 30ml オレンジ・ビターズ 2dashes マラスキーノ・リキュール 1dash	
	シェリー・コブラー	217	10度台	中	オールデイ	ゴブレット	透明系	ビルド	シェリー60	オレンジ・キュラソー 1tsp マラスキーノ・リキュール 1tsp カット・オレンジ（レモン、ライムでも）適量	
	シェリー・サンガリー	217	10度台	中	オールデイ	タンブラー	透明系	シェーク	シェリー90	砂糖 1tsp ナツメグ・パウダー 適量	
	シェリー・ツイスト	217	10度台	中	オールデイ	カクテル	オレンジ系	シェーク	シェリー30	ウイスキー 15ml オレンジ・ジュース 15ml ホワイト・キュラソー 2dashes	
	シェリー・フリップ	218	10度台	中	オールデイ	カクテル	オレンジ系	シェーク	シェリー45	砂糖 1tsp 卵黄 1個分 ナツメグ・パウダー 適量	
	ソウル・キッス	218	10度台	中	オールデイ	カクテル	赤茶系	シェーク	ドライ・ベルモット20	スイート・ベルモット 20ml デュボネ 10ml オレンジ・ジュース 10ml	
	デービス	218	10度台	中	オールデイ	カクテル	透明系（ピンク）	シェーク	ドライ・ベルモット30	ホワイト・ラム 15ml レモン・ジュース 15ml グレナデン・シロップ 2dashes	
	デュボネ・カクテル	219	30度台	中	食前	カクテル	透明系（赤）	ステア	デュボネ30	ジン 30ml レモン・ピール 1個	
	デュボネ・フィズ	219	2-10度未満	中	オールデイ	タンブラー	赤系	シェーク	デュボネ45	オレンジ・ジュース 20ml レモン・ジュース 10ml チェリー・リキュール 1tsp	プレーン・ソーダ
	デュボネ・マンハッタン	219	20度台	中	オールデイ	カクテル	透明系（赤）	ステア	デュボネ30	ライ・ウイスキー 30ml	
	トロピカル	220	20度台	甘	食後	カクテル	透明系（黄）	シェーク	ドライ・ベルモット20	マラスキーノ・リキュール 20ml ブラウン・カカオ・リキュール 20ml アンゴスチュラ・ビターズ 1dash オレンジ・ビターズ 1dash	
	バーガンディ・コブラー	220	10度台	中	オールデイ	ゴブレット	赤系	ビルド	赤ワイン（ブルゴーニュ産）60	オレンジ・キュラソー 1tsp マラスキーノ・リキュール 1tsp カット・オレンジ（レモン、ライムでも）適量	
	バンブー	220	10度台	辛	食前	カクテル	透明系	ステア	フィノ・シェリー40	ドライ・ベルモット 20ml オレンジ・ビターズ 1dash	
	ベリーニ	221	2-10度未満	中	食前	シャンパン（フルート）	ピンク系	ビルド	スパークリング・ワイン40	ピーチ・ネクター 20ml グレナデン・シロップ 1dash	
	ベルモット・カクテル	221	10度台	中	オールデイ	カクテル	透明系（赤）	ステア	スイート・ベルモット60	アンゴスチュラ・ビターズ 2dashes	

ベース	カクテル名	ページ	度数	味わい	TPO	形・グラスの例	色の系統	技法	ベース	その他の材料	炭酸
ワイン	ベルモット・キュラソー	221	10度台	中	オールデイ	タンブラー	透明系（茶）	ビルド	ドライ・ベルモット60	オレンジ・キュラソー 15ml	プレーン・ソーダ
	ベルモット・ハーフ・アンド・ハーフ	222	10度台	中	オールデイ	オールド・ファッションド	琥珀系	ビルド	ドライ・ベルモット30 スイート・ベルモット30		
	ポート・フリップ	222	20度台	中	オールデイ	ワイン	赤茶系	シェーク	ポート・ワイン45	砂糖 1tsp 卵黄 1個分 ナツメグ・パウダー 適量	
	ボルチモア・エッグ・ノッグ	222	10度台	中	食後	タンブラー	乳白色系（薄紫）	シェーク	マデイラ・ワイン30	ブランデー 15ml ダーク・ラム 15ml 全卵 1個 砂糖 2tsps 牛乳 適量 ナツメグ・パウダー 適量	
	ポンピエ	223	10度台	中	オールデイ	ゴブレット	透明系（赤）	ビルド	ドライ・ベルモット60	カシス・リキュール 15ml	プレーン・ソーダ
	マデイラ・サンガリー	223	10度台	甘	食後	タンブラー	透明系（赤）	シェーク	マデイラ・ワイン90	砂糖 1tsp ナツメグ・パウダー 適量	
	ワイン・クーラー	223	10度台	中	オールデイ	タンブラー	赤系	ビルド	ワイン90	オレンジ・キュラソー 15ml グレナデン・シロップ 15ml オレンジ・ジュース 30ml	
シャンパン	キール・アンペリアル	225	10度台	中	食前	シャンパン（フルート）	赤系	ビルド	シャンパン4/5	フランボワーズ・リキュール1/5	
	キール・ロワイヤル	225	10度台	中	食前	シャンパン（フルート）	赤系	ビルド	シャンパン4/5	カシス・リキュール 1/5	
	シャンパン・カクテル	226	10度台	中	オールデイ	シャンパン	透明系（黄）	ビルド	シャンパン60	アンゴスチュラ・ビターズ 1dash 角砂糖 1個 レモン・ピール 1個	
	シャンパン・ジュレップ	226	10度台	甘	オールデイ	ゴブレット	透明系	ビルド	シャンパン適量	水 10ml 角砂糖 1個 ミントの葉 10〜15枚 オレンジ・スライス 1枚	
	シャンパン・フィズ	227	2-10度未満	中	オールデイ	タンブラー	オレンジ系	ビルド	シャンパン適量	オレンジ・ジュース 60ml	
	ミモザ	227	2-10度未満	中	食前	シャンパン	オレンジ系	ビルド	シャンパン30	オレンジ・ジュース 30ml	
ビール	シャンディー・ガフ	229	2-10度未満	中	オールデイ	タンブラー	琥珀系	ビルド	ビール1/2		ジンジャー・エール1/2
	ドッグズ・ノーズ	229	10度台	辛	オールデイ	ピルスナー	琥珀系	ビルド	ジン45	ビール 適量	
	ビア・スプリッツァー	230	2-10度未満	中	食前	ワインorゴブレット	琥珀系	ビルド	白ワイン3/5	ビール 2/5	
	ブラック・ベルベット	230	2-10度未満	中	オールデイ	シャンパン（フルート）	黒	ビルド	スタウト1/2	シャンパン 1/2	
	ミント・ビア	231	2-10度未満	中	食前	カクテルorゴブレット	透明系（薄緑）	ビルド	ビール適量	グリーン・ミント・リキュール 15ml	
	レッド・アイ	231	2-10度未満	辛	オールデイ	タンブラー	赤系	ビルド	ビール1/2	トマト・ジュース 1/2	
	レッド・バード	231	10度台	辛	オールデイ	タンブラー	赤系	ビルド	ビール適量	トマト・ジュース 60ml ウオッカ 45ml	
焼酎	酎ティーニ	233	20度台	中辛	食前	カクテル	透明系	ステア	焼酎50	ドライ・ベルモット 10ml オレンジ・ビターズ 1dash スタッフド・オリーブ 1個	
	冬桜	233	10度台	中	オールデイ	タンブラー	透明系（赤）	ビルド	焼酎45	チェリー・ブランデー 15ml 熱湯 適量	

ベース	カクテル名	ページ	度数	味わい	TPO	形・グラスの例	色の系統	技法	ベース	その他の材料	炭酸
焼酎	村雨	234	20度台	中	オールデイ	オールド・ファッションド	透明系（黄）	ビルド	焼酎45	ドランブイ 10ml レモン・ジュース 1tsp	
	ラスト・サムライ	234	10度台	中	オールデイ	カクテル	赤系	シェーク	焼酎30	チェリー・ブランデー 15ml ライム・ジュース 15ml マラスキーノ・チェリー 1個	
	忘れな草	235	10度台	中	オールデイ	カクテル	白系	シェーク	焼酎30	杏露酒 10ml パルフェタムール 10ml グレープフルーツ・ジュース 40ml	
日本酒	サケ・ハイボール	237	2-10度未満	中	オールデイ	タンブラー	透明系（黄）	ビルド	日本酒60	レモン・ピール 1個	プレーン・ソーダ
	サムライ	237	10度台	中	オールデイ	カクテル	透明系（黄）	シェーク	日本酒45	ライム・ジュース 15ml レモン・ジュース 1tsp	
	サムライ・ロック	237	10度台	中	オールデイ	オールド・ファッションド	透明系（黄）	ビルド	日本酒60	ライム・ジュース 10ml	
	写楽	238	10度台	甘	食後	カクテル	赤系	シェーク	日本酒20	巨峰リキュール 20ml グリーン・ティー・リキュール 10ml レモン・ジュース 10ml グレナデン・リキュール 10ml ブラック・オリーブ 1個	
	スウォッカ	238	20度台	中	オールデイ	タンブラー	透明系	ビルド	日本酒45	ウオッカ 45ml レモン・ジュース 1tsp レモン・スライス 1枚 マラスキーノ・チェリー 1個	
	清流	238	10度台	中	オールデイ	カクテル	青系	シェーク	日本酒30	ブルーキュラソー 15ml レモン・ジュース 15ml ライム・ジュース 10ml	
	撫子	239	2-10度未満	中	オールデイ	カクテル	赤系	シェーク	日本酒40	卵白 1/3個分 グレナデン・シロップ 10ml レモン・ジュース 15ml シュガー・シロップ 1tsp	
	涼	239	10度台	中	オールデイ	カクテル	透明系（黄）	ステア	日本酒45	ピーチ・リキュール 10ml ホワイト・ミント・リキュール 1tsp	
	レッド・サン	239	2-10度未満	中	オールデイ	ゴブレット	赤系	ビルド	日本酒60	トマト・ジュース 60ml	
ノンアルコール	アンファジー・ネーブル	241	0度	甘	オールデイ	タンブラー	オレンジ系	ビルド	ノンアルコール	ピーチ・ネクター 90ml オレンジ・ジュース 90ml グレナデン・シロップ 2tsps	
	オレンジエード	241	0度	中	オールデイ	タンブラー	オレンジ系	ビルド	ノンアルコール	オレンジ・ジュース 40ml 砂糖 3tsps 水 適量 カット・オレンジ 1個	
	サマーディライト	242	0度	甘	オールデイ	ゴブレット	赤系	シェーク	ノンアルコール	ライム・ジュース 30ml グレナデン・シロップ 15ml シュガー・シロップ 2tsps	プレーン・ソーダ
	サラトガ・クーラー	242	0度	中	オールデイ	コリンズ	透明系（黄）	ビルド	ノンアルコール	ライム・ジュース 20ml シュガー・シロップ 1tsp カット・ライム 1個	ジンジャー・エール
	シャーリー・テンプル	243	0度	甘	オールデイ	リキュール	透明系（赤）	ビルド	ノンアルコール	グレナデン・シロップ 20ml	ジンジャー・エール
	シンデレラ	243	0度	中	オールデイ	カクテル	オレンジ系	シェーク	ノンアルコール	オレンジ・ジュース 20ml レモン・ジュース 20ml パイナップル・ジュース 20ml	
	バージン・ブリーズ	244	0度	中	オールデイ	タンブラー	赤系	ビルド	ノンアルコール	グレープフルーツ・ジュース 60ml クランベリー・ジュース 60ml	
	バージン・メアリー	244	0度	中	オールデイ	タンブラー	赤系	ビルド	ノンアルコール	トマト・ジュース 適量 レモン・ジュース 10ml カット・レモン 1個	

ベース	カクテル名	ページ	度数	味わい	TPO	形・グラスの例	色の系統	技法	ベース	その他の材料	炭酸
ノンアルコール	バージン・モスコー・ミュール	244	0度	中	オールデイ	マグ	透明系	ビルド	ノンアルコール	ライム・ジュース 20ml ショウガすりおろし 適量 カット・ライム 1個	ジンジャー・エール
	バージン・モヒート	245	0度	中	オールデイ	タンブラー	透明系	ビルド	ノンアルコール	ライム・ジュース 20ml シュガー・シロップ 2tsps カット・ライム 1個 ミントの葉 10〜15枚	プレーン・ソーダ
	パイナップル・クーラー	245	0度	中	オールデイ	コリンズ	黄系	シェーク	ノンアルコール	パイナップル・ジュース 60ml ライム・ジュース 10ml	プレーン・ソーダ
	プッシーキャット	245	0度	中	オールデイ	サワー	オレンジ系	シェーク	ノンアルコール	オレンジ・ジュース 60ml パイナップル・ジュース 60ml グレープフルーツ・ジュース 20ml グレナデン・シロップ 10ml	
	プッシーフット	246	0度	中	オールデイ	カクテル	オレンジ系	シェーク	ノンアルコール	オレンジ・ジュース 45ml レモン・ジュース 15ml グレナデン・シロップ 1tsp 卵黄 1個分	
	プレーリー・オイスター	246	0度	濃厚	オールデイ	オールド・ファッションド	黄・赤系	ビルド	ノンアルコール	卵黄 1個分 ウスター・ソース 1tsp トマト・ケチャップ 1tsp ビネガー 2dashes コショウ 1dash	
	フロリダ	246	0度	中	オールデイ	カクテル	オレンジ系	シェーク	ノンアルコール	オレンジ・ジュース 40ml レモン・ジュース 20ml 砂糖 1tsp アンゴスチュラ・ビターズ 2dashes	
	ミルク・セーキ	247	0度	甘	オールデイ	ゴブレット	乳白色	ブレンド	ノンアルコール	牛乳 100ml 全卵 1個分 シュガー・シロップ 2tsps バニラ・エッセンス 3dashes クラッシュド・アイス 適量 ミントの葉 適量	
	ラバーズ・ドリーム	247	0度	中	オールデイ	コリンズ	乳白色	シェーク	ノンアルコール	レモン・ジュース 20ml シュガー・シロップ 2tsps 全卵 1個分	ジンジャー・エール
	レモネード	247	0度	中	オールデイ	タンブラー	透明系	ビルド	ノンアルコール	レモン・ジュース 40ml 砂糖 3tsps 水 適量 レモン・スライス 1枚	
ミクソロジー	アースアンドネイチャー	249	10度台	甘	オールデイ	オールド・ファッションド			ステア	ジン30 ※詳細はP249	クリア・パッションフルーツ 30ml ※詳細はP249 スパイス・シロップ 10ml ※詳細はP249 仕上げ（ライム・ジュース 1tsp、バタフライピー 10ml、自家製グミ 1個）	
	イースターNO10	250	20度台	甘	オールデイ	自由			シェーク	ジン40 ※詳細はP250	グレープフルーツ・ジュース 40ml カモミール・シロップ 10ml オレンジフラワー・ウォーター 4dashes ストロベリー・パウダー 適量	
	液体菓子	251	10度台	甘	食後	自由			シェーク	ジン40	ライム・ジュース 10ml レモン・ジュース 10ml カモミール・シロップ 10ml バニラ・シロップ 10ml 卵白 1個分 クチナシ蒸留水 5ml ※詳細はP251 生クリーム 25ml コンブチャ 60ml	

ベース	カクテル名	ページ	度数	味わい	TPO	形・グラスの例	色の系統	技法	ベース	その他の材料	炭酸
ミクソロジー	そばにいて Stay with me	251	10度台	甘	オールデイ	自由		ブレンド	ウオッカ30	オレンジ・ジュース 50ml シュガー・シロップ 10ml そば茶 10g 牛乳 10ml	
	フォレストダイニング	252	10度台	中	オールデイ	自由		ビルド	ジン60 ※詳細はP252	ハーブ（ウッディナッティーとアマランサス、タイム）適量	プレーン・ソーダ40
	柚子緑茶のジン・トニック	252	10度台	中	オールデイ	自由		シェーク	ジン40	シュガー・シロップ 10ml 水出し柚子緑茶 パック トニック・ウォーター 50ml 金粉 適量	
	ラーメン	253	10度台	辛	食後	自由		ステア	テキーラブランコ30	オレンジ・ジュース 50ml ライム・ジュース 10ml シロップ 1tsp ホワイト・ペッパー 7振り 醤油 1/2tsp	
	ラボラトリーマルガリータ	253	30度台	辛	オールデイ	自由		ステア	テキーラ40	スダチ・コアントロー 20ml ※詳細はP253 コーヒー・アシッドウォーター 10ml ※詳細はP253	
糖質オフ	アイラローストティー	255	10度台	辛	オールデイ	カクテル		ステア	アイラ・ウイスキー30	ほうじ茶 80ml（淹れて冷ましておく）	
	ウオッカ大根ソーダ	255	2-10度未満	中	オールデイ	タンブラー		ビルド	ウオッカ30	大根ジュース 15ml グレープフルーツ・ジュース 30ml 紫蘇の葉 1枚	プレーン・ソーダ
	紫蘇スマッシュ	256	30度台	中	オールデイ	ロック		シェーク	ジン45	フレッシュ・レモン・ジュース 15ml アガベ・シロップ 1tsp 紫蘇の葉 適量	
	ティータイム	256	2-10度未満	中	食後	タンブラー		ビルド	カルバドス20	フィノ・シェリー 20ml アールグレイ紅茶 70ml アガベ・シロップ 1tsp	
	マティーニ＆ハーブウォーター	257	10度台	辛	食前	タンブラー		ステア	ジン45	ドライ・ベルモット 15ml カモミール＆ミントティー 70ml（淹れて冷ましておく）ミントの葉 適量	
	モヒートリッキー	257	10度台	辛	オールデイ	タンブラー		シェーク	ホワイト・ラム45	フレッシュ・ライム・ジュース 10ml ミントの葉 5〜6	プレーン・ソーダ
その他	梅ごこち	259	10度台	甘	オールデイ	コリンズ	透明系（赤）	ステア＋ビルド	梅酒80	日本酒 50ml シュガー・シロップ 2tsps グレナデン・シロップ 1tsp	プレーン・ソーダ
	梅酒ジンジャー	259	2-10度未満	甘	オールデイ	タンブラー	透明系（茶）	ビルド	梅酒40		ジンジャー・エール80ml
	梅酒パナシェ	260	2-10度未満	中	オールデイ	タンブラー	黄・白（2層）	ビルド	梅酒1/3	ビール 2/3	
	カイピリーニャ	260	20度台	中	オールデイ	オールド・ファッションド	透明系	ビルド	カシャーサ5145	ライム（ぶつ切り）1/2個分 シュガー・シロップ 1tsp	
	コペンハーゲン	260	20度台	中	オールデイ	カクテル	透明系（黄）	シェーク	アクアビット30	マンダリン・リキュール 15ml ライム・ジュース 15ml	

50音順カクテルIndex

※優勝レシピは登場順、見比べレシピは人名の
50音順で、P287に掲載

一般社団法人 日本バーテンダー協会（N.B.A.）

1929年に飲料文化の発展と バーテンダーの技術の練磨と 人格の陶冶を目的に設立された、日本最大規模のバーテンダーの団体。
http://www.bartender.or.jp/

監修	一般社団法人 日本バーテンダー協会
制作	井口法之
カクテル制作	BAR GASLIGHT本店、橋場 明、屋良朝繁
写真	大山裕平
アートディレクション	細山田光宣
デザイン	能城成美（細山田デザイン事務所）
イラスト	市村 譲
DTP	明昌堂
編集	木村悦子（ミトシロ書房）
編集補助	高橋重司

※写真の一部はGetty Images、123RFより使用

一流バーテンダーが教える
カクテル大全

監修者	一般社団法人 日本バーテンダー協会
発行者	若松和紀
発行所	株式会社 西東社
	〒113-0034　東京都文京区湯島2-3-13
	https://www.seitosha.co.jp/
	電話　03-5800-3120（代）

※本書に記載のない内容のご質問や著者等の連絡先につきましては、お答えできかねます。

ISBN　978-4-7916-3220-6